Geldanlage ganz konkret

Der unabhängige Ratgeber
für Sparer und Anleger

3. Auflage 2014, aktualisiert und überarbeitet, 17.–24.000 Exemplare

ISBN 978-3-86336-027-6
Printed in Germany

Vorwort

Mehrere Billionen Euro haben die Deutschen auf der hohen Kante, die Palette der Anlageformen reicht vom sicheren Sparbuch oder Festgeld bis zu hoch riskanten Schwellenländer-Aktienfonds. Oft zeigt sich allerdings, dass der Vermögensmix des einzelnen Anlegers alles andere als optimal ist. Die Anlageformen sind nicht auf die Anlageziele abgestimmt, und es werden entweder Renditechancen verpasst oder hohe Anlagerisiken eingegangen.

Bei der Lösung dieser Probleme haben sich die Banken und Finanzvertriebe bislang nicht als große Hilfe erwiesen. In vielen Kundengesprächen geht es weniger um eine fundierte strategische Beratung als vielmehr um den Verkaufsabschluss. Die Folge: Der Kunde bekommt das Finanzprodukt, das für die Bank am meisten Gewinn bringt. Wie schlecht die Beratungsqualität für Kunden ist, zeigen immer wieder die umfangreichen Prüfungen der Stiftung Warentest oder die stichprobenartig durchgeführten Beratungsgespräche von Verbraucherverbänden.

Diese Erfahrungen sollten auch für Sie Anlass sein, Anlageberatern und -beraterinnen sehr kritisch auf die Finger zu schauen oder Ihre Geldanlagegeschäfte gleich in die eigene Hand zu nehmen. Dafür ist es jedoch unerlässlich, dass Sie sich intensiv mit diesem Thema beschäftigen. Sie sollten wissen, welche verschiedenen Anlagemöglichkeiten auf dem Markt existieren, welche Vor- und Nachteile sie aufweisen und für welche Bedarfslage sie sich grundsätzlich eignen.

Solches Wissen vermittelt Ihnen dieses Buch. Es erläutert ausführlich alle gängigen Spar- und Geldanlageformen und sagt Ihnen, welche Anlagestrategie sich anbietet, damit Sie Ihre persönlichen Ziele erreichen. Sie finden außerdem wichtige Informationen zu Steuer- und Haftungsfragen, zur

Durchführung von Angebotsvergleichen sowie Tipps zur Erkennung unseriöser Angebote.

Ein aktueller Vergleich konkreter Marktkonditionen kann im Rahmen dieses Buchs nicht erfolgen. Hierfür müssen wir auf die Veröffentlichungen der Stiftung Warentest oder diverser Wirtschaftsmagazine verweisen, die solche Erhebungen von Zeit zu Zeit durchführen. Auch werden Sie keine »heißen Tipps« für spekulierfreudige »Anlagefüchse« finden. Denn das Buch wendet sich vor allem an Anleger, die beabsichtigen, mit einer vernünftigen Kombination aus Chance und Risiko kontinuierlich ein Geldvermögen aufzubauen oder ihre Ersparnisse ertragreich anzulegen.

1 Basiswissen Geldanlage

Bevor Sie sich über einzelne Finanzprodukte informieren, sollten Sie zunächst über die wichtigsten Grundlagen der Geldanlage Bescheid wissen. Im ersten Schritt sollten Sie klären, mit welchen Ansprüchen und Erwartungen Sie an die Anlage Ihres Gelds oder den Abschluss eines Anlage- oder Sparvertrags herangehen. Von diesen Zielvorstellungen hängt es maßgeblich ab, für welches Angebot Sie sich letztlich entscheiden sollten. Ihre Ansprüche sind somit auch gleichzeitig die Kriterien, nach denen die verschiedenen Anlagemöglichkeiten zu beurteilen sind.

Für viele Sparer und Geldanleger beginnen in dieser Phase der Entscheidung bereits die Probleme, denn es stellt sich die Frage: Welche Erwartungen verbinden Sie außer einer guten Verzinsung noch mit den verschiedenen Angeboten? Für Ihre Orientierung werden im Folgenden die typischen Anlageziele gezeigt und erläutert. Auch wenn die im Einzelfall angestrebten Ziele bei den Anlegern unterschiedlich sind, lassen sie sich doch in der Regel unter einige wenige Oberbegriffe zusammenfassen.

Das magische Dreieck

Welche Renditeerwartungen stellen Sie an eine Kapitalanlage? Sind Sie bereit, Verlustrisiken einzugehen? Soll die Anlage jederzeit verfügbar sein oder können Sie einige Jahre lang auf das Geld verzichten?

Ertrag, Sicherheit und **Liquidität** – das sind die drei Faktoren, die in jeder Anlagesituation unterschiedlich zu gewichten sind. Weil es keine Anlageform gibt, die Ihnen in allen drei Kriterien das Maximum bieten kann, wird dieses Spannungsfeld im Fachjargon auch als „magisches Dreieck" bezeichnet.

Der Ertrag

Der Ertrag kann sich je nach Art der Anlage aus mehreren Bestandteilen zusammensetzen. In der Hauptsache besteht er meist aus einer laufenden Verzinsung des Anlagebetrags, deren Höhe sich aus dem Nominalzinssatz – dem vereinbarten Vertragszins – ergibt. Bei einer variablen Verzinsung kann sich der Nominalzins im Laufe der Zeit gegenüber dem anfänglichen Wert verändern.

Vor allem bei an der Börse gehandelten Papieren spielen außer den Zins- und Dividendenerträgen Kursgewinne – aber im negativen Sinn auch Kursverluste – eine wichtige Rolle. So liegt das Interesse von Aktieninhabern üblicherweise eher in der Erzielung von Kursgewinnen. Auf Erträge aus der laufenden Gewinnausschüttung der Aktiengesellschaften bauen Aktionäre dagegen allenfalls in zweiter Linie.

Tipp: Auf Nebenkosten achten

Achten Sie nicht nur auf Zinsertrag und Kurschancen. Bei der Berechnung der Rentabilität sind auch eventuell anfallende Kosten und Gebühren zu berücksichtigen, da sie zulasten des Gesamtertrags einer Anlageform gehen.

Rendite und Effektivzins

Der Maßstab für die Beurteilung der Rentabilität einer Geldanlage ist die Rendite. Sie zeigt Ihnen, welchen Ertrag eine bestimmte Anlageform, bezogen auf das eingesetzte Kapital, pro Jahr erbringt. Man kann die Rendite auch als „Effektivzins" einer Geldanlage bezeichnen. Sie wird in Form eines Jahreszinssatzes ausgewiesen. Allerdings hat der Renditemaßstab einen entscheidenden Haken: Die Kreditinstitute und sonstigen Anbieter von Geld- und Kapitalanlagen sind gesetzlich nicht dazu verpflichtet, im Zusammenhang mit ihren Produkten die Rendite auszuweisen.

Das ist ein entscheidender Nachteil gegenüber dem Kreditgeschäft, in dem die Kreditgeber aufgrund der Preisangabenverordnung einen Vergleichsmaßstab – den effektiven Jahreszins – bei jedem Angebot angeben müssen.

Die Sicherheit

Je höher die Ertragschancen, umso größer wird auch das Verlustrisiko: Dieses eherne Gesetz des Kapitalmarkts sollten Sie sich immer wieder ins Gedächtnis rufen, wenn Ihnen windige Finanzverkäufer weismachen wollen, dass sie Ihnen eine risikolose Anlage mit weit überdurchschnittlichem Gewinn anbieten können.

Weil es bei den Verlustrisiken einer Kapitalanlage viele Einflussfaktoren gibt, ist diesem wichtigen Bestandteil des magischen Dreiecks ein eigenes Kapitel gewidmet: In Kapitel 2 dieses Buchs ab Seite 27 erfahren Sie, welche Risiken eine Geldanlage mit sich bringen kann und wie diese einzuordnen sind.

Die Liquidität

Außer der Verzinsung und der Sicherheit einer Geldanlage sollte auch deren Liquidität bei der Entscheidung für ein bestimmtes Angebot berücksichtigt werden. Wie sich bereits aus dem Begriff ableiten lässt, geht es um die Frage, wie »flüssig« einzelne Anlageformen sind, wann Sie also frühestens und unter welchen Bedingungen wieder über die festgelegten Gelder verfügen können. Wichtig ist dieser Gesichtspunkt vor allem, wenn von vornherein feststeht, dass der Anlagebetrag zu einem bestimmten Termin benötigt wird oder sogar jederzeit kurzfristig verfügbar sein muss.

Haben Sie nämlich eine langfristige Anlageform gewählt, die eine vorzeitige Kündigung oder einen Verkauf nicht vorsieht, könnte es im ungünstigsten Fall sogar dazu kommen, dass Sie Ihr eigenes Geld beleihen müssen. Das heißt: Anstatt Ihr Erspartes einzusetzen, müssen Sie einen Kredit in gleicher Höhe aufnehmen, der später bei Fälligkeit des Anlagebetrags auf einen Schlag getilgt wird. An den Kredit heranzukommen ist dabei in der Regel kein Problem, denn Ihr Kreditinstitut hat Ihren Anlagebetrag als Sicherheit und geht so keinerlei Verlustrisiko ein. Der gravierende Nachteil einer solchen Beleihung liegt in den damit verbundenen Kosten. Banken und Sparkassen leben vor allem davon, Gelder ihrer Anlagekunden anzunehmen und zu höheren Zinssätzen an Kreditsuchende wieder auszuleihen. Sind Sie nun gezwungen, Ihr Guthaben zu beleihen, so zahlen Sie in aller Regel höhere Kreditzinsen, als Sie auf der anderen Seite an Guthabenzinsen bekommen – die Differenz geht voll zu Ihren Lasten.

Tipp: Verfügbarkeit prüfen

Um finanzielle Engpässe und teure Kredite zu vermeiden, sollten Sie sich unbedingt mit der Verfügbarkeit von Geldanlageangeboten befassen und diese auf Ihre persönliche finanzielle Planung abstimmen. Selbst wenn Sie sich für eine Anlageform entscheiden, die jederzeit schnell verfügbar ist – Fachleute sprechen dann von einer hohen Liquidität der Anlage –, sollten Sie vorab ebenfalls prüfen, welche Kosten oder sonstigen Konsequenzen eine Kündigung oder vorzeitige Rückforderung Ihrer Gelder nach sich ziehen könnten. Je wahrscheinlicher es ist, dass Sie kurzfristig über den Anlagebetrag verfügen müssen, desto stärker sollten Sie Ihr Augenmerk auf diesen Gesichtspunkt richten.

Anlageziele: Der Zweck bestimmt die Mittel

Die für Ihren konkreten Bedarf geeignete Spar- oder Anlageform können Sie unter Verwendung der Hauptkriterien Ertrag, Sicherheit und Liquidität aus dem Katalog der in den folgenden Kapiteln angesprochenen Möglichkeiten herausfiltern. Dabei gilt immer der Grundsatz, dass zuerst das Anlageziel ermittelt wird und daraus resultierend die passenden Produktgruppen zugeordnet werden. Zwar kann jedes Anlageziel einen individuellen Aspekt haben, doch lassen sich die meisten Ziele in eine der nachfolgend erläuterten Kategorien einordnen.

Kurzfristige Liquiditätsbildung

Ihre Waschmaschine hat den Geist aufgegeben, beim Auto wird eine größere Reparatur fällig, oder Sie wollen sich einfach einmal einen Spontanurlaub leisten – all dies sind Fälle, in denen Sie auf eine kurzfristig verfügbare eiserne Reserve zurückgreifen müssen.

Tipp: unbedingt Polster aufbauen

Solch ein finanzielles Polster sollte in jedem Haushalt vorhanden sein. Wie komfortabel dieses ausfällt, hängt von Ihren finanziellen Möglichkeiten und Ansprüchen ab. Finanzexperten empfehlen, dass etwa drei Nettomonatsgehälter kurzfristig verfügbar auf der hohen Kante liegen sollten.

Entscheidend bei der Auswahl der passenden Anlageform sind die Kriterien Sicherheit und Verfügbarkeit. Keinesfalls sollte diese Reserve den Schwankungen der Börse oder anderen Verlustrisiken ausgesetzt werden. Außerdem sollten die Kündigungsmodalitäten so gestaltet sein, dass Sie im Notfall praktisch von heute auf morgen an Ihr Geld kommen. Wenn es eine Kündigungsfrist gibt, sollte diese nicht mehr als drei Monate betragen, um lange und teure Zwischenfinanzierungen über den Dispokredit zu vermeiden.

Damit sind die geeigneten Anlageformen schon programmiert. Infrage kommen Tagesgelder, kurzfristig verfügbare Fest- und Termingelder, gut verzinste Girokonten und Sparbücher mit dreimonatiger Kündigungsfrist, sofern der Zins zumindest nicht niedriger als bei einem Tagesgeld ist, und Geldmarktfonds.

Sparen auf Anschaffungen

Dabei geht es um die Bildung von Kapital, das erst in ein paar Jahren flüssig gemacht werden soll – beispielsweise für den Kauf eines neuen Autos oder eine neue Wohnzimmereinrichtung. Hier ist die Sicherheit der wichtige Aspekt, während die Liquidität eher untergeordnet ist. Wichtig ist, dass der angesparte Betrag mit einem möglichst ordentlichen Gewinn zum anvisierten Zeitpunkt zur Verfügung stehen kann.

Zu diesem Zweck bieten sich die Ratensparpläne der Banken an. Sie sind einfach zu handhaben, sehr sicher und bei einigen Direktbanken können Sie attraktive Zinsen herausholen.

Mittelfristige Einmalanlage (5–10 Jahre)

Zunächst sollten Sie sich die Frage stellen, wie viel Sicherheit und Flexibilität Ihnen die passende Anlageform bieten sollte.

So bieten manche Sparprodukte von Banken mit der Möglichkeit der vorzeitigen Kündigung eine Kombination aus hoher Anlagesicherheit und flexiblem Zugriff. Auch Anleihen sowie börsennotierte Pfandbriefe können vor der Fälligkeit veräußert werden, allerdings gibt es hier ein begrenztes Kursrisiko.

Wenn Sie sicher sind, das angelegte Kapital vor Ablauf der Anlagedauer nicht zu benötigen, können Sie Festanlagen in Betracht ziehen. Ihr Vorteil dabei ist, dass Ihnen meist bessere Konditionen geboten werden als bei flexiblen Produkten. Zu den risikoarmen Vertretern dieser Gruppe zählen Sparbriefe und mittelfristige Festgelder. Wenn Sie geringe Schwankungen beim Ertrag als Preis für höhere Renditechancen in Kauf nehmen wollen, können Sie Kapitalschutzzertifikate in Betracht ziehen – allerdings nur bei einer erstklassigen Bonität des Emittenten.

Je nach Risikobereitschaft kommen für die mittelfristige Anlage auch Investmentfonds ohne Ausgabeaufschlag in Betracht. Die Bandbreite reicht vom vergleichsweise sicheren Staatsanleihen-Rentenfonds bis hin zu stark schwankenden Aktienfonds.

Unbefristetes Sparen zur Vermögensbildung und Vorsorge

Für das langfristige regelmäßige Sparen sollten Sie sich darüber klar werden, ob der Schwerpunkt auf der Vorsorge oder auf der Vermögensbildung liegen soll.

Bei der Vorsorge ist das Ziel Ihrer Sparaktivitäten, Kapital anzusparen, auf dessen Erträge und Substanz Sie im Rentenalter zurückgreifen. Weil dieser Zweck schon von vornherein festgelegt ist, sollten Sie dafür auch beim langfristigen Sparen Ihr Risiko begrenzen – denn sonst könnte bei einer schlechten Entwicklung der Anlage Ihr Lebensstandard im Rentenalter gefährdet sein. Überdies können Sie beim Vorsorgesparen staatliche Zuschüsse und Vergünstigungen für das Riester- oder Rürup-Sparen und die betriebliche Altersvorsorge in Anspruch nehmen.

Mehr Freiraum haben Sie bei der Vermögensbildung. Hier wird das angelegte Geld langfristig und ohne bestimmtes Anlageziel auf die hohe Kante gelegt. Es muss nicht zu einem bestimmten Zeitpunkt verfügbar sein, und die daraus erzielten Erträge sind nicht von vornherein verplant. Je nach persönlicher Neigung können Sie in diesem Bereich auch Anlageformen mit größerem Schwankungsrisiko in Ihr Anlagekonzept einbeziehen.

Tipp: Mischen Sie!

Auch wenn bei der freien Vermögensbildung höhere Risiken eingegangen werden können, sollten Sie nicht alles auf eine Karte setzen, sondern mit einem gesunden Mix aus verschiedenen Anlageformen und -segmenten Ihr Gesamtrisiko in erträglichen Grenzen halten.

Zu den sicheren langfristigen Sparformen zählen langfristige Banksparverträge sowie die klassische private Rentenversicherung. Auch das Riester-Sparen und die betriebliche Altersvorsorge sind in diesen Bereich einzuordnen. Ebenfalls mit geringen Schwankungsrisiken verbunden sind Sparpläne mit offenen Immobilienfonds oder Rentenfonds.

Mit mehr Renditechancen verbunden, aber auch mit höheren Schwankungsrisiken, sind Investmentfonds-Sparpläne sowie fondsgebundene Lebens- und Rentenversicherungen. Wie hoch das Risiko ist, hängt davon ab, wie sich die Fondsmischung zusammensetzt. Je höher der Anteil an Aktien oder fremden Währungen, desto größer sind die Kursausschläge – nach oben und unten. Daher sind diese

Anlageformen weniger für die Vorsorge als vielmehr für die freie Vermögensbildung geeignet.

Langfristige Einmalanlage

Auch hier stellt sich zuerst die Frage, ob das Kapital der Vorsorge oder der Vermögensbildung dient – aus der Antwort resultiert wiederum die Risikoklasse.

Zu den risikoarmen Anlageformen zählen lang laufende Bundeswertpapiere, Pfandbriefe, offene Immobilienfonds und Rentenfonds mit Schwerpunkt auf risikoarmen Staatsanleihen. Mehr Chancen und Risiken bergen die anderen Investmentfonds vom Mischfonds bis zum Schwellenländer-Aktienfonds sowie die Direktanlage in Unternehmensanleihen, Genussscheinen oder Aktien.

Tipp: Investment streuen

Bei der Direktanlage in Wertpapiere sollten Sie über genügend Kapital verfügen, um Ihr Investment über verschiedene Titel und Branchen streuen zu können. Ist dies nicht der Fall, sollten Sie unbedingt die indirekte Anlage in Form von Investmentfonds bevorzugen.

Wie Kapitalerträge besteuert werden

Zum Jahresbeginn 2009 wurde das bisherige System aus Sparerfreibetrag, steuerfreien Kursgewinnen, hälftiger Dividendenbesteuerung und der Versteuerung zum persönlichen

Steuersatz abgeschafft und durch eine einheitliche Abgeltungsteuer ersetzt. Dabei wird der Sparerfreibetrag mitsamt der Werbungskostenpauschale in einen sogenannten Sparerpauschbetrag umgewandelt, der 801 Euro pro Anleger beträgt. Damit bleibt die Höhe der steuerfrei erzielbaren jährlichen Kapitalerträge gleich. Wenn der Pauschbetrag ausgeschöpft ist, werden alle Kapitalerträge mit der Abgeltungsteuer belegt. Diese wird zwar mit 25 Prozent angegeben, ist in der Realität jedoch höher, weil Solidaritätszuschlag und gegebenenfalls Kirchensteuer hinzukommen. Mit diesen Komponenten kommt man auf eine Steuerbelastung von rund 28 Prozent.

Die Zinsbesteuerung

Bei der Zinsbesteuerung wird es im Vergleich zum früheren System für Sparer vorteilhafter, wenn ihre Zinseinnahmen die Freigrenze überschreiten und sie ein vergleichsweise hohes Einkommen haben. Bis Ende 2008 musste in diesem Fall der über der Grenze liegende Zinsertrag noch zum persönlichen Steuersatz versteuert werden, sodass im Extremfall mehr als 40 Prozent von den Erträgen abgezwackt werden. Für diese Anlegergruppe sinkt die Steuerlast künftig auf das Einheitsniveau der Abgeltungsteuer.

Das deutsche Steuersystem ist progressiv. Das bedeutet, dass nicht jeder Euro der Einnahme mit demselben Steuersatz versteuert wird. Der letzte Euro der Einnahme wird mit dem höchsten Steuersatz belegt, dies ist Ihr persönlicher Spitzensteuersatz – im Fachjargon „Grenzsteuersatz“.

Nach altem Steuerrecht mussten Anleger bis Ende 2008 auf Zinseinkünfte über dem Sparerfreibetrag ihren individuellen Grenzsteuersatz abführen, in der Spitze 45 Prozent. Dies wurde nun mit der Einführung der Abgeltungsteuer geändert. Alle Zinseinkünfte über dem Pauschbetrag werden einheitlich nur mit der Abgeltungsteuer von 25 Prozent belegt. Damit ist alles „abgegolten“. Gewinner sind alle Sparer, die einen höheren Grenzsteuersatz als 25 Prozent haben. Und das sind nicht wenige. Bereits ab einem zu versteuernden Einkommen von 15.000 Euro bei Ledigen und 30.000 Euro bei Ehepaaren ist der Grenzsteuersatz von 25 Prozent erreicht.

Tipp: Grenzsteuersatz prüfen

Sollte Ihr Grenzsteuersatz unter 25 Prozent liegen, können Sie sich die zu viel gezahlten Steuern natürlich über die Einkommensteuererklärung zurückholen.

Spezialfall Luxemburg

Für manche Anleger stellt sich die Frage, wie die Zinseinkünfte bei Renten- und Mischfonds von luxemburgischen Fondsgesellschaften zu versteuern sind. Hierbei ist zu unterscheiden, ob der Fonds die Zinserträge jährlich ausschüttet oder gleich wieder anlegt – das wird in der Fachsprache „Thesaurierung“ genannt.

Bei der Ausschüttung zieht die inländische Depotbank die Abgeltungsteuer ab, bevor das Geld an den Anleger ausgezahlt wird. Bei thesaurierenden Luxemburg-Fonds wird zwar keine jährliche Abgeltungsteuer einbehalten, doch Sie müssen als Anleger Jahr für Jahr Ihre Zinserträge an das Finanzamt melden. Im Rahmen der Einkommensteuererklärung ist dann die fällige Abgeltungsteuer an das Finanzamt zu zahlen.

Die Besteuerung von Dividenden

Bei Dividendeneinnahmen aus Aktienbesitz galt bis Ende 2008 das sogenannte Halbeinkünfteverfahren: Wer beispielsweise 1.000 Euro Dividende kassierte, musste die Hälfte davon mit seinem persönlichen Steuersatz versteuern. Lag dieser bei 35 Prozent, erhielt Vater Staat effektiv 17,5 Prozent aus der Dividende.

Seit Anfang 2009 wird hingegen die komplette Dividende mit Abgeltungsteuer belegt. Damit wird sich für die meisten Anleger die Steuerbelastung auf die Dividendenzahlungen deutlich erhöhen. Die Abgeltungsteuer auf Dividendenzahlungen wird unabhängig davon erhoben, ob es sich um Unternehmen mit Hauptsitz in Deutschland oder im Ausland handelt.

Kursgewinne

Deutliche Einbußen bringt im Vergleich zu den früheren Regelungen die Abgeltungsteuer für Aktienanleger, die an der Börse auf langfristige Kursgewinne setzen. Bei längerer Anlagedauer profitierten Anleger nämlich bislang von einem bedeutsamen Steuervorteil, weil nach Ablauf der Zwölfmonatsfrist Kursgewinne steuerfrei eingestrichen werden konnten. Auch hier greift nun die Abgeltungsteuer, wenn die Aktien verkauft werden: Von der Differenz zwischen Kauf- und Verkaufskurs muss der Anleger 25 Prozent plus Solidaritätszuschlag und gegebenenfalls Kirchensteuer an den Fiskus abgeben.

Dabei gibt es jedoch Bestandsschutz für Aktieninvestoren: Alle Wertpapiere, die bis Ende 2008 gekauft worden sind, fallen bei der Gewinnbesteuerung unter die alte Gesetzgebung. Wer noch solche Altbestände besitzt, kann den Kursgewinn steuerfrei kassieren, auch wenn die Papiere erst in zehn oder zwanzig Jahren wieder verkauft werden.

Sonderfälle: offene Immobilienfonds und Versicherungen

Dabei gibt es jedoch auch Sonderfälle. So dürfen bei offenen Immobilienfonds die Veräußerungsgewinne aus Immobiliengeschäften steuerfrei ausgeschüttet werden, wenn die Immobilie mindestens zehn Jahre im Bestand war. Außerdem können Immobilienfonds-Investoren auf Steuervergünstigungen bei Mieteinnahmen hoffen, wenn es sich um Fondsimmobilien handelt, deren Standort sich im Ausland befindet.

Eine weitere Sonderstellung genießen private Lebens- oder Rentenversicherungen: Wenn der Sparvertrag mindestens zwölf Jahre lang läuft und die Auszahlung auf einen Schlag ab dem 60. Geburtstag erfolgt, muss nur die Hälfte des Gewinns zum persönlichen Steuersatz versteuert werden – das ist für viele Anleger günstiger als die Abgeltungsteuer (siehe Beispiel zum Grenzsteuersatz auf Seite 19).

Erfolgt die Auszahlung in Form einer lebenslangen Leibrente, gilt für diese Einkünfte ebenfalls eine Sonderregelung. Weil ein Teil der Auszahlungen aus dem Kapitalverzehr erfolgt, wird nur der sogenannte Ertragsanteil besteuert, dessen Höhe sich nach dem Alter des Anlegers zum Zeitpunkt der ersten Auszahlungsrate richtet. Beginnt die Zahlung mit 65 Jahren, liegt der Ertragsanteil bei 18 Prozent. Das bedeutet: Bei 1.000 Euro Rente sind nur 180 Euro mit dem persönlichen Steuersatz zu versteuern. Je älter der Anleger zu Beginn des Rentenbezugs, umso geringer ist der Ertragsanteil.

Nachgelagerte Besteuerung beim Vorsorgesparen

Riester-Sparen, betriebliche Altersvorsorge und Rürup-Rente werden in der Ansparphase vom Staat in Form von Zulagen bzw. Steuervorteilen bezuschusst. Allerdings müssen Sie damit rechnen, dass die daraus resultierenden Rentenzahlungen im Ruhestand im Rahmen der sogenannten nachgelagerten Besteuerung zu versteuern sind.

Im Überblick:

- **Riester-Rente:** Zahlungen aus der Riester-Rente zählen im Rentenalter in voller Höhe als steuerpflichtiges Einkommen.
- **Betriebliche Altersvorsorge:** Bei den Zahlungen aus der Betriebsrente kommt es darauf an, mit welchem Modell das Kapital angespart worden ist. Bei Abschlüssen ab 2005 zählen die Rentenzahlungen in voller Höhe als steuerpflichtiges Einkommen, jedoch können Betriebsrentner bei Zahlungen aus Direktzusage oder Unterstützungskasse von zusätzlichen Freibeträgen profitieren. Eine geringere Steuerbelastung bis hin zur Steuerfreiheit kann bei Vertragsabschlüssen vor 2005 gegeben sein.
- **Rürup-Rente:** Die Auszahlungen werden im Rentenalter steuerlich wie Einkünfte aus der gesetzlichen Rentenversicherung eingestuft. Damit hängt die Höhe der Steuerbelastung davon ab, zu welchem Zeitpunkt Ihre Altersrente beginnt. Bei Renteneintritt im Jahr 2010 sind 60 Prozent der Renteneinkünfte zu versteuern, bei Rentenbeginn im Jahr 2020 liegt der Satz bei 80 Prozent, und ab 2040 müssen Neurentner ihre Einnahmen aus gesetzlicher Rente und Rürup-Rente in voller Höhe mit dem individuellen Steuersatz versteuern.

Der Einfluss der Lebenssituation auf die Geldanlage

Schon aus den Sparzielen ergeben sich wichtige Hinweise auf die Frage, mit wie viel Risiko eine Geldanlage behaftet sein darf. Wenn das Geld nur kurzfristig angelegt werden soll oder zu einem ganz bestimmten Termin benötigt wird, sind ganz klar schwankungsarme und sichere Anlageformen zu bevorzugen.

Doch wenn es darum geht, wie Sie Sicherheit und Risiko bei der Geldanlage gewichten sollten, spielen weitere Faktoren eine große Rolle.

- **Lebensalter:** Wer mit 25 Jahren mit dem Vermögensaufbau beginnt, hat eine viel längere Sparphase vor sich als derjenige, der erst mit 50 Jahren an die Aufbesserung der Rente denkt. Junge Sparer können aufgrund des längeren Anlagehorizonts ein höheres Schwankungsrisiko eingehen.
- **Eigenheim:** Wenn Sie in den eigenen vier Wänden wohnen und dafür noch ein Darlehen zurückzahlen müssen, sollten Sie dem Schuldenabbau unbedingt Vorrang einräumen. Ein „Weniger" an Schulden bedeutet immer ein „Mehr" an Sicherheit – denn falls die Kreditzinsen steigen, kann bei einem hohen Schuldenstand die Zinslast regelrecht explodieren. Wenn der Kauf oder Bau eines Eigenheims geplant ist, kommt es darauf an, ob dies in naher oder ferner Zukunft geschehen soll. Wollen Sie schon bald ins Eigenheim einziehen, sollten Sie das dafür eingeplante Eigenkapital vor Schwankungen an den Aktienbörsen schützen.

- **Einkommensreserven:** Je höher das Einkommen ist, desto mehr Geld steht auch für den Vermögensaufbau zur Verfügung. Weil kurzfristige Wertschwankungen dann nicht gleich die finanzielle Existenz gefährden, kann man bei hohem Einkommen auch ein höheres Anlagerisiko eingehen.
- **Höhe des Gesamtvermögens:** Je größer das bereits angesammelte Vermögen ist, desto höher ist auch der Anteil, der für risikoreichere Anlageformen zur Verfügung stehen kann. Beispiel: Wenn 10.000 Euro sicher und flexibel als eiserne Reserve dienen sollen, entspricht dies bei einem Gesamtvermögen von 30.000 Euro einem sicherheitsorientierten Anteil von 33 Prozent. Beträgt die Höhe des Gesamtvermögens jedoch 80.000 Euro, umfasst die eiserne Reserve nur noch einen Anteil von 12,5 Prozent.
- **Familiäre Situation:** Singles oder kinderlose Doppelverdiener brauchen bei ihrer finanziellen Planung nur die eigenen Wünsche zu berücksichtigen. Wenn jedoch Kinder vorhanden sind, muss auch deren Lebensplanung in die eigene Anlagestrategie mit einfließen. Das beginnt schon mit dem Verdienstausfall eines Ehepartners in den ersten Jahren nach der Geburt und zieht sich bis zu den erhöhten Ausgaben für Führerschein, Ausbildung oder Studium. Familien mit Kindern tun daher gut daran, mehr Sicherheitspolster und Reserven einzukalkulieren.
- **Persönliche Risikobereitschaft:** Zu den „harten" und kalkulierbaren Faktoren kommt noch ein „weicher" Faktor hinzu, der durch Ihren Charakter bedingt ist. Es gibt viele Menschen, die trotz hohen Einkommens und solider Finanzreserven ausschließlich auf sichere Anlageformen setzen. Sie nehmen lieber eine geringere Rendite in Kauf, als dass sie einen Teil ihres Vermögens dem Auf und Ab an der Börse aussetzen. Wenn Sie sich mit solch einer Strategie wohler fühlen, können Sie guten Gewissens den Anteil an Aktienfonds oder Aktien niedriger ansetzen – schließlich kann Sie niemand zwingen,

wegen zusätzlicher Renditechancen schlaflose Nächte zu verbringen!

Nun können Sie Ihr eigenes Risikoprofil erstellen. Die folgende Tabelle ist ein Hilfsmittel, mit dem sich die einzelnen Risikofaktoren bildlich darstellen lassen. Je weiter links die Mehrzahl der Punkte sitzt, desto eher können schwankungsstärkere Anlageformen eingesetzt werden. Befindet sich der Schwerpunkt eher auf der rechten Seite, liegt der Anlageschwerpunkt eher auf risikoarmen Anlageprodukten.

Das persönliche Risikoprofil

	Mögliches Anlagerisiko			
	hoch	**mittel**	**niedrig**	**keines**
Lebensalter	☐ 30	☐ 40	☐ 50	☐ 65
Eigenheim	☐ nicht geplant oder schuldenfrei	☐ langfristig geplant	☐ kurzfristig geplant	☐ vorhanden und nicht schuldenfrei
Einkommen	☐ sehr hoch	☐ hoch	☐ mittel	☐ niedrig
Vermögen	☐ hoch	☐ mittel	☐ niedrig	☐ Schulden
Kinder	☐ nein	☐ ja, je nach Alter	☐ ja	☐ ja
Risikobereitschaft	☐ hoch	☐ mittel	☐ niedrig	☐ keine

! Achtung!

Auch wenn die Risikofaktoren darauf hindeuten, dass bei der Geldanlage größere Schwankungen verkraftet werden können, gilt immer noch diese Investment-Weisheit: Bei der Anlage sollten zu große Einzelrisiken vermieden und das Vermögen möglichst breit gestreut werden.

Wie Sie Anlageziele, persönliche Einflussfaktoren und die passenden Finanzprodukte unter einen Hut bringen, lesen Sie ab Seite 221 in Kapitel 10, „Finanzplanung konkret“.

2 Risiken erkennen und einordnen

Chance und Risiko sind zwei Seiten derselben Medaille: Je mehr Gewinnchancen eine Kapitalanlage verheißt, umso größer sind auch die Verlustrisiken, die sie mit sich bringt. Die Bandbreite reicht dabei von eher geringen Ertragsschwankungen bis hin zum möglichen Totalverlust des eingesetzten Gelds.

! Achtung!

Je nach Anlageprodukt kann das Risiko nicht nur höher oder niedriger sein, sondern sich auch in unterschiedlicher Weise auswirken. Um in den späteren Kapiteln die Aussagen zu den Risiken einzelner Anlageformen richtig einordnen zu können, sollten Sie daher den nachfolgenden Basisinformationen zu Anlagerisiken besondere Aufmerksamkeit widmen.

Welche Risiken mit Geldanlagen verbunden sind

Risiko ist nicht gleich Risiko – je nach Anlageform und Anbieter können unterschiedliche Risiken auf Sie zukommen. Lesen Sie im Folgenden einen Überblick über die Gefahren, die der Kapitalmarkt für Privatanleger bereithält.

Verlustrisiko

Eine große Gefahr, all sein Geld loszuwerden, besteht darin, dass man es dem falschen Verwalter anvertraut. Immer wieder tauchen Fälle auf, in denen Geldanleger den schönen Versprechungen unseriöser Anlagevermittler oder -verkäufer vertraut haben und ihr mühsam Erspartes nie mehr wiedersehen. Entweder hat sich die Anlagegesellschaft verspekuliert oder die Verantwortlichen haben sich mit den Kundengeldern in die Südsee abgesetzt. Vorsicht ist vor allem geboten, wenn die Geldanlage bei irgendwelchen Ihnen bisher nicht bekannten Unternehmen erfolgen soll. Solche Firmen bewegen sich oft auf dem sogenannten Grauen Kapitalmarkt und unterliegen keinerlei Kontrolle durch die staatlichen Aufsichtsbehörden. Außerdem erfolgt bei diesen Anbietern keine Absicherung Ihrer Einlagen durch die Mitgliedschaft in einem Einlagensicherungsfonds (→ Seite 32).

Während Sie heutzutage bei Sparprodukten der meisten Banken sowie aller Sparkassen und Genossenschaftsbanken keine Angst mehr zu haben brauchen, dass Ihre Kontoguthaben irgendwann weg sind, müssen Sie sich bei freien Kapitalanlagen außerhalb des Bankenbereichs nach wie vor sehr intensiv mit der Seriosität der Anlagefirma auseinandersetzen.

Nachschussrisiko

Bei besonders riskanten Anlageprodukten laufen Anleger Gefahr, dass sie nicht nur ihr eingesetztes Geld verlieren, sondern unter Umständen noch zu Nachzahlungen verpflichtet werden können. Dieses Risiko besteht in erster Linie bei manchen Spezialformen von Derivaten und Börsentermingeschäften, aber auch bei einigen geschlossenen Fonds am Grauen Kapitalmarkt sowie bei Genossenschaftsanteilen.

Kurs- und Zinsänderungsrisiko

Außer den Gefahren, die sich aus einer mangelnden Zuverlässigkeit des Anlageanbieters ergeben können, gibt es auch Risiken, die fest mit bestimmten Anlageformen verbunden sind. Dazu zählen zum Beispiel das Kursrisiko bei Aktien und festverzinslichen Anleihen und das Zinsänderungsrisiko bei einer variablen Verzinsung der Anlage.

Als „Kursrisiko" wird die Gefahr bezeichnet, dass in schlechten Zeiten bei einem Verkauf der Anlagepapiere größere Einbußen gegenüber dem ursprünglichen Ankaufskurs anfallen können – die Opfer der Finanzkrise, die Mitte 2007 über die weltweiten Kapitalmärkte hereinbrach, können ein Lied davon singen. Bei manchen Banken- und Versicherungsaktien mussten die Aktionäre über 90 Prozent des ursprünglichen Kaufpreises in den Wind schreiben. In deutlich geringerem Umfang können jedoch auch bei festverzinslichen Wertpapieren mit bester Bonität Kursverluste auftreten, wenn das Marktzinsniveau steigt.

Das Zinsänderungsrisiko umfasst dagegen nur die Höhe des Ertrags aus der Geldanlage. Die Substanz Ihres Ersparten ist dabei anders als beim Kursrisiko nicht gefährdet.

Währungsrisiko

Nicht zu unterschätzen sind Währungsrisiken, die immer dann ins Spiel kommen, wenn Sie eine Geldanlage in einer anderen Währung tätigen. Fällt nach dem Abschluss einer solchen Anlage der Kurs der Fremdwährung gegenüber dem Euro, bekommen Sie zwar unter Umständen den vollen Anlagebetrag in Fremdwährung zurück, beim Umtausch in Euro müssen Sie dann aber Einbußen hinnehmen.

Inflations- und Deflationsrisiko

Anlagen, die nicht in Sachwerte wie Immobilien, Aktienbeteiligungen oder Gold erfolgen, sind einem allgemeinen wirtschaftlichen Risiko ausgesetzt, nämlich der Verringerung des Geldwerts, der Inflation. Durch diese – in der Bundesrepublik derzeit glücklicherweise nur „schleichende" – Geldentwertung nimmt die mit Ihrem ursprünglichen Anlagebetrag verbundene Kaufkraft kontinuierlich ab. Das bedeutet: Sie können mit einem einmal festgelegten Geldbetrag bei dessen Rückzahlung weniger an Sachwerten erwerben als zum Festlegungszeitpunkt. Deutlich wird dieser Effekt durch ständig steigende Preise in allen Lebensbereichen. Aufgefangen werden kann das Inflationsrisiko durch eine gute Anlageverzinsung, die den Kaufkraftverlust zumindest aufwiegen, möglichst aber übersteigen sollte.

! Achtung!

Als Gegenstrategie zur Inflation wird oft die Umschichtung in Sachwerte wie Aktien oder Immobilien empfohlen. Allerdings besteht die Gefahr, dass aufgrund einer ungünstigen Marktentwicklung der Wert zum Beispiel eines Hauses oder von Unternehmensanteilen in Form von Aktien sinkt und somit ebenfalls Verluste eintreten.

Das Gegenstück zur Inflation ist die Deflation. Hier werden Waren und Dienstleistungen immer billiger, die Kaufkraft des Gelds steigt kontinuierlich an. Die Folgen der Deflation zeigen sich in Japan, wo dieses Phänomen in den 1990er-Jahren zum Alltag gehörte. Herbe Verluste mussten dort vor allem Aktien- und Immobilieninvestoren hinnehmen, weil in der Deflation eine Flucht aus Sachwerten in Bargeld oder Bankguthaben stattfand.

Einlagensicherung bei Bankguthaben

So manchen Verbraucher beschäftigt die Frage, was geschieht, wenn seine Hausbank in finanzielle Engpässe gerät oder gar von der Insolvenz bedroht ist. Hier greift die Einlagensicherung. Sie ist im Einlagensicherungs- und Anlegerentschädigungsgesetz geregelt. Der Entschädigungsanspruch für auf Euro lautende Einlagen liegt seit Anfang 2011 bei 100.000 Euro pro Anleger. Damit hat auch Deutschland eine EU-weit geltende Richtlinie umgesetzt, derzufolge der Mindestschutz bei der Einlagensicherung innerhalb der Europäischen Union vereinheitlicht werden soll. Je nach Institutsgruppe geht in Deutschland der Schutz über das gesetzliche Mindestmaß hinaus.

Bei den Sparkassen und Genossenschaftsbanken schützen institutssichernde Einrichtungen die angeschlossenen Institute vor einer Pleite. Bei den Sparkassen wird dieser Schutz über die regionalen Sparkassen- und Giroverbände gewährleistet. Für Genossenschaftsbanken übernimmt diese Aufgabe der Bundesverband der deutschen Volks- und Raiffeisenbanken. Es besteht ähnlich wie bei den Sparkassen ein Haftungsverbund, bei dem die einzelnen Institute einander unter die Arme greifen, um die Zahlungsfähigkeit zu gewährleisten. Beim Schutz über die institutssichernden Einrichtungen gibt es keine Begrenzung des Betrags.

Bei den privaten Banken (Deutsche Bank, Commerzbank etc.) besteht ein über das gesetzliche Mindestmaß hinausgehender Schutz über den freiwilligen Einlagensicherungsfonds beim Bundesverband deutscher Banken (BdB).

Pro Kunde sind 30 Prozent des haftenden Eigenkapitals der Bank abgesichert – damit liegt die Sicherungsgrenze schon für Kunden kleinerer Banken im Millionenbereich. Von 2015 bis 2025 soll das Limit schrittweise auf 8,75 Prozent des Eigenkapitals abgesenkt werden.

Internet: Welche Banken diesem freiwilligen Sicherungssystem angehören, können Sie im Internet nachlesen: www.bankenverband.de. Wie hoch dieser Topf beim freiwilligen Einlagensicherungsfonds bestückt ist, wird nicht veröffentlicht. Bei der Pleite von nur einer Bank wird das Vermögen wohl für die Entschädigung der Kunden ausreichen. Ob der Topf allerdings ausreichend gefüllt ist, um alle Kunden bei einem Flächenbrand zu entschädigen, lässt sich nicht sagen.

Nicht alle deutschen Banken gehören einer verbandseigenen Sicherungseinrichtung an. Bei der Kontoeröffnung müssen solche Institute, die nur die gesetzliche Mindestsicherung von 100.000 Euro bieten, den Neukunden auf den reduzierten Anlegerschutz hinweisen. Innerhalb dieser Bankengruppe besteht auch das höchste Pleiterisiko: Mit der BFI-Bank, der BkmU-Bank und der Privatbank Reithinger gab es im Kreis der Banken mit Mindestsicherung in den vergangenen Jahren einige Insolvenzfälle.

» Sicheres Bausparen

Auch für Bausparer gibt es hierzulande eine umfassende Einlagensicherung. Je nach Anbieter sind verschiedene Sicherungsfonds zuständig. Die Bausparkasse Schwäbisch Hall beispielsweise gehört der Einlagensicherung des genossenschaftlichen Bankenverbands an, die Landesbausparkassen sind an das Sicherungssystem des Deutschen Sparkassen- und Giroverbands angeschlossen. Die privaten Bausparkassen unterhalten eigene Sicherungssysteme. Sie sichern die Bausparguthaben in voller Höhe ohne Obergrenze ab. Bei privaten Bausparkassen, die außerhalb ihres Kerngeschäfts noch Festgelder oder ähnliche Anlageprodukte anbieten, gilt für dieses Segment eine Einlagensicherung von 250.000 Euro pro Anleger ohne Selbstbehalt.

Daneben drängen seit einiger Zeit vermehrt kleinere ausländische Banken auf den deutschen Markt, um mit oft hochverzinsten Tagesgeld- und Sparangeboten Anleger zu gewinnen. Weil die Gründung einer Aktiengesellschaft oder GmbH nach deutschem Recht teuer und aufwendig ist, verzichten diese Institute auf die juristisch selbstständige Tochtergesellschaft in Deutschland und eröffnen lediglich unselbstständige Niederlassungen. In diesen Fällen gilt die Einlagensicherung des Herkunftslands.

Solche Institute wie zum Beispiel die türkisch-niederländischen Banken Credit Europe Bank oder Demir-Halk Bank operieren von den Niederlanden aus und unterliegen der dortigen Einlagensicherung. Damit sind Sparguthaben ebenfalls bis zu einer Höhe von 100.000 Euro in vollem Umfang abgesichert.

Wichtig!

Eine letzte Feinheit: Eine besondere Stellung nehmen ausländische Banken ein, die in Deutschland nur eine Zweigniederlassung haben und dem deutschen Einlagensicherungsfonds beigetreten sind. Hier wird mitunter mit vollem Einlagenschutz geworben. Man muss wissen, dass im Fall einer Pleite zunächst der Schutz des Heimatlandes der Bank greift. Nur für die darüber hinausgehenden Beträge springt die deutsche Einlagensicherung ein. Die Kunden müssen also zunächst ihre Ansprüche im Ausland geltend machen.

Tipp: AGBs prüfen

Klarheit über die Einlagensicherung finden Verbraucher im Zweifelsfall in den Allgemeinen Geschäftsbedingungen (AGB), wo üblicherweise der letzte Passus Aufschluss über die Einlagensicherung gibt.

Abgedeckt von der Einlagensicherung sind Kontoguthaben, die sich beispielsweise auf Giro-, Tagesgeld-, Spar- oder Festgeldkonten befinden. Auch sogenannte Namensschuldverschreibungen, zu denen Sparbriefe zählen, werden über die jeweiligen Feuerwehrfonds gesichert.

Trotz entsprechender Institutszugehörigkeit gibt es hingegen keine Einlagensicherung für Anleihen, Anlagezertifikate, Genussscheine und Inhaberschuldverschreibungen. Ausnahme: Inhaberschuldverschreibungen, die von Sparkassen und Genossenschaftsbanken selbst herausgegeben werden, sind geschützt.

Sicherheit beim Versicherungssparen

Das Versicherungssparen in Form einer kapitalbildenden Lebens- oder Privatrentenversicherung zählt zu den beliebtesten Vorsorgeprodukten in Deutschland. Lange Jahrzehnte galt diese Anlageform als praktisch risikofrei, bis im Jahr 2003 nach der Aktienkrise und den damit verbundenen Wertverlusten die Mannheimer Lebensversicherung in eine existenzbedrohende Schieflage geriet und von anderen Versicherern aufgefangen werden musste. So zeigt der Fall der Mannheimer Lebensversicherung die Sicherheitsvorkehrungen und die verbleibenden Risiken beim Sparen mit kapitalbildenden Lebens- oder Rentenversicherungen.

Zunächst einmal wird der Sparanteil – das ist die Gesamtrate abzüglich Risikoprämie, Verwaltungs- und Vertriebskosten – im sogenannten Sicherungsvermögen angelegt. Um zu gewährleisten, dass die Ansprüche der Versicherten im Fall einer Insolvenz erfüllt werden können, ist das Sicherungsvermögen ein vom übrigen Vermögen des Versicherungsunternehmens intern getrenntes Sondervermögen, das dem Zugriff anderer Gläubiger entzogen ist. Im Insolvenzfall werden aus diesem zuerst die Ansprüche aus den damit abgedeckten Versicherungsverträgen befriedigt.

Nur wenn danach noch Vermögen übrig ist, können Vermögenswerte aus dem Sicherungsvermögen auch zur Abgeltung anderer Ansprüche verwendet werden.

» Begrenztes Risiko

Für die Kapitalanlage innerhalb des Sicherungsvermögens gelten besondere Vorschriften, mit denen das Anlagerisiko begrenzt werden soll. So dürfen Aktien und Investmentfonds nicht mehr als 35 Prozent des Anlagekapitals ausmachen, für strukturierte Anlageprodukte liegt die Obergrenze bei 7,5 Prozent.

Im erwähnten Fall der Mannheimer Lebensversicherung waren jedoch die Verluste aus den Aktienanlagen so hoch, dass durch das Sicherungsvermögen die Ansprüche der Versicherungssparer nicht mehr erfüllt werden konnten. In der Folge haben daher die deutschen Lebensversicherer mit der Protektor AG eine eigene Sicherungseinrichtung ins Leben gerufen, die in Not geratene Versicherungsunternehmen auffangen soll. Das Vermögen von Protektor lag laut Geschäftsbericht Ende des Jahres 2012 bei 750 Millionen Euro. Darüber hinaus bürgen die Versicherer gemeinschaftlich im Schadensfall bis zu einem Gesamtbetrag von 7,8 Milliarden Euro.

Die Anlagevorschriften sowie die Mitgliedschaft im Sicherungsverbund gelten auch beim Riester-Sparen, sofern der Vertrag in Form einer Riester-Rentenversicherung abgeschlossen wird. Auch ist ein Großteil der Pensionskassen an den Protektor-Schutzmechanismus angeschlossen.

» Kursschwankungen und Währungsrisiken

Eine Besonderheit gibt es bei den sogenannten fondsgebundenen Versicherungen. Dort wird zwar entsprechend der Anlagepolitik das Fondsguthaben in das insolvenzgeschützte Sicherungsvermögen eingebucht, doch weil es im Gegensatz zur klassischen Lebens- oder Rentenversicherung keinen Mindestgarantiezins gibt, bleiben die aus der Fondsanlage resultierenden Kursschwankungs- und Währungsrisiken bestehen.

Insolvenzschutz für Fondsanleger

Investmentfonds bieten Sparern die Möglichkeit, auch mit kleinen Anlagesummen in ein breit gestreutes Portfolio einzusteigen. Die Fondsgesellschaft gibt dazu in handliche Beträge gestückelte Anteile heraus, die von den Fondskäufern erworben werden können. Dabei ist in aller Regel auch der Kauf von Anteilsbruchteilen möglich. Das auf diese Weise eingesammelte Geld wird vom Fondsmanagement angelegt. Aus den Anlagezielen – nachzulesen im Verkaufsprospekt – folgt, in welche Anlageform die Kundengelder fließen. Die Palette reicht dabei je nach Fondsgattung von recht sicheren Anlagen bis hin zu hoch riskanten Investments (→ Seiten 70 ff., 93 ff., 112 ff., 146 ff.). Damit die Kundenguthaben im Fall einer Insolvenz der Fondsgesellschaft vor dem Zugriff der Gläubiger geschützt sind, müssen die Investmentgesellschaften einige Regeln befolgen.

Die wichtigsten Vorschriften:

- Die Fondsgesellschaft darf das ihr anvertraute Geld nicht verwenden, um Ausgaben und Investitionen für eigene Zwecke zu tätigen.
- Das Vermögen der Anleger muss auf getrennten Konten verwaltet und in der Bilanz in getrennten Rechnungen ausgewiesen werden.
- Anlegergelder dürfen nicht als Kreditsicherheit dienen, um Immobilienkäufe, Unternehmensübernahmen oder riskante Spekulationsgeschäfte für die Fondsgesellschaft zu finanzieren.
- Als Gegenleistung für die Verwaltung des Fondsvermögens darf die Fondsgesellschaft sowohl bei der Anlage in Form des Ausgabeaufschlags als auch jährlich wiederkeh-

rend einen bestimmten Prozentsatz des Fondsvermögens auf ihr eigenes Konto überweisen. Diese Kostensätze müssen jedoch dem Anleger vor dem Zeichnen der Anteile bekannt gegeben werden.

Damit ist das Anlegervermögen im Investmentfonds gesetzlich geschütztes Sondervermögen, das der Manager nur treuhänderisch verwalten, jedoch nicht beleihen oder auf ein eigenes Konto abzweigen kann. Das bietet den Anlegern große Sicherheit – denn mit dieser Konstruktion ist ihr Geld gegen Veruntreuung und Betrug wirksam geschützt.

! Achtung!

Für die im Sondervermögen anfallenden Wertverluste übernimmt die Fondsgesellschaft keine Haftung. Daher sollten Sie sich umfassend über die Chancen und Risiken verschiedener Fondsgattungen informieren und sich vor Ihrer Anlageentscheidung gründlich überlegen, welches Produkt am besten zu Ihrem Bedarf passt.

3 Anlageprodukte mit geringem Risiko

Dieses sowie die beiden folgenden Kapitel sollen Ihnen einen Überblick über den Markt für Spar- und Anlageformen verschaffen. Auch wenn die Vielzahl der Angebote von Banken, Sparkassen und anderen Anbietern auf den ersten Blick erschlagend wirkt, zeigt sich bei näherem Hinsehen, dass sich hinter verschiedenen Namen im Grunde genommen oft das Gleiche verbirgt. Der Markt lässt sich deshalb in eine Reihe typischer Spar- und Anlageformen einteilen. Innerhalb dieser Gruppen können zwar Unterschiede im Detail bestehen, von ihrem Grundaufbau her sind die verschiedenen Angebote jedoch gleich oder zumindest sehr ähnlich.

Im Folgenden werden wir Ihnen die gängigsten Spar- und Anlagemöglichkeiten erläutern und diese vor allem unter den Gesichtspunkten Sicherheit, Rentabilität und Verfügbarkeit kritisch betrachten.

Um Ihnen den Überblick zu erleichtern, finden Sie gleich zu Beginn der Produktbeschreibungen Hinweise, ob sich die jeweiligen Anlageformen eher dazu eignen,

- längerfristig **regelmäßig** Kapital anzusparen oder
- das bereits Ersparte **einmalig** für einen bestimmten Zeitraum anzulegen.

Die Grenzen zwischen »Ansparangebot« und »Einmalangebot« sind allerdings oft fließend. So können Sie beispielsweise Tagesgeldkonten nicht nur für die Einmalanlage, sondern auch als Ansparinstrument nutzen.

Der Aufbau dieses und der beiden folgenden Kapitel orientiert sich an den Risiken, die mit den jeweiligen Anlageformen verbunden sind. Auf diesen Seiten werden risikoarme Anlagen erläutert, in den Kapiteln 4 und 5 geht es um Anlageprodukte mit mittlerem bzw. hohem Risiko.

Anlage bei Banken

Auch in Zeiten innovativer Finanzprodukte findet ein großer Teil der Vermögensbildung immer noch im traditionellen Bankgeschäft statt – sei es in Form von Sparbüchern oder anderen verzinsten Sparverträgen. Das muss längst nicht immer die schlechteste Lösung sein, denn mit dem wachsenden Konkurrenzdruck haben einige Institute attraktive Anlagemöglichkeiten für ihre Kunden geschaffen. Dazu kommt, dass die Gelder auf solchen Produkten im Rahmen der Einlagensicherung sicher sind (⇢ „Einlagensicherung bei Bankguthaben“ ab Seite 32).

Sparkonten und Tagesgelder

Sparkonten wurden früher zumeist in Form eines Sparbuchs geführt. Das Sparbuch stellte die Urkunde dar, in der alle Ein- und Auszahlungen sowie die Zinsgutschriften eingetragen wurden. Heute erfolgt die Kontoführung meist auf elektronischem Weg und der Kunde erhält zur Bestätigung seiner Transaktionen in regelmäßigen Abständen einen Kontoauszug. Diese Art der Kontoführung wird auch als „Loseblatt-Sparkonto“ bezeichnet. Manche Banken bieten in Verbindung mit dem Sparkonto eine Karte an, die ähnlich wie eine Bankkarte funktioniert. Damit lässt sich an allen Geldautomaten des Kreditinstituts vom Sparkonto Bargeld abheben.

Die Verzinsung erfolgt mit dem Zinssatz für kurzfristige Sparanlagen mit dreimonatiger Kündigungsfrist. Sie ist variabel und kann je nach Kreditinstitut sehr unterschiedlich sein. Bei vielen Banken beträgt der Sparzins gerade einmal die Hälfte dessen, was sich mit einem mindestens genauso flexiblen Tagesgeldkonto erzielen lässt. Andere

Banken wiederum – vor allem aus dem Segment der Direktbanken – bieten im Vergleich zum Tagesgeld sogar einen etwas höheren Zins.

» Höchstgrenze berücksichtigen

Zwar lässt sich beim klassischen Sparkonto täglich Geld abheben, allerdings gibt es dabei eine Höchstgrenze von 2.000 Euro pro Monat. Wer mehr Geld benötigt, muss entweder mindestens drei Monate vorher den gewünschten Betrag kündigen oder Vorschusszinsen bezahlen. Diese werden für den Betrag berechnet, der über dem Monatslimit liegt, und betragen ein Viertel des Guthabenzinses.

Beispiel:

Der Vorschusszins wird bei einer Abhebung von 3.000 Euro, einer dreimonatigen Kündigungsfrist und einem Guthabenzins von 2 Prozent wie folgt errechnet: Basis für die Zinsermittlung sind die über dem Monatslimit liegenden 1.000 Euro, ein Viertel des Jahreszinses von 2 Prozent und die Kündigungsfrist von drei Monaten. Daraus ergibt sich ein zu zahlender Vorschusszins von 1,25 Euro.

Eine echte Alternative zum Sparbuch sind Tagesgeldkonten, auf die Sie jederzeit Geldbeträge überweisen und von denen Sie diese wieder abrufen können. Sowohl bei Filialbanken vor Ort als auch bei Direktbanken sind attraktive Tagesgeldkonten zu eröffnen. Bei Letzteren findet die gesamte Geschäftsbeziehung in der Regel auf telefonischem oder schriftlichem Weg oder über das Internet statt. Benötigen Sie einen bestimmten Geldbetrag vom Konto, können Sie diesen – meist unter Verwendung eines vereinbarten Passworts – einfach per Telefon anfordern. Die Summe wird Ihnen dann unverzüglich auf ein festgelegtes Korrespondenzkonto – meist Ihr Girokonto – überwiesen.

Der entscheidende Vorteil solcher Konten liegt neben der uneingeschränkten Verfügbarkeit der Guthabenbeträge in der gegenüber Sparkonten wesentlich besseren Verzinsung. Je nach Zinssituation liegt sie meist ein bis anderthalb Prozentpunkte über der von der Mehrzahl der Banken und Sparkassen gewährten Verzinsung für Sparbücher mit dreimonatiger Kündigungsfrist. Die Mindestanlage ist je nach Institut unterschiedlich. Während manche Banken mindestens vierstellige Beträge fordern, bieten andere Institute bereits ab dem ersten Euro attraktive Zinsen. Auch die Höhe der Zinsen kann entweder gestaffelt oder als Einheitszins unabhängig vom Anlagebetrag gestaltet sein.

Solche Sonderkonten sind eine attraktive Alternative zu kurzfristigen Spareinlagen, können aber kein Ersatz für ein Girokonto sein, über das der gesamte Zahlungsverkehr abgewickelt wird. Sie stellen vielmehr eine sinnvolle Ergänzung dar, um überschüssige Girokontoguthaben bis zu einer längerfristigen Anlage zu parken.

Tipp: Tagesgeldkonto besser als Sparbuch

Weil Tagesgelder im Vergleich zum Sparbuch mit dreimonatiger Kündigungsfrist flexibler und besser verzinst sind, wird an dieser Stelle auf die Beschreibung des Sparbuches verzichtet. Daraus resultiert unser Rat an Sie: Verzichten Sie auf das erfahrungsgemäß mickrig verzinste Sparbuch und suchen Sie lieber ein gut verzinstes Tagesgeldkonto für Ihre Liquiditätsreserve.

Das möchte Ihnen Ihre Bank verkaufen

Gerade in Zeiten fallender und niedriger Zinsen versuchen die Banken neue Kunden mit Kombiangeboten zu locken. Da wird ein außergewöhnlich hoch verzinstes Tages- oder Festgeldkonto angeboten. Der Zins ist ein echter Hingucker. Bei genauerem Hinsehen muss man sich allerdings wieder fragen, für wen das Angebot attraktiver ist, für den Kunden oder die Bank. An den hohen Zins kommt der Kunde nämlich nur, wenn er seinen Anlagebetrag gesplittet in zwei

Töpfe investiert. Denn die Bedingungen für den überdurchschnittlichen Zins sehen folgendermaßen aus:

Die Hälfte des Anlagebetrags geht aufs Festgeldkonto. Den hohen Zins gibt es übrigens meist nur für einen sehr kurzen Zeitraum von zum Beispiel sechs Monaten. Die andere Hälfte muss in einen Investmentfonds aus der vorgegebenen Fondspalette der Bank investiert werden.

Damit wird ein sicheres, kurzfristiges Sparprodukt mit einem eher langfristigen, risikobehafteten Investment kombiniert. Hatten Sie sich für Ihr Kapital sowieso eine derartige Verteilung vorgestellt, mag das Angebot für Sie passen. Die Erfahrungen aus der Praxis zeigen allerdings, dass es häufig eher konservative Sparer sind, die sich aufgrund des allgemein niedrigen Zinsniveaus plötzlich verleiten lassen, in risikobehaftete Geldanlagen zu investieren.

Tipp: Immer ans Ziel denken

Denken Sie an das magische Dreieck und die von Ihnen definierten Ziele Ihrer Geldanlage. Stand auf Ihrer Wunschliste ohnehin, einen Teil des Kapitals in Fonds zu investieren? Wenn nicht, dann sollten Sie die Finger von einem solchen Produkt lassen.

Falls Sie nicht sicher sind, so hinterfragen Sie das Fondsangebot:

- Welche Fonds werden angeboten?
- Wie gut oder schlecht sind diese?
- Erlässt man Ihnen den Ausgabeaufschlag beim Kauf oder gibt es zumindest einen 50-prozentigen Rabatt?
- Die Fonds müssen auf einem Depotkonto verbucht werden. Ist die Depotführung kostenlos?

Und das empfehlen wir Ihnen

Rechnen Sie! Lohnt es sich wirklich, ein eigentlich ungewolltes Fondsinvestment mit Kosten und Risiko zu tätigen, nur um für eine kurze Zeit einen attraktiven Zins zu ergattern?

Nehmen wir an, 10.000 Euro werden in ein solches Kombiprodukt investiert. Der Festzins für sechs Monate beträgt 5,55 Prozent. Danach sinkt der Zinssatz auf den Sparzins für Spareinlagen mit dreimonatiger Kündigungsfrist, zum Beispiel 1,5 Prozent. Der Fonds wird mit Rabatt auf den Ausgabeaufschlag angeboten. Es bleiben 2,5 Prozent Kaufgebühr. Das Kapital muss je zur Hälfte in die beiden Töpfe investiert werden. Der Zinsertrag beläuft sich nach einem Jahr auf 176,25 Euro. Nach Abzug des Ausgabeaufschlags von 125 Euro bleiben 51,25 Euro Ertrag. Selbst wenn der Fonds nach einem Jahr 3 Prozent Ertrag ausschüttet, bleiben insgesamt 201,25 Euro an Reinertrag übrig. Hätte der Anleger das Geld zum vergleichsweise geringen marktüblichen Zins von zum Beispiel 2,5 Prozent angelegt, so hätte er 250 Euro Ertrag erwirtschaftet und zwar ohne Risiko.

Termin- und Festgelder

Der Begriff „Termingelder“ ist ein Oberbegriff für Guthaben auf speziellen Termingeldkonten. Der Kunde trifft bei einer Termingeldanlage mit dem Kreditinstitut eine Vereinbarung darüber, dass er diesem die in der Regel aus größeren Beträgen bestehenden Einlagen für einen bestimmten Zeitraum überlässt und dafür als Ausgleich einen festen Zins erhält.

Die meisten Termineinlagen werden heute in Form eines Festgelds angelegt. Die Besonderheit beim Festgeld liegt darin, dass Sie mit der Bank oder Sparkasse von vornherein eine feste Laufzeit vereinbaren, über die Sie Ihr Geld festlegen wollen.

Wichtigste Voraussetzung für den Abschluss einer Festgeldanlage ist, dass Sie genug Geld auf der hohen Kante haben. Die „Schallmauer" liegt meist bei einem Betrag von 2.500 bis 5.000 Euro. Reicht Ihr Erspartes für den Einstieg, müssen Sie überlegen, wie lange Sie Ihr Geld festlegen wollen. Die Mindestlaufzeit beträgt 30 Tage, bei manchen Banken kann sie bis zu fünf Jahre oder noch länger dauern. Bis zu einem Jahr können Sie meist in Monats- oder Quartalsschritten, danach in Jahresschritten wählen.

Unter anderem nach der Anlagedauer richtet sich auch die Verzinsung des Festgelds. Dabei gilt als Faustformel: Je länger die Laufzeit, desto höher ist der Zins. Nur in Zeiten stark fallender Zinssätze kann es auch einmal passieren, dass Sie bei einer kurzen Anlagefrist besser als bei einer längeren Laufzeit wegkommen. Ebenfalls Einfluss auf die Verzinsung hat die Höhe des Anlagebetrags. Viele Banken und Sparkassen staffeln ihre Konditionen nach Beträgen, wobei es oft für größere Summen bessere Konditionen gibt.

» Das ist zu tun

Stehen Betrag und Anlagedauer fest und ist Ihre Entscheidung für ein bestimmtes Angebot gefallen, müssen Sie beim gewählten Kreditinstitut ein gesondertes Festgeldkonto eröffnen und einen Vertrag über die Festgeldanlage abschließen. Darin werden der Anlagebetrag, die Anlagedauer sowie der Zinssatz festgelegt.

! Achtung!

Häufig enthalten Festgeldverträge auch eine Klausel, nach der sich das Festgeld nach Ablauf der Anlagedauer für einen weiteren Zeitraum von gleicher Länge zu den dann geltenden Konditionen verlängert, wenn Sie der Bank oder Sparkasse vorher nichts Gegenteiliges mitteilen. Wollen Sie das Festgeld nicht oder nur in Höhe eines Teilbetrags verlängern, müssen Sie dies dem Institut rechtzeitig mitteilen.

Bei einigen Instituten werden Sie vor dem Ende der Laufzeit aber auch schriftlich darauf aufmerksam gemacht, sodass Sie dann entsprechend reagieren können. Wird das Festgeld nicht verlängert, erhalten Sie den Anlagebetrag inklusive der aufgelaufenen Zinsen zurück. Das für die Anlage eingerichtete Festgeldkonto wird aufgelöst, das Guthaben auf ein von Ihnen angegebenes Konto überwiesen. Bei einer Verlängerung werden die Zinsen meist dem Festgeldkonto gutgeschrieben und die Gesamtsumme weiterverzinst.

Auch bei Festgeldern sollten Sie die Konditionen verschiedener Kreditinstitute vergleichen und sich nicht gleich für das erstbeste Angebot Ihrer Hausbank entscheiden. Gerade bei dieser Anlageform ist es kein Problem, auch mit fremden Kreditinstituten handelseinig zu werden. Ein solcher Wechsel kostet nicht mehr Mühe, als Sie für die Umbuchung Ihres Anlagebetrags von einer Bank zur anderen und die damit verbundenen Formalitäten der Kontoeröffnung aufwenden müssen.

Die Zinsunterschiede können von Anbieter zu Anbieter bei gleichen Beträgen und Laufzeiten durchaus 1 Prozent jährlich und mehr betragen. Wo das Zinsniveau am höchsten ist, können Sie den Vergleichstabellen entnehmen, die von Zeit zu Zeit in Anlegerzeitschriften oder Zeitungen veröffentlicht werden. Auch Vergleichstabellen im Internet bieten einen guten Überblick. Die Konditionen der vor Ort angesiedelten Banken und Sparkassen lassen sich am leichtesten telefonisch abfragen.

! Achtung!

Bei den angegebenen Zinssätzen müssen Sie beachten, dass es sich immer um Jahreszinssätze handelt. So steht hinter dem Zins der Zusatz „p.a.“. Das bedeutet „per annum“, also „pro Jahr“. Ein dreimonatiges Festgeld zu 3 Prozent jährlich erbringt in diesem Zeitraum keinen Ertrag von 3 Prozent, sondern entsprechend der Laufzeit nur ein Viertel des Jahresertrags – also 0,75 Prozent.

›› So rechnen Sie

Wenn Sie es ganz genau wissen wollen, rechnen Sie einfach die Zinsen konkret aus. Die Formel ist ganz einfach:

$$\frac{\text{Anlagebetrag x Zinssatz x Anlagedauer in Tagen}}{\text{360 Tage x 100}}$$

Beispiel:

$$\frac{\text{1.000 Euro x 4 x 45 Tage}}{\text{360 Tage x 100}}$$

= 5 Euro Zinsertrag für 45 Tage Anlagedauer und 4 % Zinsen

Liegt die Konkurrenz im Konditionenvergleich besser als Ihre Hausbank, können Sie Ihrem bisherigen Geschäftspartner mit einem deutlichen Hinweis darauf eine Chance geben. Oftmals wirkt das Wunder, und Sie erhalten plötzlich ebenfalls den besseren Zinssatz. Welches Kreditinstitut sieht schon gern die Gelder der Kunden zur Konkurrenz abfließen?

Auch wenn eine Verlängerung ansteht, ist es sinnvoll, sich einen Marktüberblick zu verschaffen. Häufig vertrauen Banken und Sparkassen nämlich darauf, dass Kunden ohnehin den bequemen Weg der automatischen Verlängerung wählen, und legen sich bei Verlängerungsangeboten nicht sonderlich ins Zeug.

Haben Sie sich mit der Laufzeit verkalkuliert und wollen oder müssen Sie vorzeitig aus der Festgeldanlage aussteigen, so ist dies nicht ohne Weiteres möglich. Rein rechtlich gesehen ist das Kreditinstitut nicht zu einer vorzeitigen Rückzahlung des Festgelds verpflichtet. Es könnte also der Fall eintreten, dass Sie Ihren Geldbedarf bis zum Ende der Festgeldvereinbarung mit einem kurzfristigen Kredit abdecken müssen. In der Praxis bestehen Banken und Sparkassen jedoch nicht unbedingt auf der Vertragserfüllung. Die Bedingungen, zu denen die vorzeitige Rückzahlung erfolgen soll, bestimmt dann allerdings das Institut. Zum Teil wird eine Entschädigung fällig, oder der Zinssatz wird rückwirkend wesentlich herabgesetzt.

Um eine solche Situation zu vermeiden, sollten Sie deshalb vor Abschluss einer Festgeldanlage eine konkrete Vorstellung davon haben, wie lange Sie den Betrag entbehren können. Zur Anlage der Liquiditätsreserve eignet sich die Festgeldanlage daher kaum. Sinnvoll ist sie dagegen beispielsweise zur Zwischenanlage von Geldbeträgen, die für größere Zahlungen zu bestimmten Terminen bereitgehalten werden. Auch für Gelder, die kurzfristig nicht benötigt werden oder die in der Hoffnung auf zukünftig verbesserte Anlagebedingungen für einige Zeit »geparkt« werden sollen, bietet sich eine Festgeldvereinbarung an.

Wichtig!

Außer Zinserträgen, die vor allem in Hochzinsphasen erheblich über denen einer vergleichbaren Anlage auf Giro- oder Sparkonten liegen, bietet das Festgeld den weiteren Vorteil, dass die Abwicklung völlig kostenlos ist.

Sparbriefe

Der Kauf eines Sparbriefs bietet Ihnen gegenüber ähnlichen Anlageformen – bei gleicher Sicherheit – vor allem den Vorteil einer wesentlich höheren Verzinsung. Die aktuellen Zinssätze richten sich dabei nach den jeweiligen Gegebenheiten auf dem Kapitalmarkt, insbesondere dem Markt für festverzinsliche Wertpapiere. Ebenso wie Festgeldanlagen bieten Sparbriefe auch eine feste Verzinsung über einen bestimmten Anlagezeitraum.

Die Mindestanlagesummen sind sehr unterschiedlich. Je nach Anbieter müssen Sie 50 bis 2.500 Euro mitbringen.

Üblicherweise muss der Anlagebetrag durch 100 Euro oder 500 Euro teilbar sein. „Krumme“ Geldsummen müssen Sie also entweder aufstocken oder abrunden.

Bei den Laufzeiten haben Sie die Qual der Wahl zwischen Zeiträumen von einem Jahr bis zu zehn Jahren. Die meisten Sparbriefe werden allerdings mit einer Gültigkeitsdauer von zwei bis sechs Jahren ausgestellt. Über die gewählte Anlagedauer garantiert Ihnen der Briefaussteller den vereinbarten Anlagezinssatz, wobei auch hier wieder grundsätzlich gilt: Je länger die Laufzeit, desto höher ist die Verzinsung.

Eine weitere Wahlmöglichkeit haben Sie in Bezug auf die Art und Weise der Zinszahlung. So finden Sie in der Angebotspalette vieler Geldhäuser zumindest zwei Sparbriefvarianten: den ausschüttenden und den Sparbrief mit Zinsansammlung.

Beim **ausschüttenden Sparbrief** zahlt Ihnen die Bank oder Sparkasse während der gesamten Laufzeit regelmäßig – normalerweise jährlich – die aufgelaufenen Anlagezinsen aus. Der Zinsbetrag wird dann auf ein von Ihnen angegebenes Konto überwiesen, und Sie können frei darüber verfügen. Am Ende der Laufzeit erhalten Sie den ursprünglich eingezahlten Nennbetrag des Sparbriefs zurück.

Beim **Sparbrief mit Zinsansammlung** erhalten Sie während der Laufzeit keine regelmäßigen Zinszahlungen. Dafür werden Ihnen die gesamten Zinserträge einschließlich Zinseszinsen auf einen Schlag am Ende der Laufzeit zusammen mit dem eingesetzten Kapital ausgezahlt. Hier gibt es zwei Varianten. Beim aufgezinsten Sparbrief mit 4 Prozent Zins bekommt der Sparer bei einem Nennwert von 1.000 Euro nach fünf Jahren 1.217 Euro ausgezahlt. Beim abgezinsten Sparbrief werden Zins und Zinseszins bereits am Anfang vom Anlagebetrag abgezogen. Der Sparer legt 822 Euro an und bekommt bei gleichen Bedingungen am Ende 1.000 Euro ausbezahlt.

Ein Vorteil der Sparbriefe mit Zinsansammlung besteht vor allem in der höheren Rendite aufgrund des Zinseszinseffekts. Außerdem werden die anfallenden Zinserträge automatisch ebenfalls mit dem Vertragszins verzinst. Das ist bequem. Bei einem ausschüttenden Brief müssen Sie sich dagegen selbst um die Wiederanlage der Zinserträge kümmern – natürlich vorausgesetzt, Sie wollen sie nicht einfach ausgeben.

Tipp: Steuer im Auge behalten

Sinnvoll kann der ausschüttende Sparbrief aus steuerlichen Gründen sein, denn bei Sparbriefen mit Zinsansammlung müssen die aufgelaufenen Zinserträge komplett im Jahr der Fälligkeit des Briefs versteuert werden. Hierdurch kann schnell der Sparerpauschbetrag überschritten werden und für den übersteigenden Betrag wird Abgeltungsteuer fällig.

Abgesehen von der Art und Weise der Zinszahlung unterscheiden sich die verschiedenen Sparbriefangebote nicht. Die Anbieter machen bei der Konditionengestaltung vereinzelt nur geringe Unterschiede zwischen normalverzinslicher und ab- oder aufgezinster Variante. Der meist mit der Ausstellung einer Sparbriefurkunde verbundene Erwerb sowie die Rückgabe bei Fälligkeit sollten in jedem Fall kostenlos sein.

Alle Sparbriefe bieten eine feste Verzinsung und unterliegen keinerlei Kursrisiko, da sie nicht an der Börse oder im freien Kapitalverkehr gehandelt werden. Allerdings ist damit auch gleichzeitig ein entscheidender Nachteil verbunden: Ein vorzeitiger Ausstieg aus der Sparbriefanlage ist nicht möglich. Müssen Sie vorzeitig an den festgelegten Betrag, bleibt Ihnen häufig keine andere Möglichkeit, als einen Kredit aufzunehmen und den Sparbrief als Sicherheit an die Bank oder Sparkasse abzutreten. In diesem Fall müssen Sie in aller Regel höhere Kreditzinsen zahlen, als Ihnen der Sparbrief an Guthabenzinsen einbringt.

Sparbriefe sollten Sie darum nur dann erwerben, wenn Sie den Anlagebetrag mit Sicherheit nicht vor dem Ende der regulären Laufzeit benötigen. Haben Sie sich dennoch verkalkuliert, besteht allenfalls die Möglichkeit, den Brief an eine andere Person abzutreten. Ohne die ausdrückliche Zustimmung der Bank oder Sparkasse ist eine solche Übertragung oder ein Verkauf in der Regel allerdings nicht möglich. Welche Verfügungsbeschränkungen im Einzelnen bestehen, sollten Sie vor dem Abschluss eines Sparbriefs immer genau erfragen.

Tipp: Zinsphasen berücksichtigen

Lang laufende Sparbriefe lohnen sich besonders in Hochzinsphasen. In Zeiten niedriger Zinsen ist es sinnvoller, sich eher mit einem kurz laufenden Festgeld flexibel zu halten. Bei anhaltend niedrigem Zinsniveau kann es auch sinnvoll sein, den Anlagebetrag über Festgelder und Sparbriefe mit unterschiedlichen Laufzeiten zu verteilen. So profitieren Sie teilweise bei steigenden, schützen sich andererseits aber auch gegen fallende Zinsen. Mit länger laufenden Sparbriefen realisieren Sie zudem in der Regel höhere Zinsen.

Ratensparverträge

So funktionieren Ratensparverträge

Ratensparverträge, auch Prämien- oder Bonussparen genannt, sehen die Zahlung einer festen monatlichen Rate in vereinbarter Höhe über eine bestimmte Laufzeit vor. In der Regel fordern die Kreditinstitute dabei die Einhaltung einer Mindestrate. Nach oben sind Ihrem Sparfleiß meist keine Grenzen gesetzt. Als Zusatzangebot können Sie bei vielen Verträgen auch eine Dynamisierung der Rate vereinbaren. Die monatlichen Zahlungen werden dann von Jahr zu Jahr automatisch um einen bestimmten Prozentsatz erhöht. Die Laufzeiten bewegen sich je nach Angebot zwischen 1 Jahr und 25 Jahren.

Der Ertrag setzt sich meist aus zwei Bestandteilen zusammen:

- einer laufenden Grundverzinsung und
- einem laufzeitabhängigen, jährlich oder einmalig gezahlten Zinsbonus.

Wenn Sie sich bei verschiedenen Instituten auf die Suche nach solchen Produkten begeben, werden Sie schnell merken, dass es einen Wust an Ratensparverträgen mit unterschiedlichen Bezeichnungen gibt. Die Grundkonzeptionen der Verträge beschränken sich jedoch auf wenige Varianten. Unterschiede bestehen von Anbieter zu Anbieter dagegen vor allem bei der Verzinsung und der Verfügbarkeit der angesparten Gelder.

Beim laufenden Zins sind die Geldinstitute in der Regel sehr knauserig. Der Zinssatz entspricht bei vielen Angeboten dem Zinssatz für Spareinlagen mit dreimonatiger Kündigungsfrist. Selbst in Hochzinsphasen beträgt er bei den meisten Verträgen lediglich 2,5 bis 3 Prozent pro Jahr. Außerdem ist die Grundverzinsung oftmals variabel, sodass Sie mit dem Anfangszins nicht fest über die gesamte Laufzeit kalkulieren können und bei allgemein fallenden Zinsen mit noch schlechteren Konditionen rechnen müssen.

Da sich allein aufgrund solcher Konditionen wohl nur die wenigsten Kunden für diese Sparform erwärmen könnten, zahlen viele Kreditinstitute außer der Grundverzinsung als Bonbon entweder nach jedem Laufzeitjahr oder am Ende der Gesamtlaufzeit einen Zinsbonus. Wie hoch dieser ausfällt, richtet sich nach der Dauer der Laufzeit. Grundsätzlich gilt: Je länger die Spardauer ist, desto höher fällt der Bonus aus. Bei einem einmaligen Bonus am Laufzeitende reicht die Spannbreite zum Beispiel von 2 Prozent nach Ablauf des zweiten Sparjahrs bis 50 Prozent der Einzahlungsbeträge nach 25 Jahren.

Einfluss auf die Bonuszahlung hat auch die Höhe der Grundverzinsung. Bei relativ niedriger laufender Verzinsung erhalten Sie in der Regel höhere Zinszuschläge, bei besserem Grundzins fällt der Bonus.

Tipp: Steigender Zins steuerlich günstiger

Unter steuerlichen Gesichtspunkten sind Angebote mit einem steigenden Zins sinnvoller als Varianten mit einem einmaligen Endbonus. Die Erträge fließen Ihnen jährlich zu, während bei Verträgen mit einmaliger Bonuszahlung ein Großteil der Verzinsung erst zum Laufzeitende ausgezahlt wird – und dann auch versteuert werden muss. Dadurch besteht die Gefahr, dass Ihr Sparerpauschbetrag überschritten wird und Sie für die darüber hinausgehenden Erträge Abgeltungsteuer zahlen müssen.

Wie ertragsstark ein Ratensparvertrag ist, können Sie nur beurteilen, wenn Sie die Renditen verschiedener Angebote vergleichen. Von der verlockenden Höhe insbesondere einmaliger Bonuszahlungen sollten Sie sich auf keinen Fall blenden lassen. Setzt man diese zusammen mit der geringen Grundverzinsung in ein Verhältnis zu der jeweiligen Laufzeit, zeigt sich schnell, dass Sie auch von diesen Verträgen keine Renditewunder erwarten können. Die Ursache für eine falsche Einschätzung der Rendite solcher Verträge liegt häufig in der raffinierten Bonusgestaltung der Geldinstitute. Entscheidend ist dabei, wann und worauf der Anbieter Ihnen den Bonus gewährt:

- Bei jährlicher Bonuszahlung wird diese manchmal auf die Einzahlungen eines Jahrs, manchmal nur auf die Zinssumme eines Jahrs berechnet.
- Bei einmaligem Bonus am Ende erhalten Sie die Zusatzverzinsung nur auf die Sparleistung ohne Zins – manchmal sogar nur auf einen Teil der Einzahlungen.

Mit dem Abschluss eines Ratensparvertrags oder Sparzertifikats binden Sie sich für eine vereinbarte Vertragsdauer oder zumindest für eine in den Vertragsbedingungen vorgesehene Mindestlaufzeit. Dies kann bedeuten, dass Sie im Einzelfall erst nach einigen Jahren an Ihr Erspartes kommen. Achten Sie daher nicht nur auf den Zins, sondern auch auf die Bedingungen beim vorzeitigen Ausstieg.

Viele Angebote sehen zwar die Möglichkeit eines vorzeitigen Ausstiegs vor. Unterschiedlich sind dabei jedoch die Konditionen. Im günstigsten Fall können Sie jederzeit oder unter Beachtung einer Kündigungsfrist von drei Monaten aussteigen und bekommen Ihre eingezahlten Raten sowie die bis zu diesem Zeitpunkt aufgelaufenen Zinsen und den auf die zurückliegende Spardauer entfallenden Bonus gutgeschrieben.

Es kann Ihnen allerdings auch passieren, dass Sie in Bezug auf den Bonus leer ausgehen oder die Zinsaufschläge verloren gehen und man Ihnen rückwirkend nur den normalen Sparbuchzins zahlt. Andere Angebote sehen eine Kündigung frühestens nach einem Jahr vor.

Achtung!

Selbst bei Einhaltung der vertraglich festgelegten Spardauer müssen Sie aufpassen. Teilweise wird Ihr Geld zum Laufzeitende nicht automatisch frei, sondern Sie müssen unter Beachtung einer bestimmten Frist ausdrücklich kündigen.

Checkliste: Vergleich von Ratensparverträgen

- ☐ Wie hoch ist die Grundverzinsung?
- ☐ Ist die Grundverzinsung des Vertrags für die gesamte Laufzeit fest oder kann sie jederzeit verändert werden?
- ☐ Welchen Bonus/Zusatzzins gibt es für welche Laufzeiten?
- ☐ Worauf wird der Bonus/Zusatzzins gezahlt?
- ☐ Besteht die Möglichkeit, den Sparvertrag vorzeitig zu beenden, und welche Kündigungsfrist bzw. Kündigungssperrfrist muss dabei berücksichtigt werden?
- ☐ Wie wirkt sich eine vorzeitige Vertragsbeendigung auf die Grundverzinsung und den Bonus/Zusatzzins aus?
- ☐ Werden bei einer vorzeitigen Verfügung Vorschusszinsen berechnet?
- ☐ Muss das Guthaben auch bei Ablauf der regulären Sparzeit gekündigt werden oder tritt die Fälligkeit automatisch ein?

Das möchte Ihnen Ihre Bank verkaufen ...

Beispiel:

Prämiensparvertrag, variabler Grundzins 1,5 Prozent, Rate ab 25 Euro möglich, Prämie auf die Jahressparleistung

Sparjahre	Prämie in %	Sparjahre	Prämie in %
3	5	11 und 12	22
4	6	13 und 14	25
5	8	15 und 16	30
6	10	17 und 18	35
7	14	19 und 20	40
8	16	21 und 22	45
9	18	23	50
10	20		

Die Prämienstaffel liest sich gut. Doch was bringt das Sparprodukt unterm Strich? Die Rendite beträgt bei Durchhalten der 23 Jahre Laufzeit ganze 3,12 Prozent pro Jahr. Bei 15 Jahren sind es 3,19 Prozent und bei 10 Jahren 3,25 Prozent. Der Sparvertrag wurde in einer Zeit angeboten, als für Tages- und Festgeldkonten 4 bis 5 Prozent Zinsen gezahlt wurden.

Die beschriebenen Ratensparverträge sind typische Bankangebote. Aus Anbietersicht bieten sie die Möglichkeit, sich sehr günstig Geld bei den Sparern zu beschaffen, um es an anderer Stelle als Kredit teuer auszuleihen. Ein wunderbares Geschäft für die Bank. Vergleichen Sie genau die Konditionen, um zu entscheiden, ob sich das Modell auch für Sie lohnt.

... das empfehlen wir Ihnen

Lassen Sie sich nicht durch die Prämien blenden, sondern bestehen Sie darauf, dass Ihnen die Bank die Rendite ausrechnet. Vergleichen Sie diese mit den marktüblichen Renditen für kurzfristige Geldanlagen. Der lange Sparfleiß auf einem Ratensparvertrag sollte mit einem Renditeaufschlag belohnt werden. Ist dies nicht der Fall, können Sie auch einfach einen selbstgestrickten Sparplan nutzen, indem Sie eine feste Rate per Dauerauftrag auf ein gut verzinsliches Tagesgeldkonto überweisen.

Tipp: Rendite selbst berechnen

Die Rendite können Sie auch selbst berechnen, zum Beispiel im Internet unter www.zinsen-berechnen.de. So können Sie auch Ihren bestehenden Prämiensparvertrag bewerten. Und dann wissen Sie auch, ob es sich lohnt, ihn weiter zu besparen.

Tipp: Bank muss sich am Referenzzins orientieren

Der Bundesgerichtshof hat in einem Urteil aus dem Jahr 2004 entschieden, dass der variable Grundzins dieser Sparverträge nicht willkürlich von der Bank geändert werden kann. Er muss sich an einem Referenzzins orientieren und dessen Änderungen nachbilden. Wurden die Zinsen nicht marktgerecht angepasst, können Sie einen Zinsnachschlag fordern.

Alternativ gibt es auch **festverzinsliche Ratensparverträge**. Zugegeben, richtig gute Angebote offeriert nicht jede Bank um die Ecke, aber auf Internetvergleichsportalen und in den regelmäßigen Veröffentlichungen von *Finanztest* finden Sie gute Anbieter. Zur selben Zeit, zu der der Beispiel-Sparvertrag angeboten wurde, boten attraktive Banken Festzins-Sparverträge mit einem Zinssatz von über 4 Prozent an. Vergleichen lohnt sich! Untersuchen Sie allerdings die Flexibilität dieser Festzins-Sparverträge. Ein vorzeitiger Ausstieg ist meist nicht oder nur mit Einbußen möglich.

Sondersparformen für die Einmalanlage

Außer Sparbriefen und Festgeldanlagen gibt es für die Einmalanlage auch Sonderprodukte, die ähnlich wie viele Ratensparpläne unter bestimmten Voraussetzungen den Zugriff auf das Guthaben schon vor der eigentlichen Fälligkeit der Anlage ermöglichen. Zwei Varianten sind besonders häufig vertreten:

- **Sparvertrag mit vereinbarter Kündigungsfrist.** Hier handelt es sich um ein Sparkonto, das jedoch eine längere Kündigungsfrist als die üblichen drei Monate hat. Die

Verzinsung ist meist variabel, und im Vergleich zum Zins für Produkte mit dreimonatiger Kündigungsfrist gibt es einen Aufschlag. Die angebotenen Kündigungsfristen reichen in der Regel von sechs Monaten bis zu vier Jahren. Bei vorzeitigem Zugriff gilt zumeist wie beim Sparkonto, dass eine Gebühr in Form des Vorschusszinses verlangt wird. In der Praxis sind diese Sparverträge zwar flexibler als Sparbriefe, aber zumeist deutlich schlechter verzinst.

- **Sparen mit steigendem Zins.** Viele Banken bieten Sparverträge an, die mit einem jährlich steigenden Zins ausgestattet sind. Die Gesamtlaufzeit des Vertrags beträgt üblicherweise drei bis fünf Jahre. Nach Ablauf eines Jahrs kann jedoch der Sparer unter Berücksichtigung einer dreimonatigen Kündigungsfrist an das Geld herankommen. Solche Sparformen tragen oft den Namen „Zuwachssparen“ oder „Wachstumssparen“.

Ein wichtiger Knackpunkt bei Sondersparformen ist die Kündigungsfrist: Diese beginnt mit dem Zeitpunkt Ihrer Kündigung und erst nach Ablauf der Frist erhalten Sie Ihr Geld zurück. Wenn Sie einen Sparvertrag mit zweijähriger Kündigungsfrist haben und Ihr Guthaben ein Jahr nach der Anlage kündigen, wird Ihr Erspartes drei Jahre nach Anlagebeginn wieder ausgezahlt.

Wichtig!

In diesem Zusammenhang sollten Sie zwischen Kündigungsfrist und Kündigungssperrfrist unterscheiden. Die Kündigungssperrfrist ist ein bestimmter Zeitraum nach der Anlage, in dem Sie keine Kündigung aussprechen dürfen. Erst nach Ablauf der Sperrfrist können Sie kündigen, und dann beginnt die Kündigungsfrist zu laufen. Wenn beispielsweise ein Sparvertrag neun Monate Kündigungssperrfrist und drei Monate Kündigungsfrist hat, können Sie erst nach neun Monaten kündigen und kommen somit frühestmöglich nach Ablauf eines Jahrs wieder an Ihr Guthaben.

Vergleichen Sie Zuwachssparverträge mit unterschiedlichen Zinstreppen anhand der Rendite pro Jahr. Besonders in Zeiten eines mittleren Zinsniveaus sind diese Produkte attraktiv. Sie sichern sich gute Zinsen für mehrere Jahre. Sinkt in der Zwischenzeit das Zinsniveau, liegen Sie mit dem Produkt genau richtig. Steigt das Zinsniveau, können Sie kündigen und das Geld in höher verzinsliche Verträge einzahlen.

! Achtung!

Achten Sie bei Sondersparformen darauf, was nach Ablauf der Zinsbindung geschieht. Manche Verträge werden automatisch in ein Sparkonto mit dreimonatiger Kündigungsfrist und entsprechend niedrigem Zins umgewandelt, wenn Sie nicht drei Monate vor Ablauf der Anlage kündigen. Bei solchen Verträgen sollten Sie einen Vermerk in Ihrem Terminkalender eintragen, damit Sie nicht wegen einer verpassten Kündigung in eine unfreiwillige Verlängerung zu Minizinsen geraten.

Aufgepasst bei Sternchenwerbung*!

Bei der Vorstellung der einzelnen Produktarten wurde bereits auf typische Fallstricke hingewiesen. Daneben sollten Sie noch eins beherzigen: Wann immer ein Angebot oder ein Zins mit einem Sternchen verbunden ist, lesen Sie im Kleingedruckten die Erläuterung genau, bevor Sie sich für ein Produkt entscheiden. So beugen Sie Enttäuschungen vor.

Eine Produktart, die häufig in der Geldanlageberatung der Verbraucherzentrale thematisiert wurde, soll hier unter die Lupe genommen werden.

Als Alternative zum klassischen Sparbuch wird das Aktivsparen angeboten. Es handelt sich um ein simples Sparkonto mit dreimonatiger Kündigungsfrist. Ohne Kündigung können pro Monat bis zu 2.000 Euro abgehoben werden.

Bei größeren Beträgen muss drei Monate vorher gekündigt werden, sonst fallen Vorschusszinsen an.

Was man wissen muss: Der umworbene Gesamtzins setzt sich aus mehreren Komponenten zusammen. Im ersten Schritt gilt ein variabler Basiszins. Zusätzlich gibt es einen Aktivsparer-Bonus, wenn Sie im Quartal Ihr Durchschnittsguthaben erhöhen. Diesen Bonus gibt es übrigens nur auf diesen Zuwachs. Geworben wird natürlich mit den höchsten Zinssätzen.

Beispiel: Gesamtzins beim Aktivsparen

Im Herbst 2010 ist eine Gesamtverzinsung von 2,25 Prozent zu erzielen. Der Blick in die Details verrät, dass dieser Zins nur für Guthaben ab 50.000 Euro möglich ist. Denn dann beträgt der Basiszins 1,75 Prozent. Bei Beträgen unter 10.000 Euro beträgt er 1,25 Prozent. Basiszins plus Bonus führen zu einer Gesamtverzinsung von 1,75 Prozent für den „Zuwachs" im Quartal.

Übrigens ist auch der Aktivsparer-Bonus variabel und kann laut Sparbedingungen im laufenden Vertrag geändert werden. Im Sommer 2013 galten folgende Konditionen: variabler Basiszins von 0,05 Prozent p.a., Aktiv-Sparer-Bonus von 0,5 Prozent p.a. Beachten Sie außerdem: Bei Verfügungen innerhalb des Quartals entfällt die Bonuszahlung komplett, wenn die Durchschnittseinlage sinkt – Sie also im selben Quartal nicht gleich wieder Sonderzahlungen vornehmen, die das Durchschnittsguthaben erhöhen.

Tipp: Alternative Tagesgeldkonto

Ähnliche, wenn nicht deutlich höhere Ertragschancen als das Aktivsparen bieten Ihnen Tagesgeldkonten, noch dazu mit flexibleren Verfügungsmöglichkeiten und häufig ohne Mindesteinlage.

Bausparen

Traditionell besteht der Hauptgrund, sich für einen Bausparvertrag zu entscheiden, darin, dass der Sparer den Bau oder Erwerb eines Hauses oder einer Eigentumswohnung plant und frühzeitig mit der finanziellen Vorbereitung des Vorhabens beginnen will. Das Ziel ist ein günstiges Bauspardarlehen zur späteren Finanzierung, daher spricht man hier von „Finanzierungstarifen".

Beim typischen Ablauf einer Bausparfinanzierung durchläuft der Vertrag zwei Phasen:

1. die Ansparphase,
2. die Darlehensphase.

» So funktioniert ein Bausparvertrag

In der Ansparphase erbringen Sie regelmäßige Sparraten, die sich an der vereinbarten Bausparsumme orientieren und/oder auch hohe Einmalbeträge. Haben Sie dann einen Anteil von 40 oder 50 Prozent der Vertragssumme eingezahlt und erfüllt der Vertrag noch einige weitere Voraussetzungen, kommt er in die sogenannte Zuteilung. Sie erhalten dann von der Bausparkasse die gesamte Vertragssumme ausgezahlt. Der über das eingezahlte Guthaben hinausgehende Auszahlungsbetrag wird als Darlehen gewährt, und damit beginnt die Darlehensphase.

Der Vorteil dieser Finanzierungsform besteht für den Bauherrn vor allem darin, dass er das Darlehen zu zinsgünstigen Festkonditionen bekommt, die von der jeweiligen Marktlage unabhängig sind und bereits bei Unterzeichnung des Vertrags feststehen. Der Bausparer kennt also bei Abschluss des Vertrags den späteren Darlehenszins und auch die spätere Rate, mit der das Bauspardarlehen zurückzuzahlen ist. Der Haken bei der Sache liegt allerdings in der Frage, wann er das Darlehen bekommt – wie lange also die Ansparphase dauert. Während dieser Wartezeit erhält der Bausparer auf sein Guthaben nämlich nur sehr geringe Zinsen, die – außer in extremen Niedrigzinsphasen – deutlich unter den Sätzen liegen, die sich durch andere Geldanlagen erzielen lassen. Durch diesen Zinsverzicht wird praktisch der günstige Darlehenszins erkauft.

Wählt der Bausparer innerhalb der verschiedenen Vertragsvarianten – der „Tarife" – einen höheren Ansparzins, muss er gleichzeitig auch einen höheren Darlehenszins in Kauf nehmen. Die Spanne zwischen den Sätzen beträgt meist 2 Prozent p.a. – einem Guthabenzins von beispielsweise 1,5 Prozent p.a. steht also ein Kreditzins von 3,5 Prozent p.a. gegenüber, bei 3 Prozent p.a. Zinsertrag müssen später 5 Prozent p.a. für den Kredit gezahlt werden. Abweichend von der Standardvariante gibt es auch Verträge, die eine besonders kurze oder lange Spar- bzw. Darlehensphase vorsehen. Dort können sowohl die Darlehens- als auch die Kreditzinsen stark nach oben oder unten abweichen.

! Achtung!

Vor dem Abschluss eines Bausparvertrags sollten Sie nicht nur auf die Differenz zwischen Guthaben- und Darlehenszins achten, sondern auch auf die weiteren Nebenkosten. Üblicherweise wird beim Abschluss des Vertrags eine Abschlussgebühr von 1 bis 1,6 Prozent der Vertragssumme kassiert, und manche Bausparkassen berechnen bei der Kreditauszahlung zusätzliche Darlehensgebühren – „Agio" genannt. Auch die Führung des Bausparkontos ist nicht bei allen Bausparkassen gebührenfrei.

Wie lange es bis zur Zuteilung dauert, hängt vom Sparfleiß des Kunden, aber wesentlich auch von der Geschäftsentwicklung der jeweiligen Kasse ab. Laufen die Geschäfte gut, kommt der Bausparer relativ schnell an sein Geld. Herrscht hingegen eine Flaute, muss er sich oft länger gedulden, als ihm lieb ist, oder sich die Vertragssumme vorzeitig durch eine teure Zwischenfinanzierung besorgen.

Der Zuteilungstermin kann und darf von der Bausparkasse nicht garantiert werden. Deshalb steht auf den Angeboten hinter dem Zuteilungstermin meist ein Zusatz wie „unverbindlich geschätzt" oder „prognostiziert". Das führt in der Praxis immer wieder zu Verärgerung und Enttäuschung bei den Bausparern, die zu dem prognostizierten Zuteilungstermin fest mit dem Geld gerechnet haben. Dagegen hilft nur eins: Halten Sie Kontakt mit der Bausparkasse. Spätestens zwölf Monate vor dem prognostizierten Zuteilungstermin sollten Sie sich bei der Bausparkasse erkundigen, ob dieser Termin eingehalten werden kann. Wenn nicht, haben Sie noch genügend Zeit, zu handeln. Durch Sonderzahlungen beispielsweise können Sie die Zuteilung beschleunigen.

Tipp: Verhältnis von Sparrate zu Bausparsumme beachten

Achten Sie darauf, keine überhöhten Vertragssummen abzuschließen. Dies ist sehr wichtig, damit der Bausparvertrag in der geplanten Zeit zuteilungsreif ist. Hier gilt es aufzupassen, denn Bausparvertreter verkaufen gern hohe Bausparsummen, weil sich die Höhe ihrer Provision ganz oder zumindest teilweise nach der Bausparsumme bemisst. Aus dem Kleingedruckten, den Bausparbedingungen, ergibt sich das richtige Verhältnis von Sparrate zu Bausparsumme. Nur wenn der Vertrag mit dem Regelsparbeitrag bespart wird, ist er in der veranschlagten Zeit von zum Beispiel fünf bis sieben Jahren zuteilungsreif.

Der Regelsparbeitrag wird als Promillezahl ausgedrückt. Bei klassischen Tarifen beträgt er 4 Promille. Bei einem Bausparvertrag über 100.000 Euro Bausparsumme sollte der monatliche Sparbeitrag also immerhin 400 Euro betragen. Wählen Sie eine deutlich geringere Rate, so verzögert sich die Zuteilung um einige Jahre. Zeit, in der Ihr Guthaben mit einem sehr niedrigen Zins verzinst wird. Wählen Sie also die Bausparsumme mit Bedacht. Am besten geben Sie der Bausparkasse Ihre gewünschte Sparrate und die Zeit bis zur Zuteilung vor, dann kann die Bausparkasse die optimale Bausparsumme ermitteln.

Außer den Finanzierungstarifen bieten Bausparkassen auch Bausparverträge zur reinen Vermögensbildung an. Die Guthabenverzinsung ist hier höher, entsprechend teuer wäre das spätere Darlehen. Darum geht es aber gar nicht. Ziel ist der Darlehensverzicht und die Auszahlung des Guthabens am Vertragsende. Solche Tarife werden als „Renditebausparverträge" bezeichnet. Die Rendite ist höher als der Grundzins, weil außer ihm am Laufzeitende ein zusätzlicher Zinsbonus gewährt wird, teils wird auch die Abschlussgebühr erstattet. In der Regel muss eine Mindestlaufzeit von sieben Jahren eingehalten werden.

Wichtig!

Gerade bei Renditebausparverträgen ist es wichtig, das richtige Verhältnis von Sparrate zu Bausparsumme zu wählen. Als Faustformel können Sie sich merken, dass die Bausparsumme eines reinen Ansparvertrags etwa das 120- bis 125-Fache der monatlichen Sparrate betragen sollte. Durch Einhaltung dieser Grenze halten Sie die Kosten so gering wie möglich und stellen weitgehend sicher, dass Ihr Sparguthaben nach Ablauf der Bindungsfristen ohne Probleme abrufbar ist.

Richtig aufgepeppt wird die Rendite solcher Verträge durch staatliche Förderung in Form von Arbeitnehmersparzulage, Wohnungsbauprämie und Wohn-Riester. Unter welchen Voraussetzungen dann das Bausparen empfehlenswert sein kann, erfahren Sie in Kapitel 8, ab Seite 173.

Zugegeben, Bausparverträge zu durchschauen ist nicht einfach. Dennoch sollten Sie alles daransetzen, dem Vorschlag eines Beraters nicht blind zu folgen, sondern selbst zu rechnen. Nicht selten zeigt sich in der Beratung bei der Verbraucherzentrale, dass Kunden immer wieder immer neue Bausparverträge verkauft wurden, weil es „... so gute neue Tarife gibt, die viel besser passen würden". Hinterfragen Sie solche Vorschläge. Ist ein neuer Abschluss wirklich sinnvoll und notwendig oder geht es dem Berater vielleicht eher um seine Provision?

Grundsätzlich sind Bausparverträge insbesondere für Bauwillige durchaus lohnenswerte Verträge zur Zinsabsicherung. Wichtig ist nur, dass Sie den passenden Tarif wählen.

Checkliste: Bausparverträge

- [ ] Lassen Sie sich die Bausparbedingungen aushändigen und lesen Sie sie in Ruhe.
- [ ] Lassen Sie sich alles erklären, was Sie nicht verstehen.
- [ ] Seien Sie bei hohen Bausparsummen besonders kritisch. Können Sie den Regelsparbeitrag überhaupt aufbringen? Ist die spätere Rate für das Bauspardarlehen bezahlbar?
- [ ] Lassen Sie sich den vollständigen Spar- und Darlehensverlauf ausdrucken. So sehen Sie genau, welche Zahlungen in der Beispielrechnung unterstellt wurden. Prüfen Sie kritisch.
- [ ] *Finanztest* bietet Vergleiche zu Finanzierungs- und Renditebausparverträgen.
- [ ] Beratung – auch zu bestehenden Bausparverträgen – bieten die Verbraucherzentralen an (Adressen ···› Seite 262 f.).

Bundeswertpapiere

Jahr für Jahr macht der Bundesfinanzminister neue Schulden in Milliardenhöhe – und so mancher Bürger fragt sich: Woher kommt eigentlich das Geld?

Zumindest ein Teil der Kredite wird dem Bund von Privatanlegern gewährt, denn die Bundeswertpapiere stellen eine Forderung des Inhabers gegenüber der Bundesrepublik Deutschland dar. Der Herausgeber solcher Wertpapiere – man nennt ihn „Emittent“ – macht Schulden, daher der

Oberbegriff für solche Wertpapiere: Schuldverschreibung. Weil Deutschland immer noch als Schuldner mit erstklassiger Bonität gilt, stellen diese Wertpapiere eine risikoarme Geldanlage dar. Je nach Anlagebetrag und Laufzeit gibt es verschiedene Varianten:

- Bundesanleihen und Schatzanweisungen,
- inflationsindexierte Bundeswertpapiere,
- Bundesobligationen.

Anleger, die noch Bundesschatzbriefe, Finanzierungsschätze oder die Tagesanleihe kennen, suchen diese in der Übersicht vergeblich. Der Erwerb dieser nicht börsennotierten Papiere ist seit 1.1.2013 nicht mehr möglich, da neue Ausgaben nicht mehr begeben werden.

Börsennotierte Bundeswertpapiere

Bundesanleihen mit 10 bzw. 30 Jahren Laufzeit und Schatzanweisungen mit zweijähriger Laufzeit bilden die klassischen börsennotierten festverzinslichen Anleihen des Bundes.

Wichtig!

Ob für den Anleger eine herkömmliche Festzinsanleihe oder eine inflationsindexierte Anleihe die bessere Wahl ist, hängt von der Inflationsentwicklung ab. Der Basiszins ist nämlich bei inflationsindexierten Anleihen deutlich niedriger als bei klassischen festverzinslichen Anleihen.

Inflationsindexierte Bundeswertpapiere sind eine relativ neue Wertpapiervariante und wurden im Jahr 2006 erstmals vom Bund emittiert. Herausgegeben wurden bisher drei zehnjährige Anleihen bis 2016, 2020 und 2023 und eine fünfjährige Obligation bis 2018. Hier hängt die Rendite von der Teuerung ab: Je höher die Inflationsrate, desto mehr steigen Rückzahlungswert und Zins der Anleihe an. Die Koppelung an die Inflationsrate erfolgt in der Regel über eine Anpassung des Nennwerts. Als Referenzindex verwendet der Bund den Verbraucherpreisindex der Eurozone ohne Berücksichtigung von Tabakwaren. Bezogen auf den Tag der Emission als Stichtag wird börsentäglich der Inflationszuschlag errechnet, der dann zum Nennwert hinzuaddiert wird. Der ursprüngliche Nennwert plus die bis dahin erreichte Inflation werden dann am Ende der Laufzeit zurückgezahlt. Auch die Zinsausschüttungen werden entsprechend dem steigenden Nennwert angepasst.

Bundesobligationen haben eine Laufzeit von fünf Jahren und sind ebenfalls börsennotiert.

Grundsätzlich gilt: Sie bekommen bei Bundeswertpapieren eine jährlich festgelegte Zinszahlung (bei inflationsindexierten Anleihen eventuell steigenden Zins), und wenn Sie das Papier bis zum Fälligkeitstermin halten, erhalten Sie den vollen Nennwert zurück. Der wahre Ertrag – Ihre persönliche Rendite – ist davon abhängig, wann und zu welchem Kurs Sie das Wertpapier kaufen und natürlich von Ihren Kosten bei Kauf und Verkauf.

! Achtung!

Auch wenn Bundeswertpapiere zu den sichersten Anlageformen gehören, müssen Sie unter Umständen mit Kursverlusten rechnen. Diese Gefahr besteht, wenn Sie die Papiere vor Fälligkeit über die Börse verkaufen und das marktübliche Zinsniveau in der Zwischenzeit gestiegen ist.

Der Grund für das Kursrisiko liegt darin, dass es sich bei Bundeswertpapieren um Anleihen mit fester Verzinsung handelt. Dabei erfolgt die Anpassung der Rendite an den Marktzins zwangsläufig über den Kurswert. Ist beispielsweise eine Bundesanleihe mit fünf Jahren Restlaufzeit mit einem Festzins von 4,5 Prozent ausgestattet, bedeutet dies bei einer Steigerung des Marktzinses auf 5,5 Prozent: Pro Jahr Restlaufzeit muss ein Kursabschlag von 1 Prozent erfolgen, damit sich die Gesamtrendite wieder auf dem Marktniveau einpendelt – und damit fällt der Börsenkurs um rund 5 Prozent. Hat der Anleger die Bundesanleihe zu 100 Euro gekauft, bekommt er beim vorzeitigen Verkauf über die Börse nur 95 Euro zurück. Er muss also einen Kursverlust hinnehmen. Seine Rendite, bestehend aus jährlichem Zins von 4,5 Prozent und 5 Euro Kursverlust, sinkt entsprechend auf nur noch 3,3 Prozent pro Jahr. Als Faustregel gilt: Steigen die Zinsen um 1 Prozent, muss für jedes Jahr Restlaufzeit ein Kursrückgang von etwa 1 Prozentpunkt einkalkuliert werden.

Wenn Sie beim Kauf von Anleihen das Kursrisiko ausschalten wollen, müssen Sie den Betrag als fest angelegt bis zur Fälligkeit betrachten – denn zu diesem Zeitpunkt wird der Nennwert der Papiere in voller Höhe zurückgezahlt.

Die deutsche Finanzagentur hat den Vertrieb von Privatkundenprodukten Ende 2012 eingestellt.

Wollen Sie Bundeswertpapiere erwerben, so ist dies ausschließlich über Ihre Bank oder Sparkasse möglich. Es gibt weder einen Mindestauftrag noch einen Anlagehöchstbetrag. Der An- und Verkauf erfolgt börsentäglich zum aktuellen Kurs. Beachten Sie die Provisionen Ihrer Bank für diese Geschäfte sowie die Depotgebühren.

Auch die kostenfreie Lagerung von Bundeswertpapieren bei der Deutschen Finanzagentur ist nicht mehr möglich. Dies gilt für alle zukünftig zu erwerbenden Bundeswertpapiere. Für Papiere, die vor bestimmten Stichtagen in 2012 gekauft wurden, ist weiterhin eine kostenfreie Verwahrung möglich. Nähere Informationen dazu finden Sie auf der Homepage der Deutschen Finanzagentur: www.deutsche-finanzagentur.de.

Pfandbriefe

Pfandbriefe stellen innerhalb der Schuldverschreibungen eine besondere Gattung dar und können eine interessante Alternative zu Bundeswertpapieren sein. Sie leihen hier jedoch nicht dem Staat Geld, sondern einer Bank. Die wiederum nutzt das Geld, um Kredite für Grundstücks- und Gebäudefinanzierungen zu vergeben. Auch Pfandbriefe können an der Börse gekauft und verkauft werden. Bei niedrigem Verlustrisiko bieten Pfandbriefe im Vergleich zu Schuldverschreibungen des Bundes ein kleines Renditeplus. Sie müssen sich als Sparer nicht allein auf die Finanzkraft der Bank verlassen, denn diese Wertpapiergattung ist mit einer Extrasicherheit versehen.

Bei Hypotheken-Pfandbriefen darf die emittierende Bank das Anlegerkapital aus dem Pfandbrief nur verwenden, um mit Grundschulden abgesicherte Immobiliendarlehen zu vergeben. Dabei darf die Kreditsumme maximal 60 Prozent des Beleihungswerts der Immobilie betragen. Wenn eine Hypothekenbank höhere Darlehensbeträge bewilligt, muss der über dieser Grenze liegende Betrag mit anderen Mitteln, etwa sonstigen Schuldverschreibungen, finanziert werden. Öffentliche Pfandbriefe sind mit Krediten an staatliche Körperschaften wie Städte und Kommunen hinterlegt.

Im Fall einer Bankenpleite gelten Pfandbriefe als besonders geschütztes Anlagevermögen. Die zugunsten der Bank eingetragenen Grundschulden oder Forderungen an die öffentliche Hand werden dann an die Inhaber der Pfandbriefe übertragen, sodass deren Anlagekapital durch diese Pfandrechte gedeckt ist. Diese Grundschulden müssen in den sogenannten Deckungsstock des Pfandbriefs eingetragen werden, damit die Gläubiger im Insolvenzfall erfahren können, auf welche Sicherheiten sie Zugriff haben.

Ein besonderes Segment innerhalb des Pfandbriefmarkts stellen die sogenannten Jumbo-Pfandbriefe dar. Wie der Name schon vermuten lässt, haben die Jumbos ein besonders großes Volumen, sodass die Handelbarkeit praktisch jederzeit zu einem fairen Kurs gewährleistet ist. Bei kleineren Pfandbriefserien kann es nämlich vorkommen, dass Sie bei einem Verkauf vor der Fälligkeit über die Börse einige Tage oder sogar Wochen warten müssen, bis sich ein Käufer findet. Bei Jumbo-Pfandbriefen mit ihrem Ausgabevolumen von mindestens 750 Millionen Euro ist mit solchen Wartezeiten nicht zu rechnen.

Wie auch bei anderen börsennotierten Wertpapieren kann es bei Pfandbriefen vorkommen, dass bei einem Verkauf vor Fälligkeit der Kurs je nach aktueller Zinssituation höher oder niedriger ist als der Nennwert.

Tipp: Jumbo-Pfandbriefe nutzen

Wenn Sie nicht ganz sicher sind, dass Sie Ihre Pfandbriefe bis zur Fälligkeit behalten, sollten Sie am besten auf Jumbo-Pfandbriefe setzen. Hier können Sie davon ausgehen, dass Sie die Papiere im Bedarfsfall schnell und zu einem fairen Kurs verkaufen können. Alternativ dazu eignen sich auch kostengünstige Indexfonds (ETFs) auf den Jumbo-Pfandbriefindex (→ Seite 216 ff.).

Geldmarktfonds

Speziell für Anleger, die ihr Geld nur kurzfristig zwischenparken oder jederzeit darauf zugreifen wollen, halten die Fondsgesellschaften Geldmarktfonds bereit. Die Anlage Ihrer eingezahlten Gelder erfolgt hierbei auf dem sogenannten Geldmarkt. Dort werden vor allem zwischen Kreditinstituten,

Versicherungsgesellschaften, großen Wirtschaftsunternehmen und der Deutschen Bundesbank hohe Geldbeträge und spezielle Geldmarktpapiere gehandelt. Auf diese Weise versorgen sich zum Beispiel die Kreditinstitute bei kurzfristigen Engpässen mit Geld oder leihen überschüssige Beträge kurzfristig aus. Die Investmentgesellschaften sammeln über den Verkauf von Investmentanteilen einfach viele kleinere Anlagebeträge und investieren sie als große Summen auf dem Geldmarkt.

Geringes Risiko

Das Anlagerisiko der Fonds ist recht gering. Die kurzen Laufzeiten der zur Anlage dienenden Tages- und Termingelder, Geldmarktpapiere und Anleihen mit kurzen Restlaufzeiten schränken die Gefahr von Kursschwankungen stark ein und machen Geldmarktfonds zum Beispiel zu einer echten Alternative zur Sparbuch- oder Festgeldanlage.

Welche Rendite Sie hiermit auf Dauer erzielen können, hängt außer von der Entwicklung des Geldmarkts auch von der Gebührenpolitik der Gesellschaften ab. Die meisten Fondsgesellschaften bieten die Fondsanteile ohne den Abzug eines Ausgabeaufschlags an, sodass Sie bei einer kurzfristigen Rückgabe der Anteile keinen größeren Verlust erleiden. Geschmälert wird Ihr Ertrag dagegen durch die von der Fondsgesellschaft berechnete Verwaltungsgebühr, die je nach Gesellschaft zwischen ca. 0,3 und 0,8 Prozent jährlich liegen kann – und davon wird zumindest ein Teil des Zinsvorteils aufgefressen.

Achtung!

Eigentlich gelten Geldmarktfonds als relativ sichere, risikoarme Geldanlagen mit vorübergehenden Verlusten von 0,5 bis maximal 1 Prozent. Doch gibt es auch Ausnahmen. So hat beispielsweise ein Geldmarktfonds in der Finanzkrise 2008 ordentlich Federn gelassen. Hatte ein Anleger mit 100 Anteilen vor der Krise noch einen Wert von 5.500 Euro im Depot, so schrumpfte dieser bis April 2009 auf nur noch 4.750 Euro. Das sind 750 Euro weniger. Die Anlagestrategie im Verkaufsprospekt wurde übrigens so beschrieben: „Das Ziel der Anlagepolitik dieses Geldmarktfonds ist ein stetiger Wertzuwachs ohne starke Schwankungen."

Aus der Beratungspraxis: Tagesgeldkonto oder Geldmarktfonds?

Manche Banken haben keine Tagesgeldkonten im Angebot und verweisen auf Geldmarktfonds. In den Verfügungsmöglichkeiten unterscheiden sich die beiden Varianten kaum. Auf das Guthaben des Tagesgeldkontos können Sie jederzeit zugreifen, und auch die Anteile an Geldmarktfonds können täglich zurückgegeben werden.

Auch ein Blick auf den Ertrag lohnt sich. Sicher gibt es attraktive Geldmarktfonds. Ob diese mittelfristig mehr erzielen als ein gutes Tagesgeldkonto? Es kommt auf die Anlagepolitik an. Die sicherheitsorientierten Euro-Geldmarktfonds mit geringen Schwankungen erzielten auf Jahressicht 0,3 Prozent pro Jahr und bei fünf Jahren 0,5 Prozent (BVI Statistik, Stichtag 30. Juni 2013). Das konnte mit den meisten Tagesgeldkonten übertroffen werden.

Wichtig!

Ein Tagesgeldkonto ist kostenlos, der Geldmarktfonds nicht. Zwar entsteht meist kein Ausgabeaufschlag, dafür werden aber jährliche Verwaltungskosten erhoben, die der Fondsmanager aus dem Fondstopf entnimmt und die die Rendite schmälern. Fondsanteile müssen überdies auf einem Depotkonto verbucht werden. Das kostet bei den meisten Banken Gebühren. Wenn Sie sonst keine Wertpapiere haben und nur für einen Geldmarktfonds ein kostenpflichtiges Depot eröffnen müssen, ist das sicher nicht empfehlenswert.

Sicher gibt es Geldmarktfonds mit höheren Erträgen, aber erinnern Sie sich an das magische Dreieck! Die chancenreicheren Geldmarktfonds investieren nicht nur in sichere europäische Staatsanleihen, sondern auch in Anleihen von Banken und Unternehmen. Vor der Finanzkrise verschaffte diese mutigere Strategie durchaus höhere Erträge als Tagesgeldkonten, während der Krise bei einzelnen Fonds aber auch Verluste! Dies, weil ihre Fondsmanager mitunter auf Forderungen sitzen geblieben sind oder wegen fehlender Liquidität gezwungen waren, Papiere mit Verlust zu verkaufen. Ob Sie solche Schwankungen aushalten, sollten Sie sich vor der Investition in einen Geldmarktfonds überlegen.

Offene Immobilienfonds

Wer eine Immobilie als Kapitalanlage kaufen will, braucht viel Geld. Für diejenigen, die auch bei kleineren Anlagesummen auf einen Immobilienanteil im Vermögensmix nicht verzichten wollen, gibt es jedoch eine Alternative: Offene Immobilienfonds bieten die Möglichkeit, schon mit kleinen Beträgen ein Stückchen Grundbesitz zu erwerben.

›› So funktionieren offene Immobilienfonds

Diese Investmentfonds funktionieren wie Aktien- oder Rentenfonds. Viele Anleger investieren kleine Beträge und das Fondsmanagement kauft davon keine Wertpapiere, sondern Immobilien. Die Erträge setzen sich aus Mieterträgen und Wertsteigerungen der Objekte zusammen. Herkömmliche Wohnungen oder Mehrfamilienhäuser spielen bei offenen Immobilienfonds indes nur eine untergeordnete Rolle. Der Grund: Wohnungen gelten zwar als wertstabile und sichere Kapitalanlage, aber die Mietrendite liegt meist nur bei etwa 4 bis 5 Prozent – für einen Fondsmanager ist das schlichtweg zu wenig. Die Fonds investieren daher bevorzugt in Gewerbeimmobilien wie Bürohochhäuser oder Einkaufszentren, deren Wert oft im zweistelligen Millionenbereich liegt.

Die Fonds unterliegen wie Aktien-, Renten- und Geldmarktfonds der strengen Kontrolle der Bundesanstalt für Finanzdienstleistungsaufsicht (BaFin). Das Fondsvolumen von meist deutlich mehr als einer Milliarde Euro wird über eine Vielzahl unterschiedlicher Objekte in Deutschland, Europa oder auch weltweit gestreut.

Allerdings ist nicht das komplette Fondsvermögen in Grund und Boden angelegt. Da die Anleger zu jedem beliebigen Zeitpunkt ihre Anteile an die Gesellschaft zurückgeben können, haben die offenen Immobilienfonds eine hohe Liquiditätsreserve. Sie müssen 5 bis 49 Prozent des Fondsvermögens in schnell verfügbaren Anlagen wie festverzinslichen Wertpapieren und Bankguthaben halten. Dieser Anteil fällt je nach Anbieter unterschiedlich aus.

Doch nicht immer hat dieser Puffer ausgereicht, um bei massenhaftem Abzug von Anlegergeldern einen reibungslosen Ablauf zu gewährleisten. So geriet der Deutschland-Immobilienfonds der Sparkassen-Investmentgesellschaft Deka im Herbst 2004 in Liquiditätsschwierigkeiten, nachdem Anleger über Monate hinweg hohe Summen aus dem Fonds zogen. Erst die Übernahme von Fondsanteilen durch Sparkassen und Landesbanken konnte eine vorübergehende Schließung verhindern. Weitgehend tatenlos sah ein Jahr später die Deutsche Bank zu, als ihren offenen Immobilienfonds das gleiche Schicksal ereilte. Die Rücknahme der Fondsanteile wurde kurzerhand über mehrere Monate hinweg ausgesetzt, was sowohl in Kundenkreisen als auch bei Anlegerschützern massive Verärgerung auslöste. Grund für die Krise war in beiden Fällen der Renditerückgang bei inländischen Immobilien und der Ausstieg von großen institutionellen Investoren wie beispielsweise Dachfonds.

Auch in den Jahren 2008 und 2009 wurden wegen der weltweiten Kredit- und Immobilienkrise etliche Fonds vorübergehend dichtgemacht. Die Aussetzung der Anteilsrücknahme dauerte bei einigen Fonds in der Finanzkrise bis zu 24 Monate. In dieser Zeit kam kein Anleger an sein im Immobilienfonds investiertes Geld. Und das ist keine Willkür der Fondsgesellschaft. Das Investmentgesetz schreibt vor, dass ein Fonds zeitweilig zu schließen ist, wenn die Liquiditätsreserve auf weniger als 5 Prozent des Fondsvermögens fällt. Nach Angaben des BVI waren Ende Mai 2013 vier Immobilienfonds „eingefroren". Bei mittlerweile 10 Immobilienfonds konnte auch nach der Zweijahresfrist die Liquidität nicht mehr gewährleistet werden. Das sind nach BVI immerhin 21 Prozent der offenen Immobilien-Publikumsfonds. Diese Fonds werden nun abgewickelt. Peu à peu werden die Immobilien verkauft und die Anteilseigner ausbezahlt. Ob und in welcher Höhe sie Verluste hinnehmen müssen, bleibt offen.

Trotz dieser Turbulenzen gelten offene Immobilienfonds immer noch als vergleichsweise sichere und schwankungsarme Geldanlage, weil die Mehrzahl der Fonds bislang noch keine Verluste verbuchen musste. Ob dies so bleibt und langfristig weiterhin durchschnittliche Renditen von 3 bis 5 Prozent bei guten Immobilienfonds pro Jahr zu erwirtschaften sind, bleibt offen. Je nach Marktzinsniveau muss man allerdings vergleichen, ob mit Immobilienfonds wirklich zuverlässig höhere Renditen als zum Beispiel mit Sparbriefen erreicht werden.

Aufgrund der Turbulenzen in der Vergangenheit wurden neue gesetzliche Regelungen im Kapitalanlagegesetzbuch eingeführt. Diese unterscheiden sich allerdings je nachdem, wann Sie Anteile an offenen Immobilienfonds erwerben oder erworben haben. Grundsätzlich gelten für alle Käufe ab 22.7.2013 eine Mindesthaltefrist von 24 Monaten und eine 12-monatige unwiderrufliche Kündigungsfrist. Die Kündigung kann bereits innerhalb der ersten 24 Monate ausgesprochen werden.

Erwerb zwischen Januar 2013 und 21.7.2013: Hier gelten dieselben Mindesthalte- und Kündigungsfristen, jedoch mit einer Ausnahme: Sie sind nur einzuhalten, wenn Sie Anteile mit einem Gegenwert von mehr als 30.000 Euro pro Halbjahr zurückgeben wollen.

Erwerb vor 2013: Eine Mindesthaltefrist gilt eigentlich nicht, es sei denn, die Fondsgesellschaft hat dies zum Kaufzeitpunkt bereits im Verkaufsprospekt vorgesehen.

Unabhängig vom Kauftermin gilt grundsätzlich: Die Fondsgesellschaft kann fixe Termine für die Anteilsrücknahme vorgeben. Sie könnte sogar nur einen Tag pro Jahr für die Anteilsrücknahme festlegen. Näheres sollten Sie im Verkaufsprospekt Ihres Fonds nachlesen.

Sie sollten auch Folgendes beachten: Haben Sie einen thesaurierenden Fonds (siehe Seite 260) oder mit der Bank vereinbart, dass bei einem ausschüttenden Fonds die Erträge für den Kauf neuer Anteile genutzt werden sollen, so gelten für die Wiederanlage der Erträge die neuen Regelungen, auch wenn Ihre Fondsanteile bereits seit Jahren im Depot liegen.

Wichtig!

Die Anlage in offene Immobilienfonds sollte auf jeden Fall als langfristiges Investment geplant werden, denn beim Kauf der Fondsanteile wird ein Ausgabeaufschlag von rund 5 Prozent erhoben. Je länger die Anlagedauer, desto besser wird dieser Kostenfaktor verteilt, und umso geringer sind die dadurch verursachten Renditeeinbußen.

Die oben genannten eingeschränkten Verfügungsmöglichkeiten können Sie umgehen, denn man kann die Anteile auch über die Börse verkaufen, sofern es Kaufinteressenten gibt. Aber bitte beachten Sie: Meist werden die Anteile dort mit einem nicht unerheblichen Abschlag gehandelt.

Wenn Ihre Zinserträge den Sparerpauschbetrag überschritten haben, bieten offene Immobilienfonds einen zusätzlichen Vorteil: Dank steuerfreier Wertsteigerungen und ausländischer Mieterträge unterliegt nur ein Teil des Ertrags der Abgeltungsteuer. Etwa 40 bis 50 Prozent der Wertentwicklung bleiben im Schnitt steuerfrei.

Beispiel: Bei 100.000 Euro Anlagesumme und einem Zuwachs von 5 Prozent beträgt der steuerliche Ertrag nicht 5.000 Euro, sondern je nach Fonds rund 2.500 bis 3.000 Euro.

Checkliste: offene Immobilienfonds

- [ ] Investieren Sie nur einen Teil Ihres Vermögens in offene Immobilienfonds.
- [ ] Verhandeln Sie einen deutlichen Rabatt von zum Beispiel 50 Prozent auf den Ausgabeaufschlag!
- [ ] Alternativ können Sie die Fondsanteile auch über die Börse kaufen (··· Seite 206).
- [ ] Beachten Sie die neuen Mindesthalte- und Kündigungsfristen und gegebenenfalls fixe Rückgabetermine.
- [ ] Lassen Sie sich den Jahresbericht aushändigen und prüfen Sie:
  - In welchen Ländern befinden sich die Immobilien?
  - Streuen sie international? Wie haben sich diese Immobilienmärkte entwickelt?
  - Wie hoch ist die Vermietungsquote? Sie sollte deutlich über 90 Prozent liegen.
- [ ] Wie lange laufen die Mietverträge noch? Nur bei langer Restlaufzeit können Sie weiterhin von relativ stabilen Erträgen ausgehen.
- [ ] Lassen Sie sich nicht von den Steuervorteilen blenden! Befragen Sie im Zweifel Ihren Steuerberater!
- [ ] Wenn Sie in offene Immobilienfonds investieren, sollten Sie grundsätzlich einkalkulieren, dass auch diese Fonds negative Renditen aufweisen können.

Auszahlpläne von Banken und Fondsanbietern

Für Anleger, die für einen bestimmten Zeitraum ihr Kapital in regelmäßiges Einkommen umwandeln wollen, bieten

Banken und Fondsgesellschaften sogenannte Auszahlpläne an. Diese sind so ausgelegt, dass von Beginn an ein immer weiter ansteigender Teil des Kapitals mit ausgezahlt wird, sodass die Summe aus Kapitalverzehr und Zinsen eine konstante Monatsrate ergibt.

» So funktionieren Auszahlpläne

Auszahlpläne von Banken sind in der Regel mit einem Festzins ausgestattet und haben je nach Bedarf eine Laufzeit von 5 bis 20 Jahren. Bei den Angeboten von Fondsgesellschaften kommen in erster Linie offene Immobilienfonds zum Einsatz, da diese recht geringe Renditeschwankungen vorweisen. Dennoch kann hier im Gegensatz zum Banksparplan die regelmäßige Ausschüttung nicht auf den Euro genau bis zur letzten Rate durchkalkuliert werden, da auch geringe Renditeschwankungen die Höhe der letzten Auszahlungen bzw. die Gesamtdauer der Zahlungen beeinflussen können.

Gut geeignet sind Auszahlpläne für ein zeitlich begrenztes Zusatzeinkommen, wie es beispielsweise für die finanzielle Unterstützung von studierenden Kindern sinnvoll ist. Weil zumindest beim Kapitalverzehr jeder Auszahlplan irgendwann einmal endet, ist diese Variante für die Aufbesserung der Rente nicht empfehlenswert, wenn das Geld für eine lange Laufzeit bis ins hohe Alter reichen soll. Alternativ käme für diesen Zweck der Abschluss einer privaten Rentenversicherung für eine lebenslange Rente infrage.

Klassische Versicherungssparverträge

Versicherungssparverträge gibt es in zwei Varianten: Zum einen gibt es das klassische Versicherungssparen, bei dem die Sparbeiträge von der Versicherung selbst verwaltet werden und der Sparer eine Garantieverzinsung erhält. Zum anderen gibt es sogenannte fondsgebundene Versicherungen, bei denen der Kapitalaufbau über Investmentfonds erfolgt.

Da mit dem fondsgebundenen Versicherungssparen je nach Anlagekonstruktion unterschiedliche Wertschwankungsrisiken verbunden sind, wird in diesem Kapital zunächst das klassische Versicherungssparen erläutert.

» So funktioniert Versicherungssparen

Es funktioniert folgendermaßen: Ihre Versicherungsbeiträge werden intern in einen Verwaltungs- und Provisionskostenanteil sowie einen Sparanteil aufgeteilt. Mit den Verwaltungs- und Provisionskostenanteilen müssen die Kunden die Kosten des Geschäftsbetriebs der Versicherungsgesellschaft sowie die Abschlussprovision des Vertreters abdecken. Nur der nach diesen Abzügen verbleibende Teil – der sogenannte Sparanteil der Raten – wird für den Vertragsinhaber angespart.

Der Sparanteil wird für Vertragsabschlüsse seit 2012 zu einem Garantiezins von 1,75 Prozent angelegt. Der Garantiezins bleibt über die gesamte Vertragslaufzeit unverändert. Er ist aber nicht der alleinige Ertrag. Darüber hinaus erwirtschaften Versicherungen Gewinne, sogenannte Überschüsse. Die erhöhen die spätere Auszahlung zusätzlich. Sicher sind sie aber nicht. Sie werden bei Vertragsabschluss lediglich prognostiziert. Das Risiko für Sparer ist zumindest bei inländischen Anbietern gering. So sind Versicherungen verpflichtet, das Geld ihrer Kunden sicherheitsorientiert anzulegen. Maximal 35 Prozent des Versicherungsvermögens darf in Aktien oder Fonds fließen. Die Versicherungsgesellschaften unterliegen der Kontrolle durch die staatliche Aufsichtsbehörde BaFin und verfügen für den Fall einer Versicherungspleite über eine Auffanggesellschaft namens Protektor.

In diesem Segment gibt es mit der privaten Rentenversicherung und der klassischen Kapitallebensversicherung zwei Produktgattungen.

Private Rentenversicherung

Eine private Rentenversicherung kann als aufgeschobene Rente oder Sofortrente abgeschlossen werden. Bei der aufgeschobenen privaten Rentenversicherung wird zunächst in der Aufschubzeit viele Jahre durch regelmäßige Einzahlungen oder einen hohen Einmalbeitrag Vermögen angespart. Ab dem vertraglich vereinbarten Stichtag (zum Beispiel 65. Geburtstag) bekommt der Versicherte dann eine lebenslange Rente. Je älter man wird, umso mehr lohnt sich dieses Produkt. Es handelt sich quasi um eine Wette auf ein langes Leben. Alternativ kann eine „Sofortrente" abgeschlossen werden. Dazu leistet man eine hohe Einmalzahlung in eine Rentenversicherung und bezieht dann ab sofort eine lebenslange Rente.

Ob Sie sich die Rente als monatlich gleichbleibenden Betrag auszahlen lassen oder ob Sie die Zahlungen jährlich ansteigen lassen, können Sie frei wählen. Dabei stehen Ihnen die folgenden Modelle zur Verfügung:

- **Konstante Rente.** Hier werden die Überschussanteile so verteilt, dass die Rentenzahlung von Beginn an gleich hoch ist. Damit profitieren Sie direkt bei Fälligkeit der Police von Ihren Überschüssen in Form einer höheren Anfangsrente. Doch das hat natürlich den Nachteil, dass Sie keinen Inflationsausgleich mehr haben und somit die Kaufkraft Ihrer Privatrente im Lauf der Jahre immer weiter abnimmt. Fallen Überschüsse geringer aus, so kann die Rente gekürzt werden. Deshalb heißt diese Rentenbezugsform häufig auch „flexible Rente".
- **Dynamische Rente.** Bei diesem Modell beziehen Sie zu Beginn nur die niedrige Garantierente, die jedoch pro Jahr um vielleicht 2 bis 3 Prozent erhöht wird. Dadurch passt sich Ihre Rente automatisch dem Kaufkraftverlust an – aber am Anfang müssen Sie eben kürzer treten. Im Schnitt liegt die Anfangszahlung bei der dynamischen

Rente etwa 25 Prozent unter der anfänglichen Konstantrente.

- **Teildynamische Rente.** Das ist der goldene Mittelweg zwischen Konstantrente und dynamischer Rente. Mit einem Teil der Überschüsse werden die ersten Zahlungen subventioniert, und der Anstieg der Rente erfolgt langsamer als bei der Dynamik. Sofern die Wirtschaftslage und die Inflationsrate auch künftig stabil bleibt, stellt die Teildynamik wohl den sinnvollen Kompromiss zwischen zwei Extremen dar.

Die finanzielle Absicherung Hinterbliebener im Todesfall ist bei der privaten Rentenversicherung nur eingeschränkt vorhanden. Stirbt der Versicherte während der Sparphase, erhalten die Erben in aller Regel nur die eingezahlten Beiträge plus eventuell aufgelaufener Überschussanteile ausgezahlt. Dazu muss eine Beitragsrückgewähr vereinbart sein. Für die Absicherung der Hinterbliebenen während der Auszahlungsphase bieten die meisten Gesellschaften ihren Kunden an, eine Garantiezeit von 5, 10 oder 15 Jahren ab Rentenbeginn zu fixieren. Stirbt der Versicherungsnehmer innerhalb dieser Frist, zahlt die Versicherung die Rente bis zum Ende der Garantiezeit an die Hinterbliebenen weiter.

! Achtung!

Wie so vieles im Leben gibt es auch die Garantiezeit nicht zum Nulltarif. Weil die Versicherung mit einer längeren Auszahlungsdauer kalkulieren muss, wird Ihr monatlicher Rentenanspruch und somit auch Ihre persönliche Rendite entsprechend gekürzt.

Bei der aufgeschobenen Rente kann statt der Rente zum Stichtag auch das sogenannte Kapitalwahlrecht ausgeübt werden. Dann wird das gesamte angesparte Vermögen nebst allen Erträgen auf einen Schlag ausgezahlt.

Wichtig!

Grundsätzlich ist der Abschluss einer privaten Rentenversicherung nur im Hinblick auf eine langfristig angelegte Sicherung der Altersvorsorge interessant. Als Anlagezeitraum sollten Sie beim Versicherungssparen grundsätzlich 25 bis 30 Jahre ins Auge fassen. Die Ertragsprognosen fallen nämlich bei kürzerer Laufzeit häufig schlechter aus als bei Verträgen mit Langfristbindung. Ursache dafür sind unter anderem die bei Abschluss einer Versicherung fälligen erheblichen Verwaltungs- und Provisionskosten.

Die Versicherer kassieren Abschlussprovisionen, die in der Regel zwischen 3,5 und 4 Prozent der Summe der geplanten Einzahlungen liegen und größtenteils dem Versicherungsvertreter als Erfolgsprämie zufließen. Bei einem Vertrag mit 30 Jahren Laufzeit und 100 Euro Monatsrate kostet Sie die Unterschrift unter den Vertrag üblicherweise zwischen 1.260 und 1.440 Euro. Diese Kosten werden aus Ihren ersten Versicherungsprämien beglichen und zehren natürlich an der Rendite.

Die Verrechnung der Kosten findet heimlich, still und leise auf Ihrem Versicherungskonto statt. Dieses wird bei Vertragsabschluss mit einem Minusstand eröffnet und erreicht erst nach mehreren Monaten der Beitragszahlung oder gar erst nach einem Jahr einen Habensaldo. Den meisten Inhabern von privaten Rentenversicherungen dürfte diese Tatsache wohl kaum bekannt sein, da Versicherungsvertreter nach den Erfahrungen der Verbraucherverbände ihre Kunden so gut wie nie darüber aufklärten. Deutlich wird die Kostenbelastung meist erst, wenn es sich der Versicherte anders überlegt und seinen Vertrag nach kurzer Laufzeit kündigt. Als Gutschrift erhält er nur einen Rückkaufswert, der vor allem in der Anfangsphase des Vertrages oftmals wesentlich niedriger ausfällt als die Summe der eingezahlten Prämien – von einer angemessenen Verzinsung ganz zu schweigen.

Doch hier wurde mittlerweile nachgebessert. Das reformierte Versicherungsvertragsgesetz schreibt nun vor, dass

Versicherer die jeweiligen Abschluss- und Vertriebskosten beziffern und offenlegen müssen. Ferner gibt es bei vorzeitiger Beendigung des Vertrags einen garantierten Mindestrückkaufswert, der den Vertragsinhaber auch zu mindestens 50 Prozent an den stillen Reserven beteiligen muss.

Wichtig!

Trotz der Nachbesserungen gilt: Sie haben nur die Chance auf eine attraktive Rendite, wenn Sie einen kostengünstigen Anbieter auswählen und die Versicherungslaufzeit durchhalten!

Bei Wahl der lebenslangen Rente kann die private Rentenversicherung als Steuersparmodell dienen, weil die Zahlungen nur mit dem sogenannten Ertragsanteil besteuert werden. Wie das funktioniert, können Sie auf Seite 22 nachlesen.

Private Rentenversicherungen können Sie auch im Rahmen des staatlich geförderten Vorsorgesparens als Riester- oder Rürup-Rente abschließen. Aufgrund der Zuschüsse bzw. Steuervergünstigungen kann dies im Vergleich zur herkömmlichen Privatrente sinnvoller sein. Mehr zum Vorsorgesparen mit staatlicher Förderung lesen Sie in Kapitel 8, „Sparen mit staatlicher Förderung", ab Seite 173.

Kapitalbildende Lebensversicherungen

In Bezug auf Steuern und Anlagesicherheit sind kapitalbildende Lebensversicherungen mit der privaten Rentenversicherung identisch. Die Zielsetzung der Versicherung ist jedoch eine andere. Bei der privaten Rentenversicherung geht es in erster Linie um die Person, die den Vertrag abschließt. Sie profitiert von der lebenslangen Rente. Bei der kapitalbildenden Lebensversicherung handelt es sich hingegen um eine Kombination aus Sparvertrag und Todesfallschutz für die Angehörigen. Der Todesfallschutz muss natürlich extra bezahlt werden. Von der Rate werden nicht nur Verwaltungs- und Provisionskosten, sondern auch Risikokosten (für den Fall des Todes) abgezogen. Es bleibt also ein noch geringerer Sparanteil von Ihren Einzahlungen übrig, der mit dem Garantiezins verzinst wird.

! Achtung!

In der mangelnden Durchschaubarkeit liegt ein entscheidender Nachteil des Versicherungssparens. Die meisten Kunden zahlen Monat für Monat treu ihre Prämien, ohne zu wissen, was damit passiert und was die Gesellschaft davon tatsächlich zu ihren Gunsten anlegt.

Aus der Beratungspraxis: Was Ihnen der Finanzberater verkaufen will

Der Deutschen liebstes Kind sind Versicherungen. Als Geldanlage werden sie noch immer gern genutzt. Die bequeme Kombination überzeugt und hinzu kommen auch noch Steuervorteile. Das klingt gut, sollte als Argument aber auch nicht überstrapaziert werden. Und die Rechnung geht nur auf, wenn das Anlageprodukt wirklich attraktiv ist. Dazu sollten Sie sich eine Versicherung genau anschauen, bevor Sie sich entscheiden.

Beispiel:

Schließt ein 35-jähriger Anleger eine Kapitallebensversicherung ab und bespart diese mit 100 Euro monatlich, so hat er einen Todesfallschutz von ca. 38.500 Euro. Dies ist auch die garantierte Auszahlung bei Vertragsablauf zum 65. Geburtstag. Die Ablaufleistung bei Fälligkeit wird aufgrund der Überschüsse darüber liegen. Die Versicherung stellt daher eine prognostizierte Ablaufleistung in Aussicht. Sehr teure Anbieter bringen die prognostizierte Ablaufleistung nach Steuern auf circa 48.000 Euro, kostengünstige Anbieter schaffen 56.000 Euro!

So geht's besser!

Alternativ dazu können Sie den Todesfallschutz und den Sparvertrag trennen. Mit einer simplen Risikolebensversicherung sind die Hinterbliebenen kostengünstig abzusichern. Beispielsweise kostet eine Risikolebensversicherung für denselben Schutz ca. 12 Euro monatlich.

Ausgehend von dem oben ausgeführten Beispiel mit einer Rate von 100 Euro können also die verbleibenden 88 Euro in einen kostenlosen, festverzinslichen Banksparplan investiert werden. Um auf die garantierte Auszahlung von 38.500 Euro zu kommen, reicht ein Sparzins von 1,26 Prozent – bei Abzug der Abgeltungsteuer ist ein Zins von 1,72 Prozent erforderlich. Sparverträge mit diesem Zinsniveau finden Sie selbst beim Niedrigzinsniveau bei einigen Banken. Nur gibt es bei guten Anbietern glücklicherweise auch Festzinssparverträge, die sogar Zinsen von 2,8 Prozent in der Niedrigzinsphase 2013 garantieren. Nach Steuern kommen am Ende 44.000 Euro zur Auszahlung. Das sind immerhin 14 Prozent mehr als die garantierte Versicherungssumme.

Zwar liegt die prognostizierte Ablaufleistung einiger sehr kostengünstiger Versicherungen darüber, aber es ist eben auch nur eine Prognose. Ob und wie sie sich erfüllt, ist nicht mit Sicherheit zu beantworten. Ob Sie darauf setzen wollen, ist Ihre Entscheidung.

Tipp: Todesfallschutz berücksichtigen

Außer den Renditemöglichkeiten sollten Sie Folgendes berücksichtigen: Bequem ist die Kombination aus Lebensversicherung und Sparvertrag zwar, doch hat sie auch ihre Tücken. Sie ist unflexibel. Wenn Sie als Sparer in einen finanziellen Engpass kommen und mit der Beitragszahlung aussetzen, wird der Todesfallschutz drastisch reduziert. Bei einer Kündigung des Versicherungssparvertrags erlischt er komplett.

Checkliste: Versicherungssparen

- [ ] Rund 50 Prozent der Sparer lösen ihren Vertrag vorzeitig auf. Eine Versicherung lohnt sich aber nur, wenn sie bis zum Ende durchgehalten wird. Wählen Sie daher eine Prämienhöhe, die Sie langfristig aufbringen können.
- [ ] Trennen Sie die Hinterbliebenenabsicherung vom Sparprozess.
- [ ] Günstigen Todesfallschutz erreichen Sie durch eine Risikolebensversicherung.
- [ ] Sparen Sie den Verkäufer: Direktversicherungen, die Sie nicht über Makler oder Vertreter kaufen, sind meist kostengünstiger.
- [ ] Zahlen Sie den Beitrag jährlich statt monatlich, das spart Ratenzuschläge.
- [ ] Wenn Sie wegen des Steuerprivilegs den Abschluss einer Lebens- oder Rentenversicherung in Betracht ziehen, sollten Sie dies zuvor mit Ihrem Steuerberater diskutieren.
- [ ] Lassen Sie sich beraten: Bei der Auswahl alternativer Sparprodukte hilft Ihnen die Verbraucherzentrale.
- [ ] Wenn Sie Ihre bestehende Lebensversicherung eventuell beitragsfrei stellen oder kündigen wollen, können Sie sich ebenfalls bei der Verbraucherzentrale beraten lassen.
- [ ] Kostenlosen Renditerechner nutzen auf www.finanztest.de.

4
Anlageprodukte mit mittlerem Risiko

Bei Anlageprodukten mit mittlerem Risiko ist die Wahrscheinlichkeit, dass Sie Verluste erleiden, zwar höher als bei sicheren Bankangeboten oder Bundeswertpapieren. Doch im Vergleich zu spekulativen Anlageformen, die im nächsten Kapitel zur Sprache kommen, sind die hier erläuterten Anlagemöglichkeiten mit deutlich geringeren Gefahren verbunden.

Zu differenzieren ist hierbei, ob sich das „mittlere Risiko" auf die Ausfallwahrscheinlichkeit oder auf die Höhe der möglichen Verluste bezieht. Konkret: Die Anlage in Gold oder andere Edelmetalle ist mit begrenzten Risiken verbunden, weil sie zwar deutlich im Wert schwanken können, aber niemals vollkommen wertlos werden. Eine Anleihe von einem Unternehmen mit hoher Bonität hingegen ist zwar im Normalfall mit geringen Wertschwankungen verbunden, doch es besteht – wie im Jahr 2008 bei der Pleite der Investmentbank Lehman Brothers gesehen – das durchaus realistische Risiko des Totalverlusts.

Unternehmens- und Staatsanleihen

Nicht nur die Bundesrepublik Deutschland beschafft sich in Form von Anleihen Kredite. Auch andere Staaten und Unternehmen sorgen mit der Ausgabe von – in aller Regel festverzinslichen und börsennotierten – Anleihen dafür, dass die notwendige Liquidität vorhanden ist.

Sowohl die Rendite als auch das Anlagerisiko hängen davon ab, wie solide der Herausgeber der Anleihe ist. Denn wenn der Anleihenschuldner zahlungsunfähig wird, müssen die Anleiheninhaber einen Teil ihrer Anlagen, im schlimmsten Fall sogar das komplette Investment in den Wind schreiben. Daher ist es zunächst einmal wichtig zu wissen, wer als Schuldner hinter den Papieren stehen kann:

- **Staatsanleihen** werden von Ländern oder deren Organschaften herausgegeben. Die Bandbreite reicht hierbei von den sicheren Papieren der Industrienationen bis zu hoch riskanten Schuldverschreibungen von Entwicklungsländern, die an der Schwelle zum Industriestaat stehen, den sogenannten Emerging-Markets-Anleihen. Anleger, die in vermeintlich sichere Staatsanleihen investieren wollen, sollten diese Umschuldungsklausel kennen: Ab 2013 neu herausgegebene Staatsanleihen aus der Eurozone mit einer Laufzeit von mehr als einem Jahr enthalten diese Klausel. Danach können im Krisenfall per Mehrheitsentscheid der Gläubiger (Zweidrittel- oder 75 Prozent Mehrheit, je nach Abstimmung vor Ort oder schriftlich) die Anleihebedingungen geändert werden. So könnte z.B. die Laufzeit verlängert oder der Zins oder der Nennwert gesenkt werden.
- **Unternehmensanleihen** sind – wie es der Name schon sagt – Schuldverschreibungen von Unternehmen. Üblicherweise handelt es sich dabei entweder um Banken, Finanzkonzerne oder um große Industrie-, Handels- oder Dienstleistungsmultis. Auch hier können Bonität, Rendite und Risiko sehr weit auseinanderklaffen.

Ratings

Wenn es darum geht, Renditechancen und Risiken bei Anleihen möglichst realistisch einzuschätzen, ist das Rating eine unentbehrliche Hilfe. Dieser Begriff beschreibt eine Note, die das betreffende Unternehmen oder der Staat nach der Bonitätsprüfung für seine Finanzkraft erhält. Die Prüfung wird von Ratingagenturen durchgeführt, marktführend sind dabei die US-amerikanischen Häuser Moody's und Standard & Poor's.

Die Noten der Ratingagenturen

Beurteilung	Ratingnote	
	Moody's	Standard & Poor's
Erstklassige Schuldner mit sehr hoher Finanzkraft und äußerst solider Finanzlage, deren Anleihen mit sehr niedrigem Risiko verbunden sind.	Aaa, Aa1, Aa2, Aa3	AAA, AA+, AA, AA-
Gute Schuldner mit solider Finanzlage, deren Kapitalkraft nur von sehr ungünstigen Marktentwicklungen beeinträchtigt werden kann. Mit den Anleihen ist ein moderates Risiko verbunden.	A1, A2, A3, Baa1, Baa2, Baa3	A+, A, A-, BBB+, BBB, BBB-
Riskante Schuldner, die zwar momentan solide dastehen, deren Finanzlage sich jedoch rasch negativ verändern kann. Anleihen von solchen Herausgebern gelten als spekulativ und stellen bereits eine echte Risikogeldanlage dar. Die sogenannte Investmentqualität ist hier nicht mehr gegeben.	Ba1, Ba2, Ba3, B1, B2, B3	BB+, BB, BB-, B+, B, B-
Hoch riskante Schuldner, bei denen die Zahlung von Zins und Tilgung bereits gefährdet ist oder die schon in Zahlungsschwierigkeiten stecken. Deren Anleihen sind die berühmt-berüchtigten „Junk Bonds", was so viel bedeutet wie „Schrottanleihen".	Caa, Ca, C	CCC+, CCC, CC, CC-, C, C-, D

Achtung!

Investieren Sie niemals in eine Anleihe, von deren Herausgeber kein Rating vorliegt. Die Gefahr, für ein hohes Ausfallrisiko einen zu niedrigen Zins zu erhalten, ist in solchen Fällen besonders groß.

Wichtig! Auch ein gutes Rating ist kein Garant für eine sichere Anleihe und die Rückzahlung des Anlagebetrags. Einerseits sind Rating-Agenturen nicht allwissend und stehen teils in der Kritik bzgl. ihrer Intransparenz, andererseits können sich Ratings ändern. Das sollten Sie im Blick haben, um gegebenenfalls Ihr Handeln danach zu richten.

Manchmal ist ein verlustreicher Verkauf der Anleihe vor Fälligkeit besser, als am Ende bei Insolvenz keinen Cent mehr zu sehen.

Zu dem von der Bonität des Herausgebers abhängigen Ausfallrisiko und dem von Restlaufzeit und Zinsentwicklung beeinflussten Börsenkursrisiko kommt bei der Anlage in Fremdwährungsanleihen noch das Währungsrisiko hinzu. So sind auch von Herausgebern aus dem Euro-Raum Anleihen erhältlich, die in anderen Währungen, beispielsweise Schweizer Franken, Britisches Pfund oder US-Dollar begeben werden. Sowohl die laufenden Zinszahlungen als auch die Rückzahlung bei Fälligkeit werden dann ebenfalls in der entsprechenden Währung entrichtet.

Wichtig!

Für Sie als Anleger ist dies Chance und Risiko zugleich: Steigt der Kurs der Währung, können Sie nicht nur von den Zinsen, sondern auch noch von den Währungsgewinnen profitieren. Umgekehrt besteht natürlich auch die Möglichkeit, dass Sie aufgrund von Währungskursverlusten einen Teil Ihres Gewinns einbüßen oder sogar am Ende einen Verlust einfahren.

Genussscheine

Für diejenigen, die zwischen dem Nervenkitzel der Aktie und dem eher ruhigen Fahrwasser der Anleihe einen Kompromiss suchen, gibt es eine Alternative: Genussscheine bieten zwar auch nicht maximalen Gewinn ohne jegliches Risiko, aber bei soliden Herausgebern immerhin attraktive Ausschüttungen bei moderatem Risiko.

» So funktionieren Genussscheine

Das Zwitterwesen aus Aktie und Anleihe verbindet die Eigenschaften beider Anlageformen: Von der Anleihe werden die feste Grundverzinsung und bei vielen Papieren die Rückzahlung des Nennwerts zu einem vorgegebenen Termin übernommen. Aus der Aktienwelt kommt hingegen die Klausel, dass die Verzinsung nur gezahlt wird, wenn der Jahresgewinn dafür auch ausreicht – und damit rückt der Zins des Genussscheins in die Nähe der Aktiendividende. Besitzer von Genussscheinen sind jedoch bei der Hauptversammlung des Unternehmens nicht stimmberechtigt.

Bei der Gestaltung der Ausschüttungsbedingungen räumt der Gesetzgeber den Emittenten weitreichende Freiheiten ein. Einzelne Genussscheine können somit nur schwer miteinander verglichen werden, denn die Ausschüttungsmodalitäten bergen unterschiedliche Chancen und Risiken. So zahlen manche Herausgeber jährlich gleichbleibende Zinsen – allerdings unter der Voraussetzung, dass das Unternehmen wegen der Ausschüttung nicht in die roten Zahlen rutscht. Andere Unternehmen machen wiederum die Ausschüttung auf ihre Genussscheine gänzlich von der Dividende – etwa auf die Vorzugsaktie – abhängig. Auch Laufzeit und Kündigungsmodalitäten variieren je nach Anbieter. Es gibt sowohl feste Rückzahlungstermine als auch unbegrenzte Laufzeiten.

Das Risiko liegt für Sie als Anleger zum einen in der nicht garantierten Ausschüttung, zum anderen im höheren Ausfallrisiko bei eventueller Pleite des Herausgebers. Denn: Wenn das Unternehmen Insolvenz anmelden muss, stehen die Inhaber von Genussscheinen ganz unten in der Rangliste der Gläubiger. Zuerst werden Kreditgeber, Lieferanten, Mitarbeiter und andere Gläubiger aus der vorhandenen Masse ausgezahlt, erst danach kommen die Inhaber von Genussrechten zum Zug.

Weil Inhaber von Genussscheinen ein größeres Risiko als Anleihenbesitzer eingehen, ist die Rendite dieser Papiere höher als diejenige von Unternehmensanleihen mit vergleichbarer

Bonität. Wie hoch der Renditeaufschlag ausfällt, hängt von der Zahlungs- und Ertragskraft des herausgebenden Unternehmens ab. So bieten große Industrie- oder Bankkonzerne deutlich mehr Sicherheit als mittelständische Unternehmen – das schlägt sich in Kurs, Verzinsung und Rendite nieder.

Achtung!

Hüten Sie sich vor Angeboten am Grauen Kapitalmarkt, wo Genussscheine von kleinen oder mittelständischen Unternehmen über private Finanzvermittler abseits der Börse unter die Anleger gebracht werden. Nur selten können Laien beurteilen, ob das Unternehmen wirklich solide und die Rendite des Genussscheins dem Risiko angemessen ist.

Bei der Auswahl von Genussscheinen sollten Sie zwei Kriterien kombinieren. Die Ratingnote für die Bonität sagt Ihnen, wie solide die finanzielle Basis des Unternehmens ist. Darüber hinaus sollten Sie sich sowohl die Unternehmensgewinne der letzten Jahre als auch die Prognosen für die Zukunft anschauen – denn wenn das Unternehmen rote Zahlen schreibt, müssen Sie möglicherweise zumindest vorübergehend auf Ihre Ausschüttungen verzichten.

Rentenfonds

So funktionieren Rentenfonds

Unter dem Begriff „Rentenfonds" werden alle Investmentfonds zusammengefasst, die in börsennotierte Anleihen investieren. Ob es sich dabei um sichere Euro-Staatsanleihen oder hoch riskante Schwellenländer-Papiere in Fremdwährungen handelt, hängt von der Anlagepolitik des Fondsmanagements ab.

Wichtig zu wissen ist für Sie, dass es innerhalb dieses Fondssegments sehr unterschiedliche Chancen und Risiken gibt. Manche Fonds mit besonders aggressiver Anlagestrategie können sogar fast das Risikoprofil eines Aktienfonds aufweisen.

Wie hoch Gewinnchancen und Schwankungsintensität sind, hängt von drei Faktoren ab:

- Restlaufzeit der Anleihen im Fondsportfolio,
- Bonität der Anleihenemittenten,
- Währungsstruktur.

Rentenfonds mit langfristig laufenden Papieren im Portfolio können in Phasen sinkender Zinsen weit überdurchschnittliche Ergebnisse erzielen. Dieser Effekt beruht jedoch weniger auf echten Zinserträgen als vielmehr darauf, dass in Zeiten fallender Zinsen die Kurse von festverzinslichen Anleihen steigen. Wenn Fonds bevorzugt auf festverzinsliche Anleihen mit langer Restlaufzeit setzen, profitieren Anleger vom verlängerten Kurshebel.

! Achtung!

Bei Rentenfonds mit Schwerpunkt auf lang laufenden Anleihen riskieren Sie im Gegenzug aber auch starke Renditeeinbußen, wenn die Zinsen steigen. Die Kurse der im Portfolio befindlichen Anleihen werden sinken. Je länger die durchschnittliche Restlaufzeit der festverzinslichen Anleihen, desto größer wird für Sie das Schwankungsrisiko. Der Blick auf die „Duration" eines Fonds gibt hier Orientierung. Sie besagt, wie der Wert einer Anleihe oder eines Anleihefondsanteils steigen würde, wenn der Zins um 1 Prozent fällt und umgekehrt. Je größer die Duration, umso größer die Ausschläge bei verändertem Zinsniveau. Bei einer Duration von 3 Jahren würde demnach bei einer Zinssenkung am Markt um 1 Prozentpunkt der Kurs voraussichtlich um 3 Prozent steigen.

Bescheidenere Wertsteigerungen, aber mehr Sicherheit in Phasen steigender Marktzinsen bieten Kurzläufer-Rentenfonds, die zumeist in Schuldverschreibungen mit Restlaufzeiten zwischen einem und fünf Jahren investieren. Wenn die Zinsen steigen, bringen diese Fonds meist stetigere Erträge als die Langläuferfonds.

Dann gibt es noch Fonds, bei denen die Restlaufzeit vom Fondsmanagement je nach Marktsituation flexibel angepasst wird. Hier müssen Sie sich jedoch darauf verlassen, dass der Fondsmanager jeweils den richtigen Zeitpunkt zum Umschichten erwischt.

Aufpeppen lässt sich die Renditechance mit Hochzins-Rentenfonds, die auf Anleihen von Schwellenländern oder Unternehmen setzen. Allerdings wird das Renditeplus mit zusätzlichen Anlagerisiken erkauft. So sind die Kursschwankungen bei solchen Papieren je nach Bonität des Herausgebers deutlich stärker als bei Staatspapieren. Mehr noch: Schlittert der Schuldner in die Pleite, können dessen Anleihen über Nacht sogar wertlos werden. Je nachdem, ob die Fondsmanager auf sichere oder riskante Titel setzen, präsentieren sich sehr unterschiedliche Chancen und Risiken für Sie als Anleger.

Bei international investierenden Rentenfonds kommen noch die Schwankungen an den Devisenmärkten hinzu. Das kann für Sie sowohl zu zusätzlichen Gewinnen wie auch zu Verlusten führen. Bei Fonds mit gemischten Währungen hängt das Devisenkursrisiko davon ab, wie hoch der Fremdwährungsanteil innerhalb des Fondsvolumens ist und ob die Anlagen in fremden Währungen gegen Devisenkursschwankungen abgesichert sind.

Mischfonds

» So funktionieren Mischfonds

Mit Mischfonds können Anleger gleichzeitig in Aktien und Anleihen investieren, ohne dass dafür verschiedene Einzelfonds erworben werden müssen. Allerdings ist das Mischungsverhältnis oftmals sehr unterschiedlich, je nach Ausrichtung können Mischfonds sicherheitsorientierte oder risikofreudige Strategien verfolgen.

- **Defensive Fonds:** Die Manager von defensiv ausgerichteten Mischfonds setzen vor allem auf Anleihen, wobei Aktien als Beimischung für die Verbesserung der Renditechancen betrachtet werden. Der Aktienanteil ist meist auf etwa 20 bis 30 Prozent begrenzt, und die im Fonds enthaltenen Aktien und Anleihen stammen überwiegend aus den Euroländern. Damit bergen diese Fonds in aller Regel auch nur ein geringes Währungsschwankungsrisiko.
- **Ausgewogene Fonds:** Hier werden Anleihen und Aktien in etwa gleich gewichtet. Auch die Währungsmischung zwischen Euro und fremden Währungen ist ausgewogen.
- **Aggressive bzw. offensive Fonds:** Bei diesen Anlageprodukten setzen die Fondsmanager überwiegend auf Aktien. Sowohl bei den Aktien als auch im Anleihenportfolio sind fremde Währungen, manchmal auch von Schwellenländern, stark vertreten. Diese Fonds haben zwar fast die Renditechancen eines Aktienfonds – allerdings sind damit auch vergleichbare Verlustrisiken verbunden.
- **Flexible Mischfonds:** Seit einiger Zeit gibt es vermehrt Mischfonds mit flexibler Ausrichtung. Diese Fonds können je nach Marktlage und Einschätzung des Fondsmanagements einen defensiven, ausgewogenen oder aggressiven Charakter haben. Innerhalb weniger Monate kann sich dann der Fonds von einem defensiven Fonds mit 10 Prozent Aktienanteil in einen fast lupenreinen

Aktienfonds wandeln. Bei solchen Produkten muss sich der Sparer überlegen, ob er es dem Fondsmanager zutraut, im richtigen Augenblick immer den passenden Strategieschwenk zu vollziehen. Auch muss es ihm zusagen, dass sein Geld mal mit wenig Risiko und mal sehr risikoreich angelegt ist.

Tipp: Mischfonds-Sparplan für kleine Beträge

Vorteile bringen Mischfonds vor allem beim längerfristigen und regelmäßigen Sparen mit kleineren Raten – etwa dann, wenn es um das Ausbildungssparen für Kinder geht. Oftmals verlangen Fondsanbieter eine monatliche Mindestsparrate von 50 oder 75 Euro, und dann haben Sie als Sparer unter Umständen keine Möglichkeit, ihre Monatsrate auf verschiedene Fonds zu verteilen. In solchen Fällen kann mit einem Mischfonds-Sparplan ein kleiner Betrag auf die beiden großen Segmente des Kapitalmarkts verteilt werden.

Dachfonds

So funktionieren Dachfonds

Dachfonds investieren das Geld ihrer Anleger nicht in Aktien oder Anleihen, sondern in Anteile anderer Fonds. Das Fondsmanagement versucht herauszufinden, welche Fonds derzeit die besten Renditechancen bieten, und disponiert entsprechend. Ob dabei vorwiegend Aktien- oder Rentenfonds berücksichtigt werden, hängt von der Anlagestrategie des Fonds ab. Je nach Anlegertyp gibt es konservative Dachfonds mit hohem Anleihenanteil, ausgewogene Mischungen und aktienorientierte Wachstumsfonds.

Diese Fondsgattung hat eine wenig rühmliche Geschichte: Ende der 1960er-Jahre ging der Anlagehai Bernie Cornfeld mit dem Dachfonds Investment Overseas Service IOS auf Kundenfang. Allerdings diente seine verschachtelte Anlagekonstruktion nur einem Ziel: den Anleger nach Strich und Faden über den Tisch zu ziehen. 1970 machte Cornfeld Bankrott, und die Anleger schauten in die Röhre. Cornfelds Trick: Der Dachfonds investierte in andere Dachfonds, die wiederum keine Aktien, sondern nur Anteile des ursprünglichen Dachfonds hielten. Damit war das Ganze eine gigantische Luftnummer ohne jegliche Substanz – und als der Betrug aufflog, war das Geld der Anleger schon längst im Bermudadreieck auf Nimmerwiedersehen verschwunden.

Um die Wiederholung solcher Kabinettstückchen auszuschließen, hat der Gesetzgeber heute für diese Anlagegattung festgelegt, dass Dachfonds nur in Fonds investieren dürfen, die selbst in Aktien oder Anleihen investieren, nicht aber in andere Dachfonds. Überdies müssen diese Zielfonds in Deutschland zum Vertrieb zugelassen sein. Damit haben Sie als Sparer zumindest die Gewähr, dass eine betrügerische Dachfondspleite mit ziemlicher Sicherheit ausgeschlossen werden kann.

Ob Sie mit dem Dachfonds wirklich das große Los ziehen, steht hingegen auf einem anderen Blatt. Bei diesen Fonds kassieren die Anbieter nämlich auf zwei Ebenen: Es werden für die Verwaltung des Dachfonds Gebühren verlangt und dazu kommen noch die Verwaltungskosten der einzelnen

Tipp

Eine Kurzinformation zu den wichtigsten Fondsdaten finden Sie im **KIID = Key Investor Document** – zu deutsch: wesentliche Anlegerinformationen. Dieser zweiseitige Beipackzettel ist für Fonds seit Sommer 2011 vorgeschrieben. Er muss Ihnen rechtzeitig vor Vertragsabschluss zur Verfügung gestellt werden. Er enthält Angaben zu folgenden Punkten:

- Art des Finanzinstruments
- Funktionsweise
- Risiken
- Aussicht auf Kapitalrückzahlung und Erträge
- Kosten

Zielfonds. Diesen Kostennachteil müssen die Fondsmanager durch eine besonders clevere Auswahl der Zielfonds zuerst einmal ausgleichen – und das ist oftmals nicht der Fall.

Checkliste: Investmentfonds

Bevor Sie in Investmentfonds investieren, sollten Sie die Anlagestrategie und Qualität hinterfragen. Angefangen bei den Kosten über die Portfoliozusammensetzung bis hin zur bisherigen Wertentwicklung. Wo bekommen Sie diese Informationen?

- [ ] Lesen Sie den Verkaufsprospekt. Hier steht alles Wichtige drin, auch wenn es sehr klein gedruckt ist.
- [ ] Im „Besonderen Teil" des Verkaufsprospekts finden Sie die relevanten Informationen zu
  - Anlageziel,
  - Anlagepolitik,
  - Profil des typischen Anlegers,
  - Ausgabe- und Rücknahmepreise und Kosten.
- [ ] Nutzen Sie Internet-Vergleichsportale, um die Qualität zu hinterfragen. War die Wertentwicklung in der Vergangenheit immer überdurchschnittlich? Vergleichsportale: www.onvista.de; www.morningstar.de; www.handelsblatt.de

Anlagezertifikate mit Kapitalschutz

» So funktionieren Anlagezertifikate

Anlagezertifikate sind Schuldverschreibungen von Banken, bei denen es jedoch in aller Regel weder einen Festzins noch einen zuvor festgelegten Rückzahlungsbetrag bei Fälligkeit gibt. Sie setzen mit einem Zertifikat auf einen Basiswert. Dies kann ein Index, der Kurs einer bestimmten Aktie, ein bestimmter Marktzinssatz oder der Preis bestimmter Rohstoffe sein. Dabei verläuft die Wertentwicklung des Zertifikats jedoch längst nicht immer parallel zur Entwicklung des Basiswerts. Ob und wenn in welcher Höhe jährliche Erträge entstehen, wonach sich der Auszahlungsbetrag bei Fälligkeit richtet und wann das Papier fällig ist oder sein kann, steht in den Zertifikatsbedingungen.

In diesem Kapitel der Anlageprodukte mit mittlerem Risiko werden zunächst nur die Zertifikate mit Kapitalschutz vorgestellt. Beim Kapitalschutz wird vom Herausgeber garantiert, dass der Investor am Ende der Laufzeit mindestens den Emissionswert zurückbekommt oder dass sein maximaler Verlust gedeckelt ist. Bevor hier die gängigen Zertifikate mit vollem oder teilweisen Schutz vorgestellt werden, noch ein Hinweis.

Wichtig!

Sie sind selbst bei Kapitalschutzzertifikaten nicht gegen die Insolvenz der herausgebenden Bank abgesichert, weil Anlagezertifikate als Schuldverschreibungen gelten und daher nicht von der Einlagensicherung abgedeckt werden. Wie sich dieses Risiko fast über Nacht konkret realisieren kann, mussten im Jahr 2008 diejenigen auf bittere Weise erfahren, die Anlagezertifikate von der Investmentbank Lehman Brothers erworben und nach deren Pleite einen großen Teil ihres Einsatzes verloren hatten. Ironie des Schicksals: Bei einem großen Teil der Lehman-Papiere handelte es sich um Kapitalschutzzertifikate.

Garantiezertifikate

Mit einem Garantiezertifikat können Sie zum Beispiel an der Wertentwicklung einer einzelnen Aktie teilhaben, ohne diese zu besitzen. Halten Sie das Zertifikat bis zum Fällig-

Beispiel:

Sie erwerben ein Zertifikat auf die Aktie A am Emissionstag zu 100 Euro. Die Garantie besagt, dass Sie bei Fälligkeit mindestens 100 Euro zurückbekommen. Gleichzeitig haben Sie die Chance auf mehr. Steigt der Kurs der Aktie, würden Sie daran teilhaben. Allerdings nicht in vollem Umfang. Wie Sie an steigenden Kursen beteiligt sind, verrät die Partizipationsrate. Beträgt diese 80 Prozent, so werden Sie nur zu 80 Prozent von den Kurssteigerungen profitieren. Steigt der Aktienkurs um 50 Prozent auf 150, so steigt das Zertifikat auf 140. Die begrenzte Beteiligung an Kurssteigerungen ist der Preis für den Kapitalschutz am Ende.

keitstermin in Ihrem Depot, so bekommen Sie den Nominalwert zu 100 Prozent zurück.

Bonuszertifikate

Bonuszertifikate sind etwas anders aufgebaut und bieten keinen vollständigen Kapitalerhalt bei Fälligkeit. Sie profitieren hier auch von der Wertentwicklung des Basiswerts, bekommen aber noch darüber hinaus die Chance auf einen Bonus und haben andererseits einen Risikopuffer, der die Verlustgefahr abfedert. Ein Bonuszertifikat auf die Aktie A könnte folgendermaßen aussehen:

Bewegt sich der Kurs der Aktie während der gesamten Laufzeit in einem festgelegten Korridor von 80 Euro bis 120 Euro, so bekommt der Anleger bei Fälligkeit den Nominalwert zzgl. einer Bonusverzinsung ausbezahlt. Steigt der Kurs über 120, wird er voll an dem Kursanstieg beteiligt. Berührt oder unterschreitet der Kurs allerdings nur einmal während der Laufzeit die untere Kursschwelle von 80 Euro, so gibt es keinen Bonus. Und die Rückzahlung richtet sich nach dem Aktienkurs bei Fälligkeit. Ist dieser bei 70 Euro, muss der Anleger einen Verlust hinnehmen.

Solche Zertifikate sind sinnvoll, wenn Sie keine großen Schwankungen an der Börse erwarten.

Bei den vorgestellten Zertifikatekonstruktionen handelt es sich um sehr simple und für den Anleger noch nachvollziehbare Modelle. Doch der Fantasie der Anbieter sind keine Grenzen gesetzt. So ist der Markt voll von Zertifikaten hochkomplexer Struktur, die auch ein Finanzprofi erst nach intensiver Lektüre durchschaut. Man kann sich des Eindrucks nicht erwehren, dass die Anleger auch gar nicht verstehen sollen. Deshalb sollten Sie den Grundsatz beherzigen: Kaufen Sie nur das, was Sie verstehen!

Erwerben können Sie Anlagezertifikate entweder direkt bei der Ausgabe über die emittierende Bank oder später durch den Kauf an der Börse. Der Ausstieg erfolgt entweder zwangsweise bei der Endfälligkeit oder zwischenzeitlich über den Verkauf an der Börse. In aller Regel sorgt die emittierende Bank dafür, dass im Börsenhandel laufend Kurse gestellt werden. Wie Aktien und Fondsanteile müssen auch Zertifikate im Wertpapierdepot verwaltet werden. Bei Kauf, Verkauf und Depotverwaltung fallen entsprechende Bankgebühren an.

! Achtung!

Aufgrund der oftmals fehlenden Transparenz sind Anlagezertifikate meist wenig empfehlenswert. Lesen Sie auch die Hinweise in Kapitel 7, „Nachteilige Anlageprodukte", ab Seite 153.

Edelmetalle und Rohstoffe

Viele Anlageberater empfehlen ihren Kunden traditionell, einen Teil von 5 bis 10 Prozent des Vermögens in Gold anzulegen. Diese Investition soll als Sachwertanlage vor allem vor Staats- und Wirtschaftskrisen sowie vor der schleichenden Geldentwertung durch die Inflation schützen. Auch andere Edelmetalle wie Platin, Silber oder Palladium werden zuweilen von Anlageberatern ins Gespräch gebracht.

Unter Sicherheitsaspekten spricht tatsächlich für Edelmetalle, dass Sie hier für Ihr Erspartes nicht nur eine Forderung, sondern einen realen Sachwert erhalten, dessen Werthaltigkeit nicht wie zum Beispiel bei Wertpapieren mit dem Erfolg und der Zuverlässigkeit eines Herausgebers steht und fällt. Das bedeutet aber leider nicht automatisch, dass Sie gegen jegliche Anlagerisiken gefeit wären.

Wichtig!

Edelmetalle werden an den internationalen Börsen gehandelt und unterliegen deshalb grundsätzlich auch den herrschenden Marktgesetzen von Angebot und Nachfrage. Hinzu kommen politische Einflüsse und schwer auszurechnende Anlegerreaktionen sowie industrielle Entwicklungen, die die Veränderung der Preise teilweise völlig unberechenbar machen.

Auch wenn Kursausschläge teilweise nicht so extrem ausfallen wie etwa bei Aktien, müssen Sie als Anleger in Edelmetalle immer damit rechnen, dass – insbesondere bei einem unglücklich gewählten Erwerbszeitpunkt – Ihr Kapital durch Kursverluste angegriffen wird. Eine solche Entwicklung trifft Sie bei dieser Anlageform umso mehr, weil Rohstoffe keine laufende Verzinsung abwerfen, die Kursverluste zumindest teilweise ausgleichen könnte.

Beim Kauf von Gold in Form von Goldmünzen oder Medaillen fallen außerdem unterschiedlich hohe Aufgelder an, die zur Deckung der Prägekosten dienen, aber zum Teil auch den über den reinen Materialwert hinausgehenden ideellen Wert der Anlagemöglichkeit wiedergeben. Das Problem der Aufgelder besteht darin, dass bei einem Verkauf häufig nur der reine Materialwert erzielt werden kann und somit weitere Einbußen entstehen. Überdies müssen Sie sich bei Münzen oder Barren überlegen, wie sie diese sicher aufbewahren können. Wenn Sie dafür ein Bankschließfach mieten, kommen weitere Gebühren hinzu.

**Tipp:
Medaillen meiden**

Meiden sollten Sie bei der Anlage in Gold vor allem Medaillen, die im Gegensatz zu Münzen keinen Nennwert einer bestimmten Währung verkörpern, denn deren Ausgabepreise sind meist mit sehr hohen Aufgeldern belastet.

Außerdem sollten Sie berücksichtigen, dass Gold in US-Dollar gehandelt wird. Außer den Preisschwankungen aufgrund von Angebot und Nachfrage beeinflusst auch das Wechselkursverhältnis Ihren Ertrag.

Eine sinnvolle Alternative zum Kauf von physischen Edelmetallen können Fonds sein, die das Geld ihrer Kunden nicht in Aktien oder Anleihen, sondern direkt in Gold, Silber oder Platin investieren. Das Edelmetall steht als geschütztes Sondervermögen auch dann den Anlegern zu, wenn die Fondsgesellschaft pleitegehen würde.

Wichtig!

Verwechseln Sie die Fonds nicht mit Aktienfonds, die lediglich in Aktien von Minenbetreibern investieren, und bevorzugen Sie Fonds, die in physische Edelmetallbarren anstatt in Zertifikate oder Derivate auf den jeweiligen Rohstoffpreis investieren.

Auch andere Rohstoffe wie beispielsweise Öl, Industriemetalle oder Agrarprodukte werden häufig als Kapitalanlage angeboten. Meist handelt es sich hierbei jedoch um Anlagezertifikate, die Schuldverschreibungen von Banken verkörpern und dadurch mit einem gewissen Bonitätsrisiko verbunden sind. Hier kann die Preisentwicklung stark von der weltweiten Konjunktur abhängig sein, so etwa bei Rohöl oder Industriemetallen. Bei Agrarprodukten wiederum können sich Witterungseinflüsse in positiver oder negativer Weise auf die Marktpreise auswirken.

Achtung!

Rohstoffanlagen an den sogenannten Warenterminbörsen werden gern von unseriösen Finanzvermittlern verkauft. Hierbei handelt es sich jedoch um reine Wettgeschäfte, bei denen mit hoher Wahrscheinlichkeit der Totalverlust eintreten kann. Mehr Details hierzu können Sie in Kapitel 7, „Nachteilige Anlageprodukte“, auf Seite 165 f. nachlesen.

5 Anlageprodukte mit hohem Risiko

Je mehr Rendite Sie von einer Geldanlage erwarten, umso höher ist das Schwankungs- und Verlustrisiko, das Sie dabei eingehen. Das zeigt sich beispielsweise an den Aktienmärkten, wo in guten Börsenphasen zwar hohe Gewinne erzielt werden können, aber dafür in schlechten Zeiten auch herbe Verluste möglich sind.

Wichtig!

Risikoreiche Kapitalanlagen sollten auf keinen Fall zum Einsatz kommen, wenn Sie auf Anschaffungen oder den Erwerb eines Eigenheims sparen, Geld für die kurzfristig verfügbare Liquiditätsreserve anlegen oder Sie einzig damit Vermögen für die Altersvorsorge aufbauen wollen.

Ob Sie sich auf solch eine Achterbahnfahrt wagen, hängt nicht nur von Ihrer persönlichen Risikofreudigkeit ab, sondern auch davon, ob Sie sich das Risiko leisten können. Nur wenn Sie im schlimmsten Fall auch einen Totalverlust verkraften oder ein längeres Börsentief über mehrere Jahre hinweg aussitzen können, kommen Anlageprodukte mit hohem Schwankungsrisiko überhaupt infrage.

Aktien

» So funktionieren Aktien

Als Aktionär sind Sie Teilhaber einer Aktiengesellschaft. Sie beteiligen sich am Grundkapital der Gesellschaft und tragen damit gleichzeitig ein unternehmerisches Risiko. Die Dauer der Beteiligung ist nicht auf eine bestimmte Laufzeit begrenzt, sondern hängt allein davon ab, wie lange Sie die Aktien behalten. Nur im Fall einer Firmenpleite oder eines Rückzugs des Unternehmens von der Börse mit einer damit verbundenen Zwangsabfindung der Minderheitsaktionäre kann Ihr Engagement unfreiwillig vorzeitig enden. Welche Mitspracherechte Sie als Aktionär und Miteigentümer haben, hängt davon ab, ob Sie im Besitz von Stammaktien oder Vorzugsaktien sind.

Stammaktien, von Börsianern auch kurz als „Stämme“ bezeichnet, sind der Normalfall. Sie verbriefen uneingeschränkt die im Aktiengesetz geregelten gesetzlichen Aktionärsrechte. So besitzen Sie als Aktionär einen Anspruch auf Beteiligung am Gewinn des Unternehmens. Der zur Ausschüttung kommende Anteil des erzielten Bilanzgewinns der Gesellschaft wird dabei durch die Anzahl der ausgegebenen Aktien geteilt und als Dividende auf die einzelne Aktie an den Inhaber ausgezahlt. Wird allerdings kein Bilanzgewinn erwirtschaftet, gibt es auch keine Dividende.

Als Stammaktionär des Unternehmens haben Sie außerdem das Recht, an der jährlichen Hauptversammlung teilzunehmen und dort ein Stimmrecht bei Entscheidungen auszuüben, zum Beispiel über die Verwendung des Bilanzgewinns oder die Bestellung von Aufsichtsratsmitgliedern. Entscheidungen fallen dabei allerdings nicht auf der Grundlage der Anzahl der anwesenden Stimmberechtigten, sondern nach der Höhe des Aktienkapitals, das die einzelnen Personen vertreten. Als Kleinanleger haben Sie deshalb gegenüber den Großaktionären nur wenig zu melden.

Vorzugsaktien unterscheiden sich von den normalen Stammaktien dadurch, dass Sie als deren Inhaber bestimmte Vorrechte genießen. Der Vorzug besteht meist darin, dass die Dividende um einen bestimmten Wert über der Dividende von Stammaktien liegt oder bei einem erwirtschafteten Gewinn zunächst in einer bestimmten Höhe an die Vorzugsaktionäre ausgeschüttet wird und erst dann die Stammaktionäre an der Reihe sind. Bei den „kumulativen“ Vorzugsaktien werden sogar die wegen schlechter Ertragslage in einem Jahr wegfallenden Dividenden in späteren, freundlicheren Jahren gezahlt.

Solche Vorzüge gegenüber den Stammaktionären haben natürlich ihren Preis. In der Regel müssen Sie als Inhaber von Vorzugsaktien als Gegenleistung auf das Stimmrecht bei der Hauptversammlung verzichten.

Tipp: Vorzugsaktien mit vielen Vorteilen

Haben Sie ohnehin keine großen Ambitionen, mitzubestimmen, können Vorzugsaktien eine günstige Alternative zu Stammaktien sein, zumal sie oft zu günstigeren Kursen erhältlich sind und dennoch gleiche oder sogar bessere Dividenden bieten.

Die Rendite von Aktien lässt sich im Voraus in keiner Weise bestimmen. Sie können lediglich anhand von Börsenstatistiken herausfinden, wie viel Sie in der Vergangenheit mit bestimmten Aktien hätten verdienen können. Daraus auf die Zukunft zu schließen wäre allerdings äußerst gefährlich, denn die Bedingungen auf dem Aktienmarkt und die Geschäftsentwicklung der Aktiengesellschaft werden sich wohl kaum in gleicher Weise wiederholen.

Wie bereits angesprochen, wird ein Teil des vom Unternehmen erwirtschafteten Bilanzgewinns meist jährlich als Dividende je Aktie an die Aktionäre ausgeschüttet. Die Dividende wird Ihnen in der Regel auf das Girokonto gutgeschrieben. Wie viel Dividende ausgezahlt wird, hängt davon ab, wie viel Gewinn die Aktiengesellschaft zu verteilen hat. Es besteht also ein direkter Zusammenhang zwischen der Unternehmenssituation und Ihren Erträgen aus der Beteiligung. In schlechten Jahren fällt deshalb die Dividende magerer aus oder sogar ganz weg.

Allerdings bildet der Dividendenertrag, der häufig im Verhältnis zum weit über dem Nennwert liegenden Kaufpreis der Aktien nur gering ist, bei den meisten Anlegern wohl kaum den Hauptgrund für einen Einstieg in diese Wertpapierform.

Der größere Anreiz liegt in der Aussicht, durch eine günstige Kursentwicklung der gekauften Papiere überdurchschnittliche Renditen kassieren zu können. Das zentrale Problem ist naturgemäß allerdings, die richtigen Aktien zum richtigen Zeitpunkt zu kaufen und zu verkaufen. Da es hierfür kein Patentrezept gibt, das sicheren Erfolg verspricht, bleibt Ihnen als Aktionär nur die Möglichkeit, auf bestimmte Entwicklungen zu spekulieren und zu hoffen, dass diese auch wie erwartet eintreten. Trügt Sie Ihr „Riecher" für die Kursentwicklung nicht, können Sie so innerhalb kurzer Zeit unter Umständen größere Kursgewinne einstreichen. Liegen Sie mit Ihren Erwartungen allerdings völlig neben der eintretenden Marktlage, müssen Sie mit herben Verlusten rechnen.

Wichtig!

Aktien sollten Sie stets als langfristige Kapitalanlage betrachten. Sie haben so die Chance, von einem langfristigen Wirtschaftswachstum und der damit verbundenen Stärkung der Unternehmen durch steigende Kurse zu profitieren. Doch sollten Sie bedenken: Große Börsentiefs, wie sie beispielsweise in den Jahren 2001 und 2002 oder im Zuge der Finanzkrise 2008/2009 zu verzeichnen waren, können die Kursgewinne von mehreren Jahren innerhalb kürzester Zeit zunichtemachen.

Als Maßstab für die Wertentwicklung der Aktienmärkte werden in der Regel bestimmte Indizes herangezogen, zum Beispiel der Deutsche Aktienindex (DAX) oder der Europäische Stoxx-Index.

Der **DAX** bildet die Kursentwicklung der 30 größten Aktiengesellschaften Deutschlands ab, der sogenannten Blue Chips.

Der **Dow Jones EuroStoxx 50** weist die Wertentwicklung der 50 größten Aktiengesellschaften in der Eurozone auf.

Der **Dow Jones Stoxx 50** spiegelt die Aktienkursentwicklung der 50 größten AGs in ganz Europa – inklusive Schweiz und Großbritannien – wider.

» Indizes

Zur Ermittlung dieser Kennzahlen werden an den Börsentagen ständig die aktuellen Aktienkurse ausgesuchter Gesellschaften erfasst und in einem festgelegten mathematischen Verfahren zu einem Indexwert zusammengerechnet. Die Veränderungen dieses Werts zeigen an, wie sich der Aktienmarkt insgesamt entwickelt oder welche Entwicklung er in bestimmten Zeiträumen durchgemacht hat.

Setzen Sie auf eine Aktie oder wenige bestimmte Aktienwerte, kann das Anlageergebnis jedoch deutlich von der Indexentwicklung abweichen. Außer dem allgemeinen Marktgeschehen bestimmt ja die Unternehmensentwicklung stark den Kursverlauf.

Mit festen laufenden Erträgen dürfen Sie beim Kauf von Aktien also nicht rechnen. Renditevergleiche mit anderen Anlageformen sind aufgrund der beschriebenen Unsicherheitspunkte ebenfalls nicht möglich.

Gehören Sie zu den Kapitalanlegern, die lieber auf Nummer sicher gehen und bereits bei Abschluss einer Anlageform zumindest ungefähr wissen wollen, mit welchem Ertrag sie rechnen können, dann sollten Sie Aktien lieber meiden. Möchten Sie dagegen leibhaftig die Entwicklung auf einem Kapitalmarkt und die damit verbundene Spannung erleben, ließe sich dies durch den Kauf von Aktien verwirklichen.

Um erst einmal Erfahrungen mit Aktien zu sammeln, sollten Sie zunächst mit kleineren Anlagebeträgen einsteigen. Die laufende Entwicklung des Aktienmarkts und einzelner Gesellschaften sollten Sie dabei immer im Auge behalten, um zum richtigen Zeitpunkt durch Kauf oder Verkauf von Papieren reagieren zu können. Informationen hierzu liefern Ihnen die Wirtschaftsteile der großen Tageszeitungen oder Anlegermagazine. Auch auf Internet-Finanzportalen lassen sich Analysen und Empfehlungen der Investmenthäuser abrufen.

Wichtig!

„Nie alle Eier in einen Korb" ist der Grundsatz der Geldanlage. Dies gilt sowohl für die Aufteilung des Anlagebetrags auf sichere und risikobehaftete Anlageprodukte als auch für die Mischung innerhalb der Kategorie. Kommen Aktien für Sie infrage, so sollte das Kapital über unterschiedliche Aktiengesellschaften, breit gestreut nach Regionen, Branchen etc. verteilt werden. „Diversifikation" lautet die Devise für ein seriöses Aktieninvestment.

Niemals sollten Sie die Spielleidenschaft über Ihre Vernunft siegen lassen und alles auf die Karte „Aktien" setzen. Ein langfristiger Aufbau von Geldvermögen über den regelmäßigen Erwerb von Aktien ist durchaus möglich und kann sogar zu überdurchschnittlichen Anlageergebnissen führen. Allerdings sollten Sie dann das nötige Stehvermögen und gute Nerven mitbringen, um auch turbulente Börsenphasen mit stark fallenden Kursen durchzustehen. Ihre zeitliche Perspektive sollte zudem möglichst zehn Jahre und länger betragen, damit kurzfristige Marktentwicklungen sich nicht zu stark auswirken.

Achtung!

Auf keinen Fall darf es bei der Aktienanlage ein festes Ablaufdatum geben, zu dem Sie die Papiere flüssig machen müssen. Ein unausweichlicher Verkauf zu aktuellen Niedrigkursen kann sonst auf einen Schlag selbst eine lang anhaltende positive Kursentwicklung zunichtemachen.

Bei Kauf und Verkauf von Aktien verlangen Banken Ordergebühren, deren Höhe meist vom Volumen des Auftrags abhängt. Allerdings werden bei kleinen Orders Mindestgebühren in Rechnung gestellt, die je nach Institut zwischen 10 und 40 Euro betragen. Dazu kommen noch jährlich oder quartalsweise anfallende Gebühren für die Führung des Wertpapierdepots.

Aufgrund der Mindestgebühren lohnt sich der Aktienkauf meist erst ab einem Volumen von 1.000 bis 2.000 Euro pro Order. Da es wichtig ist, Aktieninvestments über wenigstens fünf bis sieben Einzeltitel zu streuen, ist bei Anlagesummen unter 10.000 Euro ein Aktienfonds meist die sinnvollere Alternative.

Aktienfonds

» So funktionieren Aktienfonds

Aktienfonds sammeln das Geld privater Anleger ein und verteilen das Fondsvermögen auf eine Vielzahl einzelner Aktientitel. Vorteilhaft für den Anleger ist, dass auf diese Weise schon mit kleinen Anlagebeträgen das eingesetzte Kapital breit gestreut wird. Innerhalb des Segments der Aktienfonds können die Chancen und Risiken für Sie als Anleger sehr unterschiedlich ausfallen. Die entscheidenden Kriterien liegen nicht nur im richtigen Gespür des Fondsmanagements, sondern in der Ausrichtung des Anlageschwerpunkts und im Managementstil.

Der Managementstil

Unabhängig vom regionalen oder branchenorientierten Anlageschwerpunkt kann das Fondsmanagement bei der Auswahl der Aktien unterschiedliche Entscheidungskriterien bevorzugen. Im Fachjargon spricht man dabei vom Anlagestil.

Growth-Anlagestil: „Growth“ bedeutet auf Deutsch „Wachstum“. Hier stehen vor allem die Zukunftschancen des jeweiligen Unternehmens und weniger die aktuelle Börsenbewertung im Vordergrund. Typische Growth-Werte sind beispielsweise die oftmals hoch bewerteten Unternehmen der Technologie- oder Softwarebranche, deren Kurswert weniger aus echter Gewinn- und Vermögenssubstanz als vielmehr aus der Hoffnung auf künftige Umsatz- und Gewinnsteigerungen resultiert. Kann das Unternehmen die Erwartungen seiner Aktionäre erfüllen, geht die Rechnung auf – die Hoffnung erhält neue Nahrung, und der Kurs steigt weiter. Der Growth-Manager greift zu, wenn das Unternehmen in einem wachstumsstarken Markt aktiv ist, hohe Gewinn- und Umsatzsteigerungen erzielt und eine aggressive Expansionspolitik verfolgt.

Value-Anlagestil: „Value“ heißt so viel wie „Werthaltigkeit“. Bevorzugt werden bei diesem Anlagestil Unternehmen, die einen hohen Substanzwert vorweisen können. Wichtig sind für den Value-Fondsmanager eine möglichst niedrige Verschuldung, ein hoher Stand an Vermögenswerten wie beispielsweise Grundbesitz oder Unternehmensbeteiligungen sowie solide und kontinuierliche Gewinne. Ein weiteres bedeutendes Kriterium ist für den Value-Manager die Bewertung des Unternehmens an der Börse. Der Börsenwert ergibt sich, indem man die Gesamtanzahl der Aktien mit dem Kurs multipliziert – und dieser Wert sollte im Vergleich zu den Vermögenswerten und zum Gewinn möglichst niedrig sein.

» Aktiv gemanagt

Welchen Ansatz der Fondsmanager auch verfolgt, der Fondsmanager reagiert, wenn er es für nötig erachtet, weshalb diese Fonds auch als aktiv gemanagte Fonds bezeichnet werden. Der Fondsmanager wählt gezielt einzelne Aktientitel aus und versucht damit, seinen Vergleichsmarkt zu schlagen. Der Vergleichsmarkt wäre bei einem in Deutschland investierenden Fonds mit Value-Anlageziel zum Beispiel der DAX.

Passiver Anlagestil: Das ist streng genommen kein Managementstil – denn ein aktives Management des Aktienportfolios findet nicht statt. Die passiven Aktienfonds bilden exakt einen bestimmten Aktienindex wie etwa den Europäischen Index Eurostoxx 50, den US-amerikanischen Index Dow Jones oder den MSCI-Weltaktienindex ab. Daher werden diese Fonds als Indexfonds bezeichnet. Für Sie als Anleger bringt das eine Chance und ein Risiko weniger: Im Gegensatz zu aktiv gemanagten Fonds kann der Fondsmanager nicht durch geschickte Aktienauswahl den Vergleichsaktienindex übertreffen, andererseits kann er auch keinen finanziellen Flop produzieren und schlechter als der Durchschnitt abschneiden. Ein wichtiger Vorzug dieser Fonds gegenüber den aktiv verwalteten Aktienfonds liegt in den deutlich niedrigeren Nebenkosten bei Kauf und Verwaltung.

Eine aktuelle Untersuchung (2013) der Ratingagentur Scope zu 2.814 Aktienfonds zeigt, dass es aktiv gemanagte Fonds im Durchschnitt sowohl bei kurzzeitiger Betrachtung von einem Jahr als auch bei langfristiger Betrachtung von 10 Jahren nicht schafften, Ihre „Benchmark" (Vergleichsindex) zu schlagen. Ganz im Gegenteil, die Wertentwicklung lag im Durchschnitt je nach Betrachtungszeitraum 2,5 bis 25 Prozent unter der Wertentwicklung der Benchmark. Warum sollten Sie für eine solche Leistung erhebliche jährliche Verwaltungskosten von durchschnittlich 1,89 Prozent p.a. bezahlen?

Die von Verkäufern viel zitierte Begründung für aktiv gemanagte Fonds – nämlich die Chance auf überdurchschnittliche Erträge – ist aufgrund solcher Beobachtungen am Markt kritisch zu hinterfragen.

Indexfonds können wie klassische Fonds über die Fondsgesellschaft gekauft werden. Beim Kauf ist dann der Ausgabeaufschlag zu bezahlen. Alternativ können sie ohne Ausgabeaufschlag an der Börse gekauft werden. An der

Börse gehandelte Indexfonds werden als ETFs („Exchange Traded Funds“) bezeichnet. Sie werden laufend an der Börse gehandelt und verbinden somit auf wunderbare Weise die Vorteile von Indexfonds mit der leichten Handelbarkeit von Aktien.

Tipp: Selbst nach ETFs fragen

Mit ETFs kann man ganz leicht und vor allem kostengünstig ein breit diversifiziertes Wertpapierdepot zusammenstellen. Das ist praktisch für Anleger, auf Anbieterseite aber nicht sonderlich beliebt. Der wissende Kunde fragt nach ETF.

Im Kapitel 9, „Richtig vergleichen und Kosten minimieren“, erfahren Sie ab Seite 216 allerhand Wissenswertes rund um ETFs.

Regionale und branchenorientierte Anlageschwerpunkte

Wie heftig die Wertschwankungen bei einem Aktienfonds ausfallen können, hängt zum größten Teil von den Anlageschwerpunkten ab. Dabei gibt es verschiedene Möglichkeiten.

International oder regional: Wenn ein Fonds weltweit investiert, kann er sein Risiko auf viele verschiedene Märkte verteilen. Auch Aktienfonds, die das Geld ihrer Kunden beispielsweise innerhalb der Eurozone anlegen, haben immerhin noch einige große Industrienationen zur Auswahl. Läuft ein bestimmter Aktienmarkt einmal besonders gut, profitieren Sie als Anleger natürlich nicht in vollem Umfang – aber dafür können Sie Verluste in einem Land mit Kursgewinnen in anderen Staaten ausgleichen. Konzentriert sich ein Fonds hingegen auf Aktien eines einzigen Lands, haben Sie zwar mehr Chancen, Sie tragen aber auch mehr Risiken. Als Basisinvestment sind somit internationale oder europaweit investierende Fonds auf jeden Fall die bessere Wahl.

Standardwerte oder Nebenwerte: Unter Standardwerten versteht man im Börsenjargon die Schwergewichte – wie etwa in Deutschland den Stromkonzern E.ON, den Autohersteller Volkswagen oder den Handelsriesen Metro. Bei solchen Börsenriesen fallen Kursschwankungen meist geringer aus als bei den sogenannten Nebenwerten, unter denen die Börsianer die Unternehmen in der „zweiten Reihe" verstehen. Auch darunter befinden sich oft bedeutende und finanzstarke Konzerne, aber sie sind eben häufig schwankungsanfälliger als die Standardwerte. Allerdings nicht immer: So verloren in der Finanzkrise im Jahr 2008 die Standardwerte Hypo Real Estate oder Commerzbank mehr als so mancher kleine Börsentitel. Die Manager der Nebenwertefonds spekulieren darauf, dass sich die eine oder andere Aktie im Portfolio zum Standardwert entwickelt und entsprechende Kursgewinne bringt. Allerdings sollten Sie sich darüber im Klaren sein, dass nicht nur die Gewinnchance, sondern auch die Floprate bei Nebenwerten meist höher ist als bei Standardwerten.

Branchenübergreifend oder fokussiert: Manche Fonds konzentrieren sich auf Aktien aus Branchen, die mit ganz besonderen Zukunftserwartungen verknüpft sind. So gibt es beispielsweise die sogenannten Life-Science-Fonds, die rund um Ernährung, Pharmazeutik, Medizin und Biotechnologie investieren, oder die Telekommunikationsfonds, die ausschließlich Aktien von Unternehmen aus der Telekommunikationsbranche ins Portfolio nehmen. Diese Strategien sind zwar auf den ersten Blick bestechend attraktiv, aber sie bergen nicht unerhebliche Risiken. Weil an der Börse stets eine gute Portion Psychologie und Mode im Spiel ist, kommt es immer wieder vor, dass einzelne Branchen ohne triftigen Grund für Anleger einfach nicht mehr so interessant sind. Das bedeutet konkret: Sie laufen bei solchen Trendfonds immer Gefahr, beim nächsten Saisonwechsel in der Börsenmode Kursverluste anstatt Gewinne einzufahren.

Diese einzelnen Merkmale lassen sich natürlich nach Belieben miteinander kombinieren. So gibt es genauso internationale Standardwerte-Branchenfonds wie regionale Nebenwertefonds mit und ohne Branchenfokus oder regionale Standardwertefonds.

Gerade beim Investment in internationale Aktienmärkte sollten Sie bedenken: Nicht nur das Aktienkursrisiko, sondern auch Währungsrisiken können sich auf die Rendite eines Aktienfonds auswirken. Wenn Sie beispielsweise in den USA Aktien kaufen, kann es vorkommen, dass Sie trotz steigender Kurse Verluste machen. Fällt beispielsweise der US-Dollar gegenüber dem Euro um 10 Prozent, bleibt Ihnen auch bei einem 5-prozentigen Anstieg der Aktienkurse unterm Strich ein Verlust von 5 Prozent. Dabei ist es übrigens unerheblich, ob die Anteile des Fonds in Euro oder in einer Fremdwährung notiert sind. Investiert ein in Euro notierter Fonds an der New Yorker Börse, muss der Fondsmanager vor dem Kauf die Euro seiner Kunden in US-Dollar tauschen. Je höher der Fremdwährungsanteil innerhalb des Fonds, desto größer werden die Währungsrisiken – aber auch die Währungschancen –, die Sie als Anleger eingehen. Für sicherheitsorientierte Sparer bieten sich daher vor allem die Fonds an, die sich auf den Euroraum konzentrieren.

Tipp: Auf Standardwerte setzen

Als Aktienfondsanleger sollten Sie nach der bewährten Faustregel handeln: Je stärker die Spezialisierung des Fonds, desto geringer sollte sein Anteil an Ihrem Gesamtvermögen sein. Als Basis für Ihre Fondsmischung bieten sich damit breit streuende Standardwerte-Aktienfonds an, während Branchen- und Regionenfonds eher als Beimischung geeignet sind.

Langer Atem allein reicht nicht

Wer in Aktienfonds investiert, kennt die damit verbundenen Risiken und Wertschwankungen. So sollte es zumindest sein. Nun wird auch immer wieder beschrieben, dass zudem ein langer Atem wichtig ist, um Schwächephasen an der Börse einfach auszusitzen. Das stimmt zwar, aber langer Atem allein reicht auch nicht. Denn wenn man in einen Dornröschenschlaf verfällt, könnte es passieren, dass man ordentliche Renditechancen verschläft.

Nichts liegt uns ferner, als zu behaupten, es gebe den optimalen Ausstiegszeitpunkt und den gelte es zu finden. Dafür gibt es kein Rezept. Dennoch soll Sie das folgende Beispiel ermuntern, sich mit Ihren Fonds und Kursverläufen zu beschäftigen.

Beispielhaft betrachten wir die Kursentwicklung eines weltweit investierenden Aktienfonds. Drei Anleger investieren zu drei verschiedenen Stichtagen 10.000 Euro in diesen Fonds. Wie sich das Vermögen im Lauf der Zeit verändert, können Sie der folgenden Tabelle entnehmen:

Drei Anlegerbeispiele im Vergleich

Kaufdatum	Kurs	Anteile	Vermögen	Datum	Kurs	Vermögen	Rendite p.a.
Anleger A 29.12.1998	53,17 €	188,08	10.000 €				
				13.07.2007	110,08 €	20.704 €	8,90 %
				31.12.2008	70,72 €	13.301 €	2,89 %
				06.03.2009	57,00 €	10.721 €	0,69 %
				30.05.2010	85,00 €	15.987 €	4,1 %
				02.08.2013	96,92 €	18.210 €	4,19 %
Anleger B 20.07.1999	80,79 €	123,78	10.000 €				
				13.07.2007	110,08 €	13.626 €	3,95 %
				31.12.2008	70,72 €	8.754 €	–1,4 %
				06.03.2009	57,00 €	7.055 €	–3,59 %
				30.05.2010	85,00 €	10.521 €	0,46 %
				02.08.2013	96,82 €	11.984 €	1,30 %

Anleger C 30.03.2000	116,37 €	85,94	10.000 €				
				13.07.2007	110,08 €	9.460 €	−0,76 %
				31.12.2008	70,72 €	6.078 €	−5,53 %
				06.03.2009	57,00 €	4.899 €	−7,68 %
				30.05.2010	85,00 €	7.305 €	−2,97 %
				02.08.2013	96,82 €	8.321 €	−1,37 %

Kaufkurs inkl. 5 Prozent Ausgabeaufschlag

Welche Schlüsse sind daraus zu ziehen? Ein langer Atem von neun bis zehn Jahren allein ist kein Garant für eine gute Rendite oder den Ausschluss von Verlusten. In den Beobachtungszeitraum fallen gleich zwei Finanzkrisen, die Kurserholungen schnell wieder zunichte gemacht haben. Anleger C hat zu sehr hohen Preisen investiert. Er ist besonders stark von den Kurseinbrüchen betroffen. Bis er bedeutende Erträge erwirtschaftet, kann es bei guter Qualität des Fonds womöglich noch einige Jahre dauern.

Anleger B ist deutlich günstiger eingestiegen, aber nach den Kurseinbrüchen im Jahr 2009 erst Jahre später gerade eben im Bereich positiver Erträge. Und die sind noch äußerst übersichtlich.

Anleger A ist zu einem sehr günstigen Zeitpunkt eingestiegen. Hätte er immer mal wieder die Kursverläufe beobachtet, so wäre er womöglich bereits im Sommer 2007 auf die Idee gekommen, die Anteile zu verkaufen. Andererseits hätte er auch die Hoffnung hegen können, dass die Kurse weiter und weiter klettern und der Gewinn noch viel höher werden könnte. So geht es vielen Anlegern, insbesondere in Zeiten boomender Märkte wird gern die Gefahr von Kurseinbrüchen ausgeblendet.

Wenn Sie in Aktienfonds investieren, so tun Sie das doch wegen der Chance, höhere Erträge als auf sicheren Sparkonten zu erzielen. Vielleicht erhoffen Sie sich Renditen von

8 Prozent? Dann schreiben Sie sich am besten gleich zu Beginn der Anlage Ihr Renditeziel in Ihre Unterlagen. Wenn Sie regelmäßig – zumindest halbjährlich bis jährlich – die Kurse verfolgen, sollten Sie sich bei Erreichen der Zielrendite disziplinieren, das heißt: Anteile verkaufen.

Anleger A hätte somit im Sommer 2007 seine Anteile verkauft und die investierten 10.000 Euro auf über 20.000 Euro verdoppelt, eine Rendite von 8,9 Prozent pro Jahr.

Sowohl bei Einmalanlagen als auch bei Fondssparplänen sollten Sie Ihren Bankberater bitten, Ihnen Ihre persönliche bisher erwirtschaftete Rendite zu ermitteln. So können Sie selbst am besten entscheiden, wann Sie Ihr Ziel erreicht haben, und dann entsprechend handeln. Übrigens können Sie die Rendite auch selbst mit dem Excel-Rechner zur Investmentplanung von *Finanztest* ermitteln (www.test.de) oder noch komfortabler: www.zinsen-berechnen.de.

Tipp: Realistisch kalkulieren

Natürlich ist es wichtig, realistische Renditeziele festzulegen. Sofern Sie nicht „zocken“ wollen, könnten bei Aktienfonds langfristige Renditen von 7 bis 8 Prozent pro Jahr anvisiert werden. Bei internationalen Rentenfonds und Eurorentenfonds 4 bis 6 Prozent. Wenn diese Renditen erreicht werden, müssen Sie sich fragen, ob Sie auf mehr hoffen oder den Ertrag lieber sichern wollen.

Einen Überblick über Wertentwicklungen der Vergangenheit können Sie sich auf der Internetseite www.bvi.de verschaffen.

Und noch etwas zeigt die Tabelle auf Seite 118. Sie müssen die richtigen Voraussetzungen für das Investment in Aktienfonds mitbringen: nicht nur einen wirklich langen Atem, sondern auch starke Nerven.

Wie Sie sehen, sind zwischenzeitlich Verluste von 30 bis 50 Prozent möglich. Dann kann es Jahre dauern, bis eine ordentliche Rendite oder zumindest wieder das investierte Vermögen erreicht wird. Also beantworten Sie sich die folgenden Fragen ganz ehrlich:

- Haben Sie genügend Zeit und können Sie so lange auf das Kapital verzichten?
- Halten Sie Verluste von 30 bis 50 Prozent aus – im schlimmsten Fall auch über Jahre hinweg?

Anlagezertifikate ohne Kapitalschutz

» So funktionieren Anlagezertifikate ohne Kapitalschutz

Zertifikate, die keine Kapitalgarantie oder Verlustbegrenzung enthalten, sind mit entsprechend höherem Anlagerisiko verbunden. Es handelt sich bei solchen Papieren um Schuldverschreibungen, deren Wertentwicklung von den Zertifikatebedingungen abhängt. Dabei kommt es nicht allein darauf an, ob es sich beim Basiswert um einen Aktienindex, eine Währung oder einen Rohstoffpreis handelt. Je nach Konstruktion der Papiere können die Schwankungen des Basiswerts gedämpft oder sogar verstärkt werden.

Im Folgenden lesen Sie eine kurze Erläuterung der gängigsten Zertifikatetypen, die dem Anleger keinen Kapitalschutz bieten und dadurch meist mit hohen Schwankungsrisiken behaftet sind:

Indexzertifikat: Dieses Zertifikat bildet einen Index ab, beispielsweise einen Aktienindex oder einen Rohstoffindex. Der Index verkörpert den sogenannten Basiswert. Ist die Laufzeit begrenzt, wird am Ende der Betrag ausgezahlt, der sich zum Stichtag aufgrund des Indexes errechnet. Bei Zertifikaten mit unbegrenzter Laufzeit (Open-End) ist keine Fälligkeit vorgesehen – wer aussteigen will, verkauft das Papier über die Börse. Bei Zertifikaten auf Aktienindizes kann es eine Falle geben: Bezieht sich das Papier auf einen Preisindex, sind darin die Dividenden nicht enthalten und der Anleger ist im Vergleich zum Aktienbesitzer schlechter gestellt. Ist der Basiswert dagegen ein Performance-Index, profitiert der Investor auch von den Dividenden. Der deutsche Aktienindex DAX ist zum Beispiel ein Performance-Index. Die europäischen Aktienindizes DJ EuroStoxx 50 und DJ Stoxx 50 gibt es sowohl als Preis- als auch als Performance-Index.

Discountzertifikat: Basiswert ist zumeist eine Aktie oder ein Index, die Laufzeit ist meist auf etwa ein Jahr begrenzt. Bei der Ausgabe ist das Zertifikat deutlich günstiger als der zugrunde liegende Aktienkurs oder Index. Dieser Abschlag ist der Discount. Am Ende der Laufzeit erhält der Anleger den Aktienkurs oder den entsprechenden Gegenwert des Indexes ausgezahlt. Damit bleibt unterm Strich auch dann ein Gewinn, wenn der Verlust der Aktie geringer ist als der Discountabschlag beim Kauf. Allerdings ist die Rückzahlung meist gedeckelt, sodass der Anleger von einem starken Anstieg des Aktienkurses nur teilweise profitiert.

Rolling-Discount-Zertifikat: Das ist ein Papier, bei dem meist in monatlichem Rhythmus Discountzertifikate auf denselben Basiswert aneinandergereiht werden. Damit kann die Laufzeit praktisch unbegrenzt ausgedehnt werden. Diese Papiere rentieren sich am meisten, wenn die Börse vor sich hin dümpelt und weder große Verluste noch starke Kursgewinne produziert.

Bonuszertifikat: Die Laufzeit ist oft länger als beim Discountzertifikat, sie kann bis zu sechs Jahre betragen. Am Ende der Laufzeit erhält der Anleger eine festgelegte Prämie

– allerdings nur unter der Voraussetzung, dass der Basiswert während der Laufzeit eine bestimmte Kursschwelle nicht unterschreitet. Fällt die Aktie oder der Index unter die Schwelle, bekommt der Anleger am Ende nur den Kurswert der Aktie oder den Indexgegenwert ausgezahlt und macht dann zumeist Verlust. Im Gegensatz zum Discountzertifikat bietet diese Variante somit bei starken Aktienverlusten keinen Puffer.

Sprintzertifikat: Bis zu einem bestimmten Kursgewinn der zugrunde liegenden Aktie verbucht das Zertifikat den doppelten Gewinn. Ist jedoch eine bestimmte Gewinngrenze erreicht, bleibt der Zuwachs gedeckelt. Damit kann beispielsweise das Zertifikat 16 Prozent Gewinn bringen, wenn die Aktie nur um acht Prozent zulegt. Liegt das Limit hingegen bei 20 Prozent und steigt die Aktie um 30 Prozent, bekommt der Anleger am Ende nur 20 Prozent Gewinn ausgezahlt. Das Sprintzertifikat ist damit eine Spekulation auf leicht steigende Kurse.

Themen- und Basketzertifikate: Anders als beim Indexzertifikat fungiert hier kein Aktienindex als Basiswert, sondern eine Auswahl bestimmter Aktien. Dieser Aktienkorb wird im Börsenjargon als „Basket" bezeichnet. Bei gemanagten Zertifikaten wird die Zusammensetzung ein- oder mehrmals pro Jahr geändert, dafür kassieren die Emittenten oft laufende Extragebühren. Diese Gattung ist die direkteste Konkurrenz zu Investmentfonds, bietet jedoch bei allenfalls minimalen Kostenvorteilen weder eine breite Streuung von Einzeltiteln noch ein konsequentes und schnell reagierendes Anlagemanagement.

Aktienanleihen: Diese Papiere haben eine kurze Laufzeit von etwa einem Jahr und bieten weit über dem Marktdurchschnitt liegende Zinsen von oftmals 10 oder 15 Prozent. Doch trotz hoher Zinsen droht unter Umständen ein dickes Ende: Bei Fälligkeit darf die herausgebende Bank wählen, ob sie den Nennwert oder eine bestimmte Anzahl Aktien eines börsennotierten Unternehmens zurückzahlt. Wenn bis zur Fälligkeit der Aktienkurs des als Basiswert dienenden Unternehmens stark zurückgeht, bleibt dem Anleger zwar der hohe Zins, doch dafür bekommt er von seinem ursprünglichen Kapitaleinsatz nur noch einen Bruchteil zurück.

Was Ihnen der Finanzberater verkaufen will

Insbesondere in Zeiten niedriger Zinsen werden Aktienanleihen wieder vermehrt angeboten. Seit dem Frühjahr 2009 erleben sie eine wahre Renaissance. Die überdurchschnittlichen Zinssätze sollen locken. Doch der Anleger sollte sich der Risiken bewusst sein.

Beispiel:

Im Juli 2013 wurde eine Aktienanleihe auf die Allianz-Aktie herausgegeben. Sie hat eine relativ kurze Laufzeit von knapp sieben Monaten. Der Zins beträgt 10,75 Prozent pro Jahr und wird zum Laufzeitende garantiert. Die Rückzahlung beträgt 100 Prozent des Nennwerts von 1.000 Euro, wenn der Kurs der Allianz-Aktie beim Fälligkeitstag nicht unter 117 Euro fällt.

Der Zins von 10,75 Prozent p.a. ist sicher – zugleich aber auch der maximale Ertrag. Die maximale Rendite ist zu erreichen, wenn der Kurs der Aktie zum Fälligkeitstermin über dem Basispreis ist. Dann beträgt die Rendite p.a. rechnerisch 10,75 Prozent. Tatsächlich wird sie darunter liegen, da noch der Kaufkurs und die Kaufkosten zu berücksichtigen sind. Liegt der Aktienkurs bei Fälligkeit unter dem Basispreis von 117 Euro, so bekommt der Anleger anstelle des Nennwertes von 1.000 Euro 8,55 Aktien geliefert.

Gegebenenfalls ist es dann notwendig, Aktien lange im Depot liegen zu lassen, um Kurssteigerungen zu erzielen oder mindestens wieder 1.000 Euro Gegenwert zu erreichen. Mitunter handelt es sich dann um ein viel längerfristiges Anlageprodukt als zunächst die kurze Laufzeit der Aktienanleihe vermuten lässt.

Die Zusammenhänge des magischen Dreiecks bewahrheiten sich: Überdurchschnittlicher Zinsertrag ist mit mehr Risiko verbunden.

Achtung!

Aufgrund der oftmals komplexen und kaum durchschaubaren Konstruktion lässt sich bei vielen Anlagezertifikaten nicht verlässlich abschätzen, ob sie dem Anleger im Vergleich zum eingegangenen Risiko eine faire Renditechance bieten. Daher sind diese Anlageformen meist nicht empfehlenswert.

Derivate

So funktionieren Derivate

Mit Derivaten – zu denen vor allem die börsengehandelten Optionsscheine zählen – setzen Sie darauf, dass sich eine Aktie oder ein ganzer Börsenindex in die von Ihnen vermutete Richtung entwickelt. Chance und Risiko sind jedoch meist um ein Vielfaches höher als bei dem an das Derivat angekoppelten Wertpapier. So ist es durchaus möglich, dass sich ein Optionsschein auf eine bestimmte Aktie im Wert verdoppelt, wenn die Aktie um 10 Prozent steigt – oder komplett wertlos wird, wenn die Aktie um 10 Prozent fällt.

Bei Derivaten handelt es sich um eine hoch spekulative Anlageform ohne Netz und doppelten Boden. Dies wird auch daran deutlich, dass Kreditinstitute gesetzlich verpflichtet sind, Kunden, die solche Geschäfte tätigen wollen, ausführlich über die damit verbundenen Risiken aufzuklären. Letztlich müssen Sie Derivatgeschäfte als eine Art

Finanzwette mit hohen Gewinn- und Verlustmöglichkeiten betrachten, für die es kein sicheres Erfolgsrezept gibt.

Derivate werden in den unterschiedlichsten Varianten angeboten. So gibt es Optionsscheine auf die Entwicklung einzelner Aktien, Aktienindizes oder auch des Zinsniveaus an der Anleihenbörse, Rohstoffe oder Währungen. Dabei können Sie entweder auf steigende oder fallende Kurse wetten. Der Call-Optionsschein steigt im Kurs, wenn sich der zugrunde liegende Wert nach oben verändert. Der Put-Optionsschein ist das Spekulationsvehikel für Kurspessimisten, denn dieser geht nach oben, wenn der damit gekoppelte Wert sinkt. Wie stark die Ausschläge der Derivate im Vergleich zum zugrunde liegenden Wert sind, drückt der sogenannte Hebel aus. Je größer der Hebel, desto kursempfindlicher reagiert das Derivat, und umso höher sind Ihre Gewinnchancen und Verlustrisiken.

! Achtung!

Wenn Sie Derivatgeschäfte tätigen, sollten Sie immer den Totalverlust einkalkulieren – und aus diesem Risiko wird klar, dass sich mit diesen Geschäften weder Vermögensaufbau noch Altersvorsorge betreiben lassen.

6 Nachhaltige Geldanlagen

Investieren mit gutem Gewissen ist mehr als nur eine Modeerscheinung. Vor allem nachdem im Zuge der globalen Finanzkrise die Exzesse der Banken- und Investmentbranche zutage getreten sind, möchten viele Menschen mit ihrem Geld nicht nur Gewinn machen, sondern ihr Kapital auch für einen moralisch vertretbaren Zweck einsetzen. So sind nach Tankerunglücken oder der Umweltkatastrophe nach der Explosion einer Ölbohrplattform im Golf von Mexiko Ölkonzerne in die öffentliche Kritik geraten. Auch Aktien von Tabak- und Alkoholproduzenten oder Betreibern von Atomkraftwerken wollen ethisch und ökologisch orientierte Anleger nicht gern im Depot haben.

Kapitalanlagen, die neben der Renditeperspektive auch eine ethische Komponente bieten, werden als „nachhaltig" bezeichnet. Dabei stehen Aspekte wie Umweltschutz und das soziale Verhalten von Unternehmen im Blickpunkt. Als Anleger können Sie unter dieser Prämisse unterschiedliche Finanzprodukte einsetzen.

Was der Begriff „Nachhaltigkeit" bedeutet

Als Anleger stellen Sie einem Unternehmen oder Staat auf direkte oder indirekte Weise Geld zur Verfügung. Dies kann beispielsweise in Form von Eigenkapital geschehen, indem Sie Aktien oder Anteile an Aktienfonds erwerben und damit zum Miteigentümer von Unternehmen werden. Oder Sie kaufen Anleihen bzw. Anteile an Rentenfonds und stellen damit dem Anleihenherausgeber – also einem Unternehmen oder einer staatlichen Organisation – zusammen mit vielen weiteren Anleiheinvestoren einen Kredit zur Verfügung. Selbst wenn Sie Ihr Geld bei einer Bank anlegen, speisen Sie es auf indirekte Weise in den Wirtschaftskreislauf ein: Die Einlagen der Kunden werden nämlich größtenteils wieder als Kredite an Unternehmen oder Privatpersonen ausgegeben.

Da stellt sich für viele Anleger die Frage: Was passiert eigentlich konkret mit meinem Anlagekapital? Bei der Vorstellung, dass damit auch moralisch fragwürdige Geschäfte wie Waffenexporte oder Kredite an korrupte Staaten mitfinanziert werden könnten, wird so manchem Privatinvestor mulmig zumute.

Ursprünglich stammt der Begriff aus der Forstwirtschaft und beschreibt die langfristig schonende wirtschaftliche Nutzung des Waldes, indem maximal so viel Holz geschlagen wird wie neue Bäume nachwachsen. In der Politik wurde das Thema „Nachhaltigkeit“ erstmals im Jahr 1987 im Abschlussbericht der sogenannten Brundtland-Kommission der breiten Öffentlichkeit präsentiert. Die Kommission verfasste unter dem Vorsitz der ehemaligen norwegischen Premierministerin Gro Harlem Brundtland ein Positionspapier für die Vereinten Nationen, in dem die umwelt- und sozialverträgliche Entwicklung von Staaten skizziert wurde.

Die Kriterien, die sich dabei herauskristallisierten, wurden im Lauf der Zeit auf die Betrachtung der Wirtschaft übertragen: Ein Unternehmen, das dem Anspruch der Nachhaltigkeit gerecht werden will, soll umweltschonende Produktionsmethoden einsetzen und den Verbrauch von Ressourcen minimieren, fair mit seinen Mitarbeitern und Geschäftspartnern umgehen und sich klar von Korruption und anderen unethischen Geschäftspraktiken distanzieren.

Eng verwandt mit dem Gedanken der Nachhaltigkeit sind die Wertvorstellungen, die Kirchen bei der Anlage kircheneigener Gelder anlegen. Auch hier sind oft ähnliche Kriterien bei der Auswahl der Unternehmen zu finden, in die eine kirchliche Institution beispielsweise über Aktiengeschäfte investieren darf.

Die Effekte unterschiedlicher Anlageformen

Bei der Auswahl nachhaltiger Kapitalanlagen steht Ihnen eine breite Palette unterschiedlicher Finanzprodukte zur Verfügung. Es gibt nachhaltige Investmentfonds, Anlagekonten bei Banken mit nachhaltig orientierten Geschäftsstrategien und Direktinvestitionen in Umwelt- oder Sozialprojekte.

Dabei stellt sich nicht nur die Frage nach der Nachhaltigkeit der Finanzanbieter, sondern auch nach der Nachhaltigkeit Ihres Handelns: Welchen konkreten Effekt hat Ihr Geld auf das betreffende Unternehmen oder Projekt? Die Antwort kann je nach Anlagegattung ganz unterschiedlich ausfallen.

Den geringsten Effekt haben Aktiengeschäfte und der Erwerb von Anteilen an Nachhaltigkeits-Aktienfonds. Sie – oder die Fondsmanager – kaufen lediglich Aktien, die an der Börse zum Verkauf angeboten werden. Das Geld fließt somit zunächst einmal nicht dem Unternehmen, sondern demjenigen zu, der die Aktien verkauft. Nur wenn ein Privatanleger oder Investmentfonds im Rahmen einer Kapitalerhöhung neue Aktien zeichnet, erhält das Unternehmen dadurch neue Geldmittel. Gleiches gilt auch für den Erwerb von bereits im Umlauf befindlichen Anleihen über die Börse. Erst wenn es den Ethik-Investoren gelingt, eine hohe

Nachfragemacht aufzubauen, sind konkrete Auswirkungen auf dem Markt spürbar.

Anders hingegen liegt der Fall, wenn Privatanleger oder Fonds an einer Anleihenemission teilnehmen. Hier wird mit der Ausgabe neuer Anleihen dem Unternehmen oder dem Staat ein Kredit zur Verfügung gestellt. Auch die Geldanlage bei nachhaltig wirtschaftenden Banken kann konkrete Auswirkungen nach sich ziehen. Je höher die Kundeneinlagen einer Bank, umso mehr Kredite kann sie an ökologisch oder sozial wirtschaftende Kunden vergeben. Eine Bank mit einer Vielzahl an Anlagekunden und entsprechend hohen Kundeneinlagen hat es folglich leichter, Kredite an nachhaltig wirtschaftende Unternehmen auszureichen.

Den direktesten Effekt haben Investitionen, die ohne Umwege Nachhaltigkeits- oder Umweltprojekten zugute kommen. Wenn Sie beispielsweise eine Fotovoltaikanlage errichten, können Sie nicht nur den Strom zum Festpreis an den Netzbetreiber verkaufen, sondern sorgen damit für eine messbare Reduzierung des Ausstoßes an klimaschädlichem Kohlendioxid. Problematisch kann jedoch bei Direktinvestitionen das Verlustrisiko werden: Wenn gezielt ein bestimmtes Projekt finanziert wird und dieses scheitert, ist das Geld verloren.

Nachhaltige Investmentfonds

Trotz des eher geringen Einflusses auf die Finanzierungsmöglichkeiten nachhaltiger Unternehmen haben sich nachhaltige Aktien- und Mischfonds zu den beliebtesten grünen

Anlageprodukten entwickelt. Laut der Statistik des Forums für nachhaltige Geldanlagen (FNG) hat sich in Deutschland, der Schweiz und Österreich das Volumen von Nachhaltigkeitsfonds und entsprechender Vermögensverwaltungsmandate zwischen 2008 und 2012 von 23 Milliarden Euro auf 71 Milliarden Euro mehr als verdreifacht.

Allerdings hinterlässt ein Blick ins Aktienportfolio der Fonds oftmals gemischte Gefühle, denn dort finden sich häufig Aktien von ganz normalen Unternehmen, die man nicht unbedingt mit ökologischem oder sozialem Aktivismus in Verbindung bringt. Zementhersteller mit hohem Energieverbrauch, Maschinenbaukonzerne, Automobilhersteller und zuweilen sogar Ölkonzerne und Chemieriesen tauchen immer wieder in den Anlagelisten auf. Solche Unternehmen sind auch hochoffiziell in speziellen Nachhaltigkeits-Aktien-

Wichtige Nachhaltigkeits-Indizes im Überblick

Dow Jones Sustainability Index (DJSI): Nachhaltigkeitsindex nach dem Best-in-Class-Ansatz, der alle Branchen umfasst. Wichtige Indexvarianten sind der DJSI Global mit mehr als 300 Aktien aus der ganzen Welt und der DJSI Stoxx mit 160 europäischen Aktien.

FTSE4Good: Nachhaltigkeitsindex, bei dem die Unternehmen branchenspezifische Kriterien in Sachen Menschenrechte, Sozialstandards und Umweltschutz einhalten müssen. Ausgeschlossen sind Tabakwaren- und Waffenproduzenten. Auch hier gibt es eine Europa- und Weltvariante sowie einzelne Länderindizes.

Domini 400 Social Index: Ethik-Index, der neben Nachhaltigkeitskriterien auch Belange der zumeist kirchlichen Anleger berücksichtigt, die sich an diesem Index orientieren. Tabu sind Waffenproduzenten, Tabakkonzerne, Hersteller von Alkoholgetränken, Kernkraftwerksbetreiber und Unternehmen aus der Glücksspielbranche.

Natur-Aktien-Index: Dies ist einer der grünsten aller Aktienindizes, allerdings sind darin nur 30 Unternehmen enthalten. Die regionale Streuung ist global, die Größe der Unternehmen zählt zumeist zum mittleren Segment, viele Branchen sind gänzlich ausgeschlossen.

indizes wie dem Dow Jones Sustainability Index (DJSI) oder dem FTSE4Good gelistet.

Kerngedanke ist dabei der sogenannte Best-in-Class-Ansatz. Dabei wird geprüft, wie nachhaltig ein Unternehmen im Vergleich zu seinen Branchenwettbewerbern wirtschaftet. Wer dann in Sachen Ökologie und Ethik am besten abschneidet, wird in den Index aufgenommen.

Warum man von dem Begriff der Nachhaltigkeit nicht allzu viel erwarten sollte, liegt daran, dass bei der Aktienauswahl ganz unterschiedliche Verfahren zum Einsatz kommen können. So kommt bei einer Nachhaltigkeits-Auswahl meist der sogenannte Best-in-Class-Ansatz zum Tragen. Innerhalb der jeweiligen Branche werden die Unternehmen bevorzugt, die in Bezug auf Umweltschutz und Sozialstandards die strengsten Kriterien anwenden. Dann sind zwar die Ölkonzerne im Depot, die bei der Ölförderung die wenigsten Umweltschäden verursachen, aber ausgeschlossen ist diese Branche keineswegs.

Ausschlusskriterien für ganze Wirtschaftszweige gibt es oft erst beim „ethischen" Investment, das häufig bei institutionellen Anlegern aus dem kirchlichen Bereich anzutreffen ist. Dort sind dann aus Gründen der Glaubensmoral beispielsweise Aktien von Unternehmen tabu, die ihren Umsatz ganz oder teilweise mit Rüstungsgeschäften, Tabak, Alkoholgetränken oder Glücksspiel machen.

„Grüne" Aktienfonds mit dem Umweltschutz als Schwerpunkt konzentrieren sich auf wenige Branchen. Schwerpunkt sind meist Unternehmen aus den Bereichen Wind- und Sonnenenergie, Naturmedizin, Handel mit ökologischen Produkten, Recycling und Wasseraufbereitung. Allerdings wird hier die Auswahl eng, wie ein Blick in den Natur-

Aktien-Index (NAI) zeigt, der nur 30 Unternehmen umfasst. Vergebens sucht man dort Vertreter aus Telekommunikation und Automobilbau ebenso wie Großbanken, Computerunternehmen und Versicherungskonzerne.

Wichtig!

Vor dem Einstieg in einen Nachhaltigkeitsfonds sollten Sie sorgsam überlegen, welche konkreten Maßstäbe Sie anlegen wollen. Wer den großzügigen Kompromiss eingeht und auf Nachhaltigkeit setzt, hat eine moralisch leicht aufgepeppte Mischung aus den klassischen Branchen, kann aber im Gegenzug mit der breiten Streuung sein Schwankungsrisiko reduzieren. Wenn hingegen Grün auch Grün bleiben soll, dann wird die ökologische Konsequenz mit einer starken Branchenfokussierung und entsprechend höherem Wertschwankungsrisiko erkauft.

Das Problem für den Anleger ist, dass er oft nicht auf den ersten Blick sieht, welche genauen Auswahlverfahren angewandt werden. Fast jede Fondsgesellschaft kocht ihr eigenes Süppchen – einheitliche Kriterien gibt es nicht. Außerdem gibt selbst das Siegel einer Ratingagentur keine hundertprozentige Garantie. So stützen sich viele Prüfinstitute überwiegend auf die Angaben der Unternehmen, Produktionsstätten im Ausland werden nur selten vor Ort überprüft.

Ansonsten gelten für Nachhaltigkeitsfonds dieselben Kriterien wie für herkömmliche Investmentfonds:

- Bedenken Sie, dass Aktien von nachhaltigen Unternehmen denselben Schwankungsrisiken unterliegen wie herkömmliche Aktien. Daher sollten Sie nachhaltige Aktienfonds nur mit einem langen Anlagehorizont kaufen.
- Bevorzugen Sie Fonds, die schon seit mehreren Jahren am Markt sind und möglichst langfristig eine überdurchschnittliche Rendite erzielen konnten.

- Achten Sie auf die Kostenstruktur des Fonds. Je höher die Nebenkosten, umso schwieriger wird es auf lange Sicht, unterm Strich einen attraktiven Gewinn zu erzielen.
- Meiden Sie kleine Fonds mit einem Volumen von weniger als 50 Millionen Euro – hier laufen Sie Gefahr, dass die Fonds mangels Masse im Lauf der Zeit geschlossen und Sie als Anleger aus dem Fonds hinausgedrängt werden.
- Mittlerweile gibt es auch kostengünstige Indexfonds (ETFs), die einen Nachhaltigkeitsindex abbilden. Für diejenigen, die zu Gunsten einer möglichst niedrigen Kostenquote auf das Fondsmanagement verzichten, können solche Anlageprodukte eine sinnvolle Alternative zu aktiv gemanagten Fonds sein.

Umwelt- und Sozialbanken

Geld verdienen ohne Gier und gleichzeitig Gutes tun: Diese scheinbaren Widersprüche wollen nachhaltig wirtschaftende Banken unter einen Hut bringen. Zwar werden auch in solchen Instituten ganz normale Bankprodukte wie Tagesgeld- und Girokonten, Sparbriefe und Darlehen angeboten sowie Investmentfonds und Versicherungen vermittelt. Doch alle Geschäfte sollen nach dem Anspruch der Banken unter der Prämisse stehen, dass man die Kunden fair behandelt, soziale Aspekte berücksichtigt und die Finanzierung von umweltfreundlichen oder sozial ausgerichteten Unternehmen und Projekten in besonderem Maße fördert.

Im Umfeld der katholischen und evangelischen Kirche haben sich einige Kreditinstitute etabliert, die ihre Leistungen in erster Linie kirchlichen Mitarbeitern und kirchennahen Unternehmen anbieten. Darüber hinaus bekennen sich einzelne Geldinstitute in Deutschland zu einer nachhaltig, ökologisch und sozial ausgerichteten Geschäftspolitik und bieten ihre Produkte und Dienstleistungen einem breiten Publikum an. Dabei handelt es sich in erster Linie um die vier nachfolgend genannten Banken.

GLS Bank. Die genossenschaftliche GLS Bank mit Hauptsitz in Bochum wurde im Jahr 1974 als „Gemeinschaftsbank für Leihen und Schenken“ gegründet und war das erste deutsche Geldinstitut, das soziale und ökologische Ziele in seine Satzung aufnahm. Ursprünglich standen Geschäfte mit anthroposophischen Einrichtungen wie beispielsweise Waldorfschulen im Vordergrund, heute bietet die Bank ihre Leistungen der breiten Allgemeinheit an. Bei der Geldanlage können Kunden entscheiden, welche Projekte – etwa Senioreneinrichtungen, Schulen, ökologische Landwirtschaftsbetriebe oder regenerative Energieprojekte – schwerpunktmäßig mit dem angelegten Geld finanziert werden sollen. Angeboten werden praktisch alle wichtigen Bankprodukte wie Girokonto, Sparbriefe und -konten, Unternehmens- und Baufinanzierungen, Fonds und Beteiligungen. Die Geschäfte können in einer der bundesweit sieben Niederlassungen oder über das Internet abgewickelt werden. Bei der Einlagensicherung ist die GLS Bank an das Sicherungssystem der genossenschaftlichen Banken angeschlossen.

Triodos Bank. Die Triodos Bank mit Hauptsitz in den Niederlanden ist ebenfalls dem Umfeld der Anthroposophie zuzurechnen und gilt mit gut 350.000 Kunden als größte Nachhaltigkeitsbank Europas. In Deutschland verfügt sie lediglich über eine Niederlassung in Frankfurt, von wo sie als Direktbank ein Girokonto und einige Anlageprodukte anbietet. Kredite werden in Deutschland nur an Firmenkunden ausgegeben. Weil die deutsche Niederlassung rechtlich nicht eigenständig ist, erfolgt die Absicherung der Kundeneinlagen über die niederländische Einlagensicherung. Dort liegt die Sicherungsgrenze bei 100.000 Euro pro Anleger, was aufgrund der EU-weiten Harmonisierung der gesetzlichen Einlagensicherung in Deutschland entspricht.

Umweltbank. Die im Jahr 1995 gegründete Umweltbank ist eine Privatbank, deren Aktien am Freiverkehr der Börse München gehandelt werden. Der Schwerpunkt im Finanzierungsgeschäft liegt auf der Finanzierung von ökologischen Projekten wie Wind- und Solarparks und Bio-Landwirtschaftsbetrieben. In die Kritik geriet das Geldinstitut laut einem Bericht des Magazins *Finanztest* im März 2012, weil sich Anleger über die Risiken, die mit einigen von der Umweltbank vertriebenen Windkraft-Beteiligungen verbunden waren, nicht ausreichend aufgeklärt fühlten. Als eigene Produkte bietet die Umweltbank Anlage- und Sparkonten sowie Kredite an, ein Girokonto ist nicht mit dabei. Weil die Bank nur der gesetzlichen Einlagensicherung angeschlossen ist, sind Kundengelder bis maximal 100.000 Euro pro Anleger versichert.

Ethikbank. Die Ethikbank ist kein eigenständiges Kreditinstitut, sondern eine Zweigniederlassung der Volksbank Eisenberg. Sie tritt bundesweit als ökologische Direktbank auf und bietet Girokonten sowie unterschiedliche Anlage- und Kreditprodukte an. Die Kunden werden umfassend über die Zusammensetzung der bankeigenen Kapitalanlagen und der ausgegebenen Kredite informiert. Als Tochtergesellschaft einer herkömmlichen Genossenschaftsbank gehört die Ethikbank dem genossenschaftlichen Einlagensicherungssystem an.

Wenn Sie eine Bankverbindung mit einem nachhaltig wirtschaftenden Geldinstitut eingehen wollen, sollten Sie im Vorfeld einige Überlegungen anstellen.

Recht einfach ist der Entscheidungsprozess beim Abschluss eines Spar- oder Anlagekontos. Sofern Sie weniger als 100.000 Euro anlegen wollen, können Sie dank der innerhalb des Euro-Raums vereinheitlichten Mindestsicherung auch Geldinstitute in Betracht ziehen, die nur die gesetzliche Mindestsicherung vorweisen können. Ob beim Vergleich eher die Rendite oder der ethisch-ökologische Nutzen im Vordergrund steht, müssen Sie selbst entscheiden. Generell sollten Sie wie bei anderen Anlageprodukten auch darauf achten, ob die Zinsen variabel oder fest sind, ob Zuzahlungen geleistet werden dürfen und ob die Bank bei Bedarf auch während der regulären Laufzeit die vorzeitige Kündigung ermöglicht.

Wenn Sie mit Ihrem Girokonto zu einer ökologisch-ethischen Bank wechseln wollen, sollten Sie sich zunächst darüber im Klaren sein, dass kaum einer der Anbieter ein kostenloses Girokonto vorweisen kann. Darüber hinaus ist die Bargeldversorgung ein Gesichtspunkt, der im alltäglichen Bankgeschäft nicht zu unterschätzen ist. Hier sind genossenschaftlich organisierte Geldinstitute im Vorteil, weil deren Kunden meist kostenlosen Zugriff auf alle inländischen Geldautomaten der Volks- und Raiffeisenbanken haben. Ist eine Bank hingegen keinem Geldautomatenverbund angeschlossen, müssen Sie bei jeder Geldabhebung die Gebühren zahlen, die der Betreiber des Geldautomaten erhebt. In Einzelfällen können dies bis zu 5 Euro pro Abhebung sein, die privaten Banken verlangen meist 1,95 Euro. Damit können je nach Häufigkeit der Geldabhebungen übers Jahr zusätzliche Kosten von 50 bis 100 Euro entstehen.

Wichtig!

Wenn Sie Produkte von nachhaltig orientierten Banken allein nach Rendite- und Kostengesichtspunkten vergleichen, kommen diese Geldinstitute für Sie eher weniger in Frage. Mit dem Abschluss einer Geldanlage, eines Kredites oder Girokontos müssen Sie bereit sein, für den guten Zweck gewisse finanzielle Zugeständnisse einzugehen. Mit den Konditionen von Direktbanken können nachhaltige Geldinstitute in aller Regel nicht mithalten. Sie bewegen sich meist im Mittelfeld der Filialbanken.

Geldanlagen bei Sparkassen und Genossenschaftsbanken

Regionale Sparkassen und Genossenschaftsbanken sind zwar keine Nachhaltigkeitsbanken im eigentlichen Sinne. Doch etliche Institute aus diesen beiden Gruppen bieten sogenannte „klimafreundliche Geldanlagen“ an, mit denen vorrangig Investitionen zur Energieeinsparung oder zur Produktion von Energie aus erneuerbaren Quellen finanziert werden sollen. Oft werden solche Anlageprodukte unter Bezeichnungen wie Öko-Sparbuch, Klimaschutz-Sparbrief oder Umwelt-Sparen angeboten.

Dabei handelt es sich zunächst um herkömmliche Bankprodukte, die in ihrer Gestaltung ähnlich aufgebaut sind wie klassische Sparbücher oder Sparbriefe. Aufgrund der Einlagensicherung ist daher mit solchen Anlageformen kein Verlustrisiko verbunden. Auch die Kündigungsmodalitäten entsprechen in aller Regel den vergleichbaren Bankprodukten ohne Klimaschutz-Extra. Allerdings sind die Zinsen oft niedriger als bei herkömmlichen Zinsanlagen – dies begründen die Anbieter damit, dass die damit finanzierten Projektträger dann in den Genuss günstiger Kreditkonditionen kommen.

Meist werben die Anbieter damit, dass mit dem angelegten Geld regionale Klimaschutzprojekte oder soziale Investitionen finanziert werden. Gerne werden dabei Kommunen oder Stadtwerke als Kooperationspartner mit ins Boot geholt. Weil sich Investitionsmöglichkeiten nicht in unbegrenztem Umfang finden lassen, sind grüne Anlageprodukte von Sparkassen und Genossenschaftsbanken oft mit einem

Limit versehen. Wenn ein bestimmter Betrag eingeworben ist, werden für das betreffende Produkt keine neuen Kundengelder mehr angenommen.

Ein wichtiges Kriterium ist bei solchen Spar- und Anlageprodukten die Transparenz. So sollte das Geldinstitut darlegen, in welche konkreten Projekte das Geld fließt. Auch eine regelmäßig aktualisierte Übersicht zur Mittelverwendung sollte bei diesen Angeboten zum Standard gehören.

Tipp: Übersicht der angebotenen Produkte

Die Verbraucherzentrale Bremen hat eine bundesweite Untersuchung zu klimafreundlichen Sparanlagen durchgeführt und eine Übersicht zu den angebotenen Produkten erstellt. Die Ergebnisse können abgerufen werden unter www.verbraucherzentrale-bremen.de/klimafreundliche-sparanlagen.

Grüne Anlagen am grauen Kapitalmarkt

Außerhalb der gesetzlich regulierten Anlagekonten und Investmentfonds gibt es auch Anlageprodukte des grauen Kapitalmarkts, die Anleger mit der Verknüpfung von Rendite und sozialem Gewissen locken. Wie bei allen anderen Offerten dieses Marktsegmentes gilt auch hier: Es gibt auch seriöse Anbieter, doch für den Normalanleger ist es mangels Transparenz äußerst schwer, die Spreu vom Weizen zu trennen.

Meist handelt es sich bei solchen Anlageangeboten um Beteiligungsmodelle, die auch als „geschlossene Fonds" bezeichnet werden, oder um außerbörslich gehandelte Wertpapiere in Form von Anleihen oder Genussscheinen.

Grundsätzliche Hinweise zu diesen Anlagegattungen finden Sie im Kapitel 7 ab Seite 145.

„Öko kommt oft teuer“ – unter diesem Titel nahm die Stiftung Warentest in der August-Ausgabe des Jahres 2010 ihres Monatsmagazins *Finanztest* acht grüne Unternehmensbeteiligungen unter die Lupe. Die geschlossenen Fonds investierten in Windenergieanlagen, Solarparks und Biomasse-Kraftwerke. Drei Modelle fielen von vornherein durch, weil einmalige Kosten von mehr als 25 Prozent der Anlagesumme und hohe laufende Kosten die Erträge so schmälerten, dass der Verlust praktisch vorprogrammiert war. Als wirklich empfehlenswert konnte kein einziges der untersuchten Angebote eingestuft werden.

Einer der bislang schlimmsten Verlustbringer für ökologisch orientierte Anleger war der Solarkonzern Solar Millenium, der sich mit großen Solarkraftwerkprojekten in Spanien verhoben hatte. Das Unternehmen hatte für die Finanzierung der aufwändigen Projekte Anlegergelder über außerbörsliche Anleihen und geschlossene Fonds eingeworben. Als Solar Millenium Ende 2011 Insolvenz anmelden musste, waren davon rund 30.000 Anleger betroffen, die nach dem Abschluss des Insolvenzverfahrens von den investierten gut 200 Millionen Euro wohl nur den kleinsten Teil wieder sehen werden.

Angesichts solcher spektakulärer Pleiten ist von nicht börsennotierten Wertpapieren und geschlossenen Fonds grundsätzlich abzuraten. Dies gilt auch dann, wenn es um grüne Unternehmungen geht. Wenn Sie mit Ihrem Anlagekapital Umweltschutz und Nachhaltigkeit fördern wollen, ist das Anlagekonto bei einer Nachhaltigkeitsbank oder der Erwerb von Anteilen an grünen Investmentfonds die bessere Alternative. Oder Sie investieren Ihr Geld ohne Umweg über eine Bank oder einen Fondsinitiator direkt in den Klimaschutz.

Direkte Investitionen in den Klimaschutz

Auch wenn es sich nicht um Geldanlagen im klassischen Sinne handelt, können direkte Investitionen in den Klimaschutz auch eine ganz konkrete Rendite erwirtschaften. Diese Alternative können Sie vor allem dann in Erwägung ziehen, wenn Sie Eigentümer eines selbst genutzten älteren Eigenheims sind. Denn: Das Geld, das Sie für die energetische Sanierung ausgeben, zahlt sich zum einen in Form eines besseren Werterhaltes Ihrer Immobilie und zum anderen durch die Ersparnis bei den Energiekosten aus.

Dabei sind es oftmals die kleineren Modernisierungen, die im Verhältnis zu den Kosten – also dem „angelegten Geld" – eine besonders gute Rendite bringen. Die gemeinnützige Beratungsgesellschaft co2online hat einige typische Modernisierungsmaßnahmen unter die Lupe genommen und errechnet, nach wie vielen Jahren die Kosten durch die eingesparten Energiekosten wieder hereingespielt sind. Hier ein paar ausgewählte Beispiele:

- **Dämmung der Rollladenkästen.** Wenn Ihre Rollladenkästen nach innen in die Wohnräume ragen und noch nicht gedämmt sind, sollten Sie dies schleunigst nachholen. Zusammen mit einer Abdichtung der Gurtdurchführung mit einer Bürstendichtung winkt Ihnen eine regelrechte Traumrendite. Wenn Sie die nicht allzu schwierigen Arbeiten selbst erledigen, kommen Sie oftmals mit einem niedrigen dreistelligen Betrag aus – und der kann innerhalb von zwei Jahren durch geringere Heizkosten zurückgezahlt sein.
- **Dämmen von Heizungs- und Warmwasserrohren im Keller.** Das ist eine Maßnahme, die mit Kosten von oftmals

nur 100 bis 150 Euro auch bei klammem Geldbeutel problemlos machbar ist. Wenn die Leitungen in kalten Räumen liegen, hat sich die Maßnahme schon nach fünf Jahren bezahlt gemacht.

- **Optimierung der Heizungsanlage.** Hier muss kein Brenner ausgetauscht werden, sondern es findet ein hydraulischer Ausgleich statt, die alte Umwälzpumpe wird durch ein modernes stromsparendes Modell ersetzt und die Heizkörper erhalten Thermostatventile. In einem Einfamilienhaus betragen die Kosten rund 1.500 Euro und amortisieren sich im Lauf von etwa sechs Jahren.
- **Einbau eines neuen Brennwertkessels.** Wenn der veraltete Kessel gegen ein besonders energiesparendes Modell ausgetauscht wird, sollten Sie dafür rund 7.000 Euro veranschlagen. Die Amortisationsdauer liegt bei rund 10 Jahren.

Dank des Gesetzes zur Einspeisung erneuerbarer Energie (EEG) können Sie als Betreiber einer Solaranlage mit einer festen Ausschüttung pro Kilowattstunde kalkulieren. Dabei ist zu berücksichtigen, dass die Einspeisevergütungen im stetigen Sinkflug begriffen sind und aufgrund finanzieller Anreize Eigenverbrauch und Stromspeicherung an Bedeutung gewinnen.

Vorsichtig sollten Sie sein, wenn Ihnen ein Anlagenanbieter dabei eine besonders hohe Rendite ausrechnet. Denn: mit einem einfachen Trick lässt sich die Anlagenrendite schönrechnen.

Wenn Sie beispielsweise eine Fotovoltaikanlage mit 7 Kilowatt Maximalleistung zum Preis von 14.000 Euro installieren, dürfte Ihnen bei der aktuellen Einspeisevergütung der Anbieter einen jährlichen Bruttoertrag von 1.150 Euro prognostizieren. Werden davon noch Versicherungs- und Wartungskosten von 200 Euro abgezogen, bleiben 950 Euro übrig, was einer Rendite von 6,8 Prozent entspricht.

Der schöne und ökologisch korrekte Gewinn hat nur ein Manko: Er stimmt nicht.

Weil Sie Ihre Fotovoltaikanlage nicht einfach nach 20 Jahren wieder zum einstigen Kaufpreis verkaufen können, ist diese Investition nicht vergleichbar mit einer Geldanlage, die irgendwann fällig und wieder ausgezahlt wird. Das bedeutet, dass Sie den Wertverlust über die voraussichtliche Lebensdauer der Anlage verteilen müssen. Bei einer Lebensdauer von 25 Jahren resultiert daraus eine jährliche Wertminderung von 560 Euro, die vom Ertrag abgezogen werden muss – und dann reduziert sich die Sonnenstrom-Rendite auf realistische 2,8 Prozent.

Das Verhältnis von Aufwand und Ertrag verbessert sich bei Fotovoltaikanlagen mit zunehmender Leistung. Dafür braucht es jedoch das erforderliche Kapital und die nötige Dachfläche. Warum also sollte man nicht zusammen mit anderen Investoren eine größere Anlage errichten?

Die Umsetzung dieses Gedankens erfolgt vielerorts in Form von Energiegenossenschaften. Mitte 2013 gab es in Deutschland bereits mehr als 650 Genossenschaften, die eine Fotovoltaikanlage oder ein anderes regeneratives Kraftwerk betreiben. Die Tendenz ist dabei steigend.

Häufig ist neben den privaten Initiatoren noch die Gemeinde- oder Stadtverwaltung mit im Boot, die oft auch gleich die erforderlichen Dachflächen auf öffentlichen Gebäuden zur Verfügung stellt. Die Bürgerinnen und Bürger können sich in Form von Genossenschaftsanteilen beteiligen, wobei in der beschlussfassenden Generalversammlung jeder Teilhaber unabhängig von der Anzahl der gezeichneten Anteile eine Stimme hat. Die Entmündigung kleinerer Mitinhaber durch einen dominierenden Großinvestor ist damit nach dem Genossenschaftsgesetz nicht möglich.

7 Nachteilige Anlageprodukte

Werbung und Wirklichkeit stimmen längst nicht immer überein – das trifft auch auf die Geldanlage zu. Nach Schätzungen des Verbraucherministeriums gehen privaten Anlegern jährlich bis zu 30 Milliarden Euro aufgrund fehlerhafter Anlageberatung und unpassender Finanzprodukte verloren.

Die Bandbreite reicht dabei vom mager verzinsten Sparbrief, zu dem die Konkurrenz eine weitaus rentablere Alternative bieten kann, bis hin zu betrügerischen Anlagemodellen, bei denen der Totalverlust für den arglosen Investor unausweichlich ist.

Häufig werden in Finanzprodukte hohe interne Gebühren und Provisionen eingerechnet, sodass der Verbraucher die vermeintlich kostenlose Beratung nach dem Vertragsabschluss mit hohen Renditeeinbußen bezahlt. Mehr Informationen zur konsequenten Kostenminimierung finden Sie in Kapitel 9, „Richtig vergleichen und Kosten minimieren“, ab Seite 201.

Auf den folgenden Seiten werden die Finanzprodukte beschrieben, die dem Anleger häufig mehr Nachteile als Vorteile bringen. Teilweise handelt es sich um Varianten von Anlageprodukten, die bereits in den vorigen Kapiteln erläutert worden sind.

Fragwürdiges aus der Fondswelt

Die Funktionsweise von Investmentfonds wurde bereits an mehreren Stellen in diesem Buch erläutert, so etwa auf den Seiten 70 ff., 93 ff. und 112 ff. Allerdings genügen nicht alle

Fondsgattungen den Ansprüchen, die an eine transparente und kostengünstige Anlageform gestellt werden. Da hilft nur eins: Prüfen Sie die in der Vergangenheit erzielten Renditen, lassen Sie sich sämtliche Gebührenposten genau aufschlüsseln, lesen Sie die Beschreibung der Anlagestrategie. Wenn immer noch Zweifel bestehen, dann sollten Sie die Finger vom betreffenden Fonds lassen.

Dachfonds

Dachfonds investieren nicht direkt in Aktien oder Anleihen, sondern kaufen Anteile von entsprechenden Investmentfonds. Auf diese Weise versucht das Fondsmanagement, je nach Risikoneigung des Anlegers ein Gesamtpaket aus verschiedenen Einzelfonds zu schnüren. Im Unterschied zu Mischfonds können Dachfonds nicht nur Aktien und Anleihen, sondern auch Anteile an offenen Immobilienfonds enthalten.

Knackpunkt bei dieser Fondsgattung ist die doppelte Gebührenbelastung beim Ausgabeaufschlag und den Verwaltungsgebühren. Der Ausgabeaufschlag kann mehrmals entstehen, wenn der Fondsmanager nicht nur in „hauseigene“ Fonds investiert. Die Verwaltungsgebühren fallen sowohl beim Dachfonds als auch bei den einzelnen Zielfonds an – und diesen Kostennachteil müssen Dachfonds erst einmal durch ein glückliches Händchen bei der Fondsauswahl ausgleichen.

Wichtig!

Das häufig verwendete Verkaufsargument, aus einer Vielzahl vorhandener Einzelfonds die besten herauszusuchen, ist mit Vorsicht zu genießen. Oft stehen dem Dachfondsmanager nur die Fonds der eigenen Investmentgesellschaft zur Verfügung, sodass sich die vermeintlich breite Auswahl nur auf einen winzigen Bruchteil des gesamten Fondsmarkts beschränkt.

Absolute-Return-Fonds

Konstante Renditen in guten wie in schlechten Börsenzeiten – mit diesem Anspruch sind vor einigen Jahren sogenannte Absolute-Return-Fonds auf den Markt gebracht worden. Dabei handelt es sich meist um Rentenfonds, die mit der Beimischung von Derivaten Zusatzrenditen erzielen wollen.

Doch in der Finanzkrise 2008 hat sich gezeigt, dass etliche dieser Fonds massiv in strukturierte Kreditprodukte investiert waren, die in jener Phase zu herben Verlusten geführt haben. Die angeblich risikoarmen Fonds verloren innerhalb weniger Monate teils mehr als 10 Prozent.

Absolute-Return-Fonds sind ein typisches Beispiel dafür, wie mithilfe von intransparenten Fondsmischungen dem Anleger eine Sicherheit vorgekaukelt wird, die in Wirklichkeit oft nicht existiert. Lassen Sie sich daher nicht von Werbesprüchen beeindrucken, sondern prüfen Sie die Strategie und Zusammensetzung von Fonds – und wenn Derivate oder sogenannte strukturierte Produkte zum Einsatz kommen, ist Vorsicht geboten.

Wichtig!

Strukturierte Produkte sind Kombinationen aus unterschiedlichen Finanzprodukten (Zertifikate, Aktienanleihen, Aktien, Renten, Derivate etc.). Es handelt sich oft um sehr komplexe Konstruktionen, deren Kostenbelastung schwer ersichtlich ist.

Garantiefonds

Besonderer Beliebtheit erfreuen sich sowohl auf Anbieter- als auch auf Kundenseite Garantiefonds. Das fast unschlagbare Argument: Anleger werden an den Erträgen chancenreicher Aktieninvestments beteiligt, vor Verlust sind sie weitgehend geschützt. Ein Aktieninvestment mit doppeltem Boden.

» So investieren Garantiefonds

Der Fondsmanager eines Garantiefonds wird das Geld der Anleger zumeist in festverzinsliche Wertpapiere investieren, damit die Garantie am Ende erfüllt werden kann. Ein kleiner Teil des Fondsvermögens wird mit Derivaten in eine Wette auf steigende Aktienkurse investiert.

Wie sinnvoll ist dieses Modell? Positiv ist sicher, dass die Investition bequem ist. Doch lohnt sich das auch? Denken Sie an das magische Dreieck der Geldanlage. Hohe Rendite bei gleichzeitiger hundertprozentiger Sicherheit ist nicht möglich. Die Sicherheit kostet, und somit kam *Finanztest* in einer Untersuchung zu dem Fazit: „Garantiefonds sind Renditekiller“.

Es empfiehlt sich außerdem, genauer hinzuschauen. Meist wird nämlich der Anteilspreis zum Auflegungstag garantiert. Wenn Sie just an diesem Tag kaufen, ist für Sie wirklich ein Verlust ausgeschlossen. Müssen Sie allerdings einen Ausgabeaufschlag bezahlen, so ist dieser Bruttoanteilspreis in der Regel nicht voll von der Garantie gedeckt.

Beispiel:

Beträgt die Garantie 100 Euro pro Anteil und Sie kaufen mit 5 Prozent Ausgabeaufschlag, so zahlen Sie 105 Euro. Im Garantiefall werden 100 Euro erstattet, damit sind 5 Euro pro Anteil verloren. Gleiches gilt, wenn Sie später in den Fonds einsteigen und der Anteilspreis deutlich über dem Ausgabepreis liegt.

Meist haben Garantiefonds eine feste Laufzeit. Am Fälligkeitstag wird der Gegenwert Ihrer Fondsanteile ausgezahlt. Ist der Fonds gut gelaufen, gibt es mehr Geld zurück, als Sie eingezahlt haben. Weist der Fonds am Fälligkeitstag Verluste auf, greift die Garantie.

Bei unbegrenzt laufenden Garantiefonds besteht häufig eine Garantieperiode von ein paar Jahren. Am Ende dieser Periode gibt es einen Stichtag. Nur wenn Sie exakt zu diesem Stichtag die Anteile verkaufen, greift die Garantie. Verkaufen Sie nicht, steigen Sie in die nächste Garantieperiode ein. Wie hoch die Garantie dann ist, wird meist erst kurz vor dem Stichtag festgelegt, ebenso die Dauer der nächsten Garantieperiode. Lesen Sie daher bei unbegrenzt laufenden Garantiefonds den Verkaufsprospekt genau durch, um sich mit den Bedingungen für die Garantie vertraut zu machen.

Entweder ist ein garantierter Anteilspreis zum Fälligkeitstag vorgegeben oder die Gesellschaft passt den Garantiewert laufend an. Meist schaut sich die Fondsgesellschaft dazu die Anteilspreise zu einem bestimmten Tag im Monat (zum Beispiel letzter Börsentag oder Ähnliches) an und garantiert davon den höchsten Anteilspreis eines Jahrs. Entsprechend werden solche Produkte als Fonds mit Höchststandsgarantie beworben.

! Achtung!

Grundsätzlich gilt die Garantie nur zum Fälligkeitstermin oder Stichtag. Müssen Sie vorher Ihre Anteile verkaufen, dann bekommen Sie den aktuellen Gegenwert wie bei jedem anderen Fonds auch.

Wenn Sie mit einem Teil Ihres Gelds die Chancen der Aktienmärkte nutzen, für das Ende Ihres Sparprozesses Verluste jedoch ausschließen wollen, benötigen Sie keinen Garantiefonds. Mit der einfachen Verteilung von sicheren Zinsanlagen und Aktien oder Aktienfonds können Sie Ihre eigene Beitragsgarantie gestalten – und zwar flexibel und kostengünstig! Im Folgenden zwei Beispiele:

Einmalanlage: Kapitalerhalt bei 100 Prozent Aktienverlust

Angenommen werden als maximaler Verlust des Aktienfonds (zum Beispiel Aktien-ETF) 100 Prozent und eine Rendite der sicheren Geldanlage von 3 Prozent.

Laufzeit	Festzinsanlage	Aktienanlage	Rückzahlung bei Totalverlust des Aktien-investments
30 Jahre	41 %	59 %	100 %
20 Jahre	56 %	44 %	100 %
10 Jahre	74 %	26 %	100 %
5 Jahre	86 %	14 %	100 %

So lesen Sie die Tabelle:
Wenn Sie einen Anlagebetrag von 10.000 Euro für insgesamt 30 Jahre anlegen wollen, ohne ihn anzutasten, so könnten Sie das Geld folgendermaßen zwischen sicherer Festzinsanlage und risikobehafteter Aktienanlage verteilen: 4.100 Euro in festverzinsliche Anlagen und 5.900 in Aktien. Selbst wenn die Aktien am Ende wertlos wären, hätten Sie Ihr Kapital von 10.000 Euro insgesamt erhalten (allerdings ohne Inflationsausgleich), da der Ertrag der Festzinsanlage die Aktienverluste ausgleicht. Der Zinsertrag auf die 4.100 Euro führt nach 30 Jahren wieder zu einem Endkapital von 10.000 Euro. Sie sehen aber auch: je kürzer der Anlagehorizont, umso geringer sollte die Aktienquote ausfallen, wenn Sie Kapitalerhalt anstreben.

Einmalanlage: Kapitalerhalt bei 50 Prozent Aktienverlust

Angenommen werden als maximaler Verlust des Aktienfonds (zum Beispiel Aktien-ETF) 50 Prozent und eine Rendite der sicheren Geldanlage von 3 Prozent; Rückzahlung bei 50 Prozent Verlust des Aktieninvestments immer 100 Prozent.			
Laufzeit	Festzinsanlage	Aktienanlage	Rückzahlung bei Totalverlust des Aktien-investments
30 Jahre	26 %	74 %	63 %
20 Jahre	38 %	62 %	69 %
10 Jahre	59 %	41 %	80 %
5 Jahre	76 %	24 %	88 %

Hedgefonds

Einige Fondsgesellschaften bieten nicht nur Kunden mit Millionenvermögen, sondern auch „normalen“ Privatkunden Anteile an Hedgefonds an. Diese Fonds, die häufig fernab von aufsichtsrechtlichen Regeln in Steuerparadiesen wie den Kaimaninseln oder den Bermudas residieren, können mit dem Geld ihrer Kunden praktisch beliebig riskante Wettgeschäfte und Derivate-Investments tätigen. Entsprechend lang ist die Liste spektakulärer Pleiten aus diesem Segment. Zu den prominentesten Fällen gehörten die Milliardenpleite des LTCM-Hedgefonds im Jahr 1998 und der 50-Milliarden-Anlegerbetrug des Hedgefondsinitiators Bernard Madoff zehn Jahre später.

Das Fondsvermögen ist nicht nur absolut undurchschaubar zusammengesetzt, sondern es kommen noch horrende Gebühren für das Fondsmanagement dazu, deren Höhe die Gebühren von klassischen Aktien- oder Rentenfonds meist um ein Vielfaches übersteigt. Überdies haben die vergangenen Jahre gezeigt, dass ein großer Teil der für Privatanleger zugänglichen Hedgefonds mit enttäuschenden Renditen vor sich hindümpelt. Den Hedgefonds ist es bisher nicht gelungen, die Risikobereitschaft ihrer privaten Investoren mit angemessenen Gewinnen zu honorieren.

Undurchschaubare Zertifikate

Während Index- oder Discountzertifikate verhältnismäßig klar und vergleichbar sind, bieten die Banken auch jede Menge exotische Papiere an – und diese sind oftmals undurchschaubar. Verlustbegrenzungen werden gegen gedeckelte Gewinnchancen geboten, risikofreudige Spekulanten können mithilfe von Zertifikaten die Wertentwicklung des Basiswerts hebeln, oder man erhält am Ende der Laufzeit die schlechteste Aktie aus einer Auswahl von fünf Einzeltiteln zurück.

So unterschiedlich die Konstruktionen sind, eins ist ihnen gemeinsam: Um abzuschätzen, ob dem Anleger ein faires Verhältnis von Chance und Risiko geboten wird, müssen hoch komplizierte Rechenformeln angewendet werden. Das ist natürlich die perfekte Rahmenbedingung für die Bank, um verdeckt eine immense Gewinnspanne für sich in die Papiere hineinzumogeln.

Nun ließe sich hier eine lange Liste mit wenig empfehlenswerten Zertifikatetypen aufstellen. Doch diese wäre schon bald veraltet, weil die Banken immer neue Varianten erfinden oder sie einschlägig bekannte Papiere einfach umbenennen. Damit bleibt das Discountzertifikat (Beschreibung siehe Seite 122) als einzige sinnvolle Variante übrig, weil in diesem Segment der Wettbewerb groß ist und die Banken kaum Chancen haben, überhöhte Margen zu verstecken.

Auch Indexzertifikate scheinen aufgrund ihrer transparenten Konstruktion nicht unattraktiv. Doch seit es am Markt kostengünstige passive Fonds – die bereits erwähnten Exchange Traded Funds (ETF) – gibt, sind Indexzertifikate nur noch wenig sinnvoll.

Tipp: Hände weg von Exoten

Alle Zertifikatetypen, die eine exotische oder komplizierte Mischung enthalten, sind überflüssig.

Fondsgebundene Versicherungen

So funktionieren fondsgebundene Versicherungen

Nicht zu vergleichen mit der klassischen Lebens- oder Rentenversicherung sind fondsgebundene Versicherungen. Hier fließt Ihre Sparrate nach Abzug von Verwaltungskosten in einen oder mehrere Investmentfonds. Bei der fondsgebundenen Lebensversicherung wird darüber hinaus noch eine Risikolebensversicherung eingebaut, bei der Rentenversicherung ist die Versicherung praktisch einem Fondssparplan gleichzusetzen. Je nach Anbieter haben Sie die Wahl zwischen unterschiedlichen Risikostrukturen, meist verbunden mit der Möglichkeit, während der Laufzeit das bereits angesparte Guthaben in andere Investmentfonds umzuschichten. Auf diese Weise können Sie beispielsweise in den letzten Jahren vor dem Ablauf der Police Ihr Kapital durch Umschichtung in Rentenfonds vor starken Börsenschwankungen schützen.

Ob die fondsgebundene Lebens- oder Rentenversicherung die oft angepriesene optimale Lösung für den modernen Anleger ist, steht auf einem ganz anderen Blatt. Bemängelt wird vor allem, dass sich Anleger über Jahrzehnte hinweg an einen starren Sparplan binden müssen, der ihnen kaum Spielraum für Veränderungen in der Finanzplanung lässt. Wenn Sie direkt in Aktienfonds investieren, können Sie bei Bedarf nach guten Börsenjahren flexibel auf Ihr Kapital zugreifen – das ist bei Versicherungssparplänen zumindest ohne Einbußen nicht möglich.

Besonders gern werden die fondsgebundenen Versicherungen vor allem deshalb angeboten, weil der Vermittler die Provision für den gesamten Sparplan gleich am Beginn erhält, während bei herkömmlichen Fondssparplänen die Vermittlungsprovisionen erst nach und nach mit den einzelnen Einzahlungsraten fließen. Die hohe Kostenbelastung bei Vertragsabschluss führt bei Versicherungen dazu, dass bei einer Kündigung in den Anfangsjahren oft nur ein kleiner Bruchteil der Einzahlungen übrig ist, selbst wenn die Wertentwicklung der in der Versicherung enthaltenen Fonds positiv war.

Tipp: So ermitteln Sie die tatsächlichen Kosten

Wie hoch die internen Kosten bei einer fondsgebundenen Versicherung tatsächlich sind, können Sie ermitteln, indem Sie bei einer einheitlichen Fondsrendite die Ablaufleistungen vergleichen. Je höher die Ablaufleistung, desto niedriger sind die Kostenansätze der Versicherer.

Eins der Hauptargumente für die Verkäufer von fondsgebundenen Lebens- oder Rentenversicherungen ist der steuerliche Vorteil für den Anleger. Läuft die Versicherung über mindestens zwölf Jahre und erfolgt die Auszahlung der Ablaufleistung nach dem 60. Geburtstag, dann sind die enthaltenen Gewinne nur zur Hälfte steuerpflichtig. Dabei fällt jedoch nicht die 25-prozentige Abgeltungsteuer an, sondern der möglicherweise deutlich höhere persönliche Steuersatz.

Bei der fondsgebundenen Lebensversicherung erfolgt die Auszahlung bei Fälligkeit in einer Summe, bei der Rentenversicherung können Sie in der Regel zum Stichtag wählen, ob Sie das Kapitalwahlrecht ausüben oder die Rente abrufen. Wählen Sie die Abfindung, werden die Fondsanteile zu diesem bestimmten Stichtag verkauft. Egal, wie hoch oder niedrig der Anteilswert gerade ist. Dies könnte im schlimmsten Fall eine zuvor positive Rendite zunichtemachen.

Versicherungen bieten zwei Lösungen:

- Sie können sich die Fondsanteile auf ein Investmentkonto übertragen lassen und dann irgendwann selbst bestimmen, wann Sie die Anteile verkaufen.
- Die Versicherung bietet eine variable Abrufphase von zum Beispiel fünf Jahren, innerhalb derer Sie den Auszahlungstermin bestimmen können.

Bei beiden Möglichkeiten wird klar: Sie müssen sich selbst darum kümmern, einen geeigneten Ausstiegszeitpunkt zu erwischen!

Das möchte Ihnen Ihr Finanzberater verkaufen

Seit Einführung der Abgeltungsteuer haben fondsgebundene Versicherungen im Vergleich zu reinen Fondssparplänen einen steuerlichen Vorteil: Kursgewinne bei einem Fondssparplan sind in voller Höhe steuerpflichtig, die Erträge in der Ablaufleistung einer Versicherung hingegen nur zur Hälfte (→ Kapitel 1, „Basiswissen Geldanlage“, ab Seite 9). Doch leider sind bei sehr vielen dieser Versicherungen die Kosten so hoch, dass der Steuervorteil aufgezehrt wird. Es gilt also genau hinzuschauen, statt sich durch Steuervorteile blenden zu lassen.

> **Beispiel:**
>
> Eine mit 100 Euro besparte fondsgebundene Versicherung erbringt nach 30 Jahren bei 6 Prozent Fondsrendite eine Ablaufleistung ohne Überschüsse von rund 91.000 Euro bei den sehr guten Anbietern und nur 64.000 Euro bei sehr teuren Anbietern. Das ist ein Unterschied von knapp 30 Prozent! Mit Überschüssen sieht es nicht viel besser aus: 94.752 Euro bei guten und 73.309 Euro bei schlechten Anbietern.

So könnte es besser gehen

Die Alternative zu einer fondsgebundenen Rentenversicherung ist ein einfacher Investmentfonds-Sparplan. Müsste im Gegensatz zur Versicherung beim Fondskauf jeweils der volle Ausgabeaufschlag bezahlt werden, so kommt nach 30 Jahren ein Kapital in Höhe von 93.289 Euro zur Auszahlung. Bespart man den Fonds bei einem günstigen Anbieter mit 50 Prozent Rabatt auf den Ausgabeaufschlag so steigt die Auszahlung auf 95.502 Euro. In der Betrachtung vor Steuern hat damit der Fondssparplan die Nase vorn. Das verdeutlicht die enorme Kostenbelastung der Versicherungen.

Doch dieser Nachteil kann womöglich durch das Steuerprivileg für Versicherungen wieder ausgeglichen werden. Bei den Spitzenanbietern einer fondsgebundenen Rentenversicherung bleiben nach Steuern 86.179 Euro übrig. Beim Fondssparplan verbleiben nach Abzug der Abgeltungsteuer 79.066 Euro.

Fazit: Die fondsgebundene Rentenversicherung kann also durch den Steuervorteil einen Fondssparplan schlagen. Dies aber nur, wenn es sich um eine sehr kostengünstige Versicherung handelt. Bei einem Vergleich von 112 Anbietern erreichen nur 29 Anbieter eine höhere Auszahlung nach Steuern als beim Fondssparplan. Das ist gerade mal ein Viertel aller Anbieter. Bei allen anderen übersteigen die

Kosten den Steuervorteil. Es ist also größte Sorgfalt bei der Auswahl anzuraten!

Checkliste: Bewertung einer fondsgebundenen Versicherung

- ☐ Welche und wie viele Fonds stehen für die Besparung zur Verfügung?
- ☐ Sind auch kostengünstige Indexfonds dabei?
- ☐ Wie gut haben die angebotenen Fonds im Vergleich zu anderen Investmentfonds mit gleicher Ausrichtung in der Vergangenheit abgeschnitten?
- ☐ Können die zu besparenden Fonds gewechselt werden (sogenannte Switches)?
- ☐ Kann der Sparbetrag auf mehrere Fonds aufgeteilt werden?
- ☐ Wie viele Switches sind pro Jahr kostenlos?
- ☐ Welche Kosten entstehen für Switches?
- ☐ Kann das angesparte Vermögen in andere Fonds umgeschichtet werden („Shift“)?
- ☐ Schichtet die Fondsgesellschaft das Vermögen in den letzten Jahren automatisch in sichere Fonds um („automatisches Ablaufmanagement“)?
- ☐ Kostet das Ablaufmanagement extra?
- ☐ Gibt es eine variable Abrufphase oder ist die Versicherung an einem festen Stichtag fällig?
- ☐ Ist das Fondsvermögen auch als Investmentkonto auszahlbar?
- ☐ Passt der Todesfallschutz in der Anspar- und Rentenphase zu Ihrer Lebenssituation?

Ist es Ihnen zu umständlich, sich mit diesen Fragen auseinanderzusetzen, gibt es nur eine Konsequenz: Eine fondsgebundene Versicherung kommt für Sie nicht infrage.

Tipp: Durchhalten zahlt sich aus

Eine fondsgebundene Rentenversicherung hat nur dann die Chance auf attraktive Rendite, wenn Sie sie wirklich bis zum Ende durchhalten. Wählen Sie daher die Laufzeit und die Prämienhöhe mit Bedacht. Und: Die Fondspalette ist entscheidend. Nur wenn die Versicherung Ihnen Topfonds anbietet und zugleich kostengünstig arbeitet, ist dieses Sparprodukt attraktiv.

Wenn Sie womöglich eine bestehende fondsgebundene Versicherung haben und damit hadern, muss man genau prüfen, was zu tun ist. Hier muss für jeden Einzelfall individuell entschieden werden. Ehe Sie vorschnell über eine verlustreiche Kündigung oder Beitragsfreistellung nachdenken, ist zu prüfen, ob nicht vielleicht ein Tausch der zu besparenden Fonds infrage kommt. Dazu fordern Sie am besten von der Versicherung eine Übersicht der angebotenen Fonds an. Sollte sich daraus keine attraktive Alternative ergeben, können Sie noch immer über eine Ratensenkung, Beitragsfreistellung oder den Rückkauf nachdenken. Hilfestellungen bei der Bewertung der Handlungsmöglichkeiten bietet die Versicherungsberatung der Verbraucherzentralen (Adressen → Seite 262 f.).

Geschlossene Fonds

» So funktionieren geschlossene Fonds

Sogenannte geschlossene Fonds sind unternehmerische Beteiligungsmodelle, bei denen für ein bestimmtes Investitionsprojekt Geldgeber geworben werden. Wenn die erforderliche Summe hereingeholt wird, dann wird vom Fondsinitiator der Fonds geschlossen und die Investitionen beginnen. Eine Kontrolle durch staatliche Aufsichtsbehörden wie bei Investmentfonds oder Banken gibt es für die Initiatoren geschlossener Fonds nicht.

Auch wenn es in diesem unübersichtlichen Markt seriöse und solide kalkulierte Angebote gibt, so ist die Gefahr groß, dass Sie einem unseriösen Initiator auf den Leim gehen. Das verdeutlichen zahlreiche Schadenersatzprozesse nach Fondspleiten, etwa im Bereich der sogenannten Schrottimmobilien, bei denen überteuerte Immobilien durch dubiose Fondskonstruktionen schöngerechnet wurden.

Mit der Zeichnung der Fondsanteile tritt der Anleger als Gesellschafter einem Unternehmen bei. Gängige Rechtsformen sind Gesellschaften bürgerlichen Rechts (GbR) sowie Kommanditgesellschaften, bei denen der Investor als Kommanditist fungiert. Ebenfalls häufig anzutreffen ist der Eintritt als „stiller Gesellschafter" in ein Unternehmen, dessen Rechtsposition eher der eines Kreditgebers als derjenigen des Mitunternehmers gleicht.

Die Anleger binden sich meist über 10 bis 15 Jahre an die Beteiligung. Nach Ablauf der Frist wird üblicherweise das Investitionsobjekt veräußert und der Erlös auf die Fondsteilhaber aufgeteilt. Eine vorzeitige Rückgabe der Fondsanteile ist nicht vorgesehen.

Geschlossene Fonds bilden keinen einheitlichen Markt, sondern können je nach Investitionsziel sehr unterschiedlich konzipiert sein. Hier ein kurzer Überblick über die gängigsten Fondsinhalte:

Immobilien: Bei dieser Fondskonstruktion fließt das Geld der Anleger in eine oder mehrere Großimmobilien. Im Gegensatz zu offenen Immobilienfonds erfolgt jedoch keine breite Streuung – vor allem deshalb, weil das eingesammelte Kapital viel geringer ist als bei offenen Immobilienfonds. Je nach Fondsstrategie kann es sich um Immobilien im Inland oder Ausland handeln, die Art der Nutzung reicht von Wohn- und Büroimmobilien über Hotels und Einkaufszentren bis hin zu Logistikimmobilien.

Schiffe: Hier investieren die Anleger in Schiffe, wobei es sich meist um Containerschiffe oder Tanker handelt. Die Schiffe werden dann an eine Chartergesellschaft weitervermietet, und nach Abzug der Betriebs- und Verwaltungskosten wird die Charterrate unter den Anlegern aufgeteilt.

Erneuerbare Energien: Investitionsziel sind meist Windkraftwerke oder große Fotovoltaik-Anlagen. Die Energieversorger bieten zwar meist fest kalkulierbare Einspeisungspreise, doch können die Erträge je nach Sonnen- bzw. Windintensität stark schwanken, und auch bei den Wartungskosten brachte so mancher Fonds seinen Investoren schon unangenehme Überraschungen.

Private Equity: Hinter diesem Fachbegriff verbirgt sich die Investition in nicht börsennotierte, meist mittelständische Unternehmen. Die Risiken sind bei solchen Beteiligungsmodellen in der Regel sehr hoch, weil der unternehmerische Erfolg stark schwanken kann. Zusätzliche Risiken kommen hinzu, wenn über einen solchen Fonds Forschungs- und Entwicklungsvorhaben von noch jungen Firmen finanziert werden.

Leasing: Bei Leasingfonds werden die Investoren Eigentümer von Wirtschaftsgütern, die an unternehmerische Nutzer verleast werden. Die Palette erstreckt sich dabei über unterschiedliche Güter wie Flugzeuge, Eisenbahnwaggons, Transportcontainer oder Fahrzeugflotten von Autovermietern.

Bis vor wenigen Jahren galten geschlossene Fonds als „Steuersparmodelle", weil wegen hoher Verlustzuweisungen Gutverdienende in manchen Fällen die Hälfte der Investitionssumme im Jahr des Erwerbs vom Finanzamt in Form einer Steuerrückzahlung zurückholen konnten. Nachdem der Fiskus in den vergangenen Jahren jedoch die meisten Steuerschlupflöcher gestopft hat, ist die steuerliche Komponente immer mehr in den Hintergrund getreten. Mit Einschränkungen können heute noch Auslandsimmobilienfonds und Schiffsfonds als steuerschonende Anlage bezeichnet werden, weil hier ein großer Teil der Erträge steuerfrei bzw. zu niedrigen Steuersätzen ausgeschüttet wird.

Wichtig!

Die Risiken, die Anleger bei solchen Modellen eingehen, sind groß. Die jährlichen Ausschüttungen sind zwar prospektiert – aber ohne jegliche Garantie. Reduzierte oder sogar ausgefallene Zahlungen sind in diesem Anlagesegment keine Seltenheit. Nicht zu vernachlässigen ist auch das konkrete Verlustrisiko. Ob sich das Investment rentiert hat, weiß man letztlich erst bei der Liquidation am Schluss – und da hat sich schon des Öfteren gezeigt, dass ein großer Teil der ursprünglichen Anlagesumme in den Wind geschrieben werden musste.

Beachten Sie außerdem, dass das einmal investierte Kapital meist bis zum Laufzeitende nicht verfügbar ist. Beruhigt werden die Anleger zwar häufig damit, dass es einen Zweitmarkt gibt, auf dem Anteile an geschlossenen Fonds gehandelt werden. Aber ob es einen Gegenpart auf dem Zweitmarkt gibt, der Ihre Anteile aufkaufen will – und zu welchem Preis – bleibt völlig offen.

Tipp: Bedenken Sie, wem geschlossene Fonds nutzen

Geschlossene Fonds sind hochprovisionierte Produkte und daher auf Verkäuferseite sehr beliebt. Dies sollten Sie immer im Hinterkopf haben, wenn Ihnen Ihr Berater von solchen Produkten vorschwärmt.

Außerbörsliche Wertpapiere

Aktien, Genussscheine und Anleihen werden zuweilen auch außerhalb der Börse über Finanzvermittler oder in der Direktvermarktung angeboten. Hier ist äußerste Vorsicht geboten, denn bei den Herausgebern solcher Wertpapiere handelt es sich oft um kleinere, wenig finanzstarke und intransparente Unternehmen.

Da es keine Börsennotierung gibt, haben Sie kaum eine Chance, die Wertpapiere zu verkaufen, wenn Sie von der Zukunftsfähigkeit des Unternehmens nicht mehr überzeugt sind. Zwar werden Aktien außerbörslich bei kleinen Privatmaklern im sogenannten Telefonhandel gekauft und veräußert, doch ist das Angebot oft weitaus größer als die Nachfrage. Das hat zur Folge, dass Sie unter Umständen wochenlang auf einen Käufer warten müssen – und bis dahin kann im schlimmsten Fall das Unternehmen schon pleite und die Aktie wertlos sein.

Bei privat vermarkteten Anleihen und Genussscheinen ist eine Rückgabe oder Veräußerung vor Fälligkeit überhaupt nicht vorgesehen. Damit binden sich die Anleger wie bei einem Sparbrief über die gesamte Laufzeit – allerdings mit dem Unterschied, dass im Insolvenzfall keine Einlagensicherung greift und meist nicht einmal ein Rating zur Finanzkraft des Unternehmens vorliegt. Der Anleger muss sich mit einem Hochglanzprospekt, vollmundigen Werbesprüchen und dürftigen Bilanzfakten zufriedengeben und hoffen, dass bis zur Fälligkeit der Papiere das Unternehmen noch besteht.

Diese Hoffnung wurde schon mehrfach bitter enttäuscht, wie die kleine Liste der Anleihenpleitiers zeigt:

2005: VermögensGarant AG
2006: Wohnungsbaugesellschaft Leipzig-West AG
2006: DM Beteiligungen AG
2007: First Real Estate AG
2008: EECH AG
2011: Solar Millenium AG

Der Schaden für die Inhaber von Anleihen dieser Unternehmen summierte sich insgesamt auf einen hohen dreistelligen Millionenbetrag.

Wovor Sie sich außerdem noch hüten sollten

Wenn es darum geht, arglose Anleger über den Tisch zu ziehen, scheint die Kreativität unseriöser Finanzanbieter grenzenlos zu sein. Kaum ist ein Anlageskandal öffentlich geworden, tummeln sich schon neue Anbieter mit kaum solideren Offerten auf dem Markt. Ohne Anspruch auf Vollständigkeit lesen Sie auf den folgenden Seiten eine Liste von „Kapitalanlagen“, bei denen Sie mit hoher Wahrscheinlichkeit Ihr Geld nicht mehr wiedersehen.

Bankgarantien

Alle paar Jahre wieder geistern Bankgarantien oder „Letters of Credit“ durch den Grauen Kapitalmarkt. Die Verkäufer beschreiben die Anlage wie folgt: Zur Absicherung von großen Geschäften stellen Banken Garantien aus, die zumeist mit den englischen Fachbegriffen SLC (Standby Letters of Credit), PBN (Prime Bank Promissory Notes) oder PBG (Prime Bank Guarantees) bezeichnet werden. Mit diesen Papieren dürfen die Banken allerdings selbst nicht handeln. Daher werden Makler zum Verkauf der Papiere eingeschaltet. Die Schnelligkeit der Transaktionen und das geringe Aufgeld, mit dem die Papiere weiterverkauft werden, ermöglichen angeblich hohe Renditen. Ausdrücklich wird immer wieder die Sicherheit dieser Geschäfte betont. Es handle sich nur um Papiere von „Prime Banks“ (Banken mit gutem Ruf). Damit sei diese Anlage zu hundert Prozent abgesichert.

Wichtig!

Das sind Lügengeschichten – denn in Wirklichkeit gibt es keinen Handel mit Bankgarantien. Es gibt zwar Garantien in Form von Bankbürgschaften, doch diese lassen sich nicht über irgendeinen Makler auf andere Banken oder gar Privatleute übertragen. Die eindrucksvollen Dokumente sind schlichtweg gefälscht, die „Treuhandkonten“ sind nur Zwischenstationen zur Umbuchung des Gelds in irgendeine „Bananenrepublik“, und das Geld der Anleger verschwindet im Nirwana.

Termingeschäfte

Vermittler von Börsentermingeschäften gelten als besonders aggressive Verkäufer. Per Anruf – angeblich direkt von der Börse – werden Verbraucher dazu gedrängt, eine angeblich einmalige Spekulationschance zu nutzen. Als Anlageformen werden häufig hoch spekulative Options- und Termingeschäfte angeboten, bei denen durch die Ausnutzung von Kursverschiebungen an den internationalen Börsen innerhalb kürzester Zeit hohe Gewinne erzielt werden sollen. Gegenstand des Handels können sowohl bestimmte Rohstoffe oder Waren – wie Kupfer, Kaffee oder die bekannten „Schweinehälften an der Chicagoer Börse" – als auch Währungsbeträge oder Wertpapiere sein. Man spricht deshalb auch von Warentermingeschäften und Finanztermingeschäften. Unabhängig davon, um welche Art von Börsenwetten es sich handelt, enden solche Geschäfte meist mit dem Totalverlust.

Timesharing

Vor allem rund ums Mittelmeer sind häufig unseriöse Anbieter von Timesharing-Verträgen unterwegs. Die Masche ist immer dieselbe: Ein Gewinnspiel wird am Strand veranstaltet, Sie ziehen natürlich den Hauptgewinn und sollen sich einige Zeit später von einem Taxi abholen lassen, das Sie zum Ort der Gewinnübergabe bringt. Doch dort gibt es erst einmal ein Verkaufsgespräch, in dem man Ihnen eine Ferienwohnung auf Teilzeitbasis schmackhaft machen will. Mit der Unterzeichnung des Vertrags wird ein Nutzungsrecht an einer Ferienwohnung oder einem Appartement pro Jahr für eine Woche oder 14 Tage erworben, wobei die konkreten Nutzungszeiten zumeist mit anderen „Miteigentümern" abgestimmt werden müssen. Je nach Anbieter handelt es sich dabei um gemeinschaftliches Wohneigentum, Aktien am Betreiberunternehmen oder eine Clubmitgliedschaft. Sofern die beworbene Ferienanlage überhaupt existiert, ist die Ferienwohnung auf Teilzeitbasis dennoch alles andere als ein gutes Geschäft. So sind die Einstiegskosten von oftmals mehreren zehntausend Euro völlig überteuert, zumal der Eigentümer die Anreise selbst finanzieren muss. Dazu kommen noch jede Menge laufende Kosten für Reinigung, Instandhaltung und Verwaltung – alles in allem nur für die Verkäufer ein gewinnbringendes Geschäft.

Anlagediamanten

Immer wieder versuchen halbseidene Finanzanbieter, Anleger in das Diamanteninvestment zu locken. Verheißen werden dabei Wertstabilität und eine vermeintlich erstklassige Ersatzwährung in Krisenzeiten. Doch selbst wenn es sich um Qualitätsdiamanten handeln sollte, ist ein späterer Verkauf oft mit Verlusten verbunden, da Juweliere Edelsteine nur mit Einkäuferabschlag erwerben. Meistens kommt es aber noch schlimmer, weil sich die fachlich unbedarften Anleger auf die Angaben unseriöser Anbieter verlassen und statt des aufgeschwatzten Diamanten in Topqualität einen minderwertigen Stein erworben haben – und solche drittklassigen Diamanten bringen beim Verkauf allenfalls einen Bruchteil des völlig überhöhten Kaufpreises.

Schneeballsysteme

Renditen von 50 Prozent im Jahr oder sogar noch mehr – das versprechen Anbieter von Schneeballsystemen. Die Masche ist ebenso einfach wie kriminell: Die zur Auszahlung kommenden hohen Renditen der Altkunden werden größtenteils aus den Einzahlungen der Neukunden gespeist. Das funktioniert, solange die Zahl der Neukunden Tag für Tag wächst. Doch beim ersten Wachstumsknick bricht das System zusammen, weil die Einzahlungen neuer Anleger nicht mehr für die Auszahlung der vermeintlichen Gewinne reichen. Doch wenn es so weit ist, dann sind die Anlagebetrüger meist mit den kassierten Abschlussprovisionen und dem verbliebenen Anlagekapital über alle Berge. Zurück bleiben die arglosen Verkäufer, die häufig auch noch ihre Freunde und Verwandten um deren Ersparnisse gebracht haben und sich nun mit den rechtlichen Konsequenzen auseinandersetzen müssen. Oft sind die Verkäufer selbst ebenso geschädigt, weil sie hohe Summen eigenen Gelds in das scheinbar todsichere System gesteckt haben.

Typische Maschen unseriöser Verkäufer

Ein wichtiges Erkennungszeichen für unseriöse Angebote ist die praktizierte Vertriebsform. In der Regel wird der erste Kontakt telefonisch hergestellt. Diese Form der Kundenansprache ist zwar gesetzlich verboten, wenn sie nicht mit dem ausdrücklichen Einverständnis des Kunden erfolgt, die meisten Verkäufer scheren sich allerdings in keiner Weise darum.

Besonders aggressiv treten nach den Erfahrungen der Verbraucherverbände die Verkäufer von Options- oder Termingeschäften auf. Da kann es Ihnen durchaus passieren, dass ein Unbekannter am Telefon Sie plötzlich mit der Frage überrascht, ob Ihnen klar ist, dass Sie in den vergangenen Wochen 5.000 Euro verloren haben. Ihre Verwirrung löst der Anrufer dann auf, indem er Ihnen erzählt, Sie hätten das Geld gewinnen können, wenn Sie ein bestimmtes Anlagegeschäft mit seiner Firma – die häufig einen klangvollen englischen Namen aufweist – getätigt hätten. So versucht man, die oft wahllos aus dem Telefonbuch herausgegriffene potenzielle Kundschaft neugierig zu machen.

Wichtig!

Die einzige Qualifikation, die solche Verkäufer aufzuweisen haben, ist in der Regel eine Schulung zu psychologischen Tricks, mit denen man Kunden herumkriegen kann. Dies bestätigen auch die Fälle, in denen die Kriminalpolizei solche Betrügerfirmen ausgehoben hat. Die festgenommenen Mitarbeiter stammten meist entweder aus völlig branchenfremden Berufen, oder es handelte sich um Ungelernte, Arbeitslose oder Kriminelle, die von den verkauften Optionsgeschäften nicht die geringste Ahnung hatten.

Dass in solchen Fällen in der Regel dennoch mehrstellige Millionenschäden zu beklagen waren, spricht für die „Verkaufsqualitäten" dieser Mitarbeiter. Deren Tätigkeit spielt sich meist ausschließlich am Telefon ab. Hat ein Opfer erst einmal angebissen, muss es einen Geldbetrag von einigen Tausend Euro auf ein bestimmtes Konto überweisen. Nach diesem Einstiegsgeschäft beginnt häufig aber erst der richtige Telefonterror. Man bearbeitet den Kunden so lange, bis er weitere Beträge einzahlt und womöglich sogar Kredite dafür aufnimmt. Ist bei ihm nichts mehr zu holen, bricht der Telefonkontakt meist sehr schnell ab und der Verkäufer ist bei Nachfragen in der Anlagefirma nicht mehr erreichbar.

» Strukturvertriebe

Eine weitere Vertriebsschiene, die für den Verkauf unseriöser Geldanlageangebote genutzt wird, ist der sogenannte Strukturvertrieb, der von seinen Vertretern gern neudeutsch als „Network Marketing" bezeichnet wird. Es handelt sich hierbei um Vertriebsorganisationen, die streng hierarchisch aufgebaut sind. Innerhalb der Hierarchie gilt das Prinzip: „Je weiter oben man steht, desto mehr lässt sich verdienen." Das Fußvolk der haupt- und nebenberuflichen Verkäufer kommt bei diesem Geschäft mit recht bescheidenen Provisionen am schlechtesten weg und muss deshalb entsprechend hohe Umsätze machen, um davon überhaupt leben zu können.

Oft wird auch versucht, die Kunden gleich als nebenberufliche Mitarbeiter zu gewinnen. Gelockt wird dabei vor allem mit angeblich möglichen Spitzenverdiensten und der Aussicht auf die Einnahme einer Führungsposition im Unternehmen. In den dann erfolgenden Schulungen wird alles unternommen, um möglichst viele Kundenadressen zu bekommen. Eine häufig gestellte Aufgabe in solchen Seminaren besteht daher darin, dass die neuen Mitarbeiter zunächst einmal die Namen aller Bekannten und Verwandten aufschreiben sollen, die für eine „Beratung" infrage kommen könnten. Diese werden später von den Verkäufern abgegrast, wobei der Neueinsteiger entweder den Kontakt zwischen Bekannten und Anbieter selbst herstellt oder der

Hinweis auf eine mit ihm bestehende Geschäftsbeziehung als Türöffner dient.

In diesem Zusammenhang können Sie auch beobachten, dass eine Ihnen bekannte Person, die bisher zum Beispiel als Handwerker oder einfache Angestellte tätig war und keine besonderen Kenntnisse in Finanzangelegenheiten aufwies, innerhalb kürzester Zeit zum „Vermögensberater" oder „Anlageberater" wird.

Wichtig!

Den meisten Anlegern ist nicht bekannt, dass es sich hierbei um eine bis jetzt nicht geschützte Berufsbezeichnung handelt und sich somit im Prinzip jeder so nennen kann, ohne irgendwelche Konsequenzen fürchten zu müssen. Eine Beratung in finanziellen Fragen, die diese Bezeichnung tatsächlich verdient, erfordert dagegen vom Berater eine fundierte Ausbildung sowie möglichst langjährige Erfahrungen. Eine von den meisten Strukturvertrieben praktizierte, hauptsächlich auf den schnellen Verkaufserfolg ausgerichtete Schnellausbildung vermittelt solche Fachkenntnisse nicht.

Tipp: Nur Profis beauftragen

Da Sie wohl auch kaum eine komplizierte Elektroinstallation von einem in Schnellkursen angelernten Bankkaufmann durchführen lassen würden, sollten Sie konsequenterweise Ihre Geldangelegenheiten auch nicht in die Hände solcher schlecht ausgebildeten Anlagevermittler legen.

Auch wenn Ihnen der Vermittler glaubhaft nachweist, dass er selbst sein Geld in die angebotene Anlageform investiert hat, spricht das nicht unbedingt für ein seriöses Angebot. Oftmals sind die nichtsahnenden Verkäufer selbst den Betrügern aufgesessen und werden von ihnen als Werkzeug für weitere Geschäfte missbraucht. Da sie von dem, was sie anbieten, absolut überzeugt sind und deshalb Gewissensbisse den Verkauf nicht behindern können, sind solche Mitarbeiter für die Betreiber des Strukturvertriebs besonders wertvoll.

An dieser Stelle setzt auch die Verkaufsmethode an, neue Anleger durch den gezielten Einsatz von Lockvögeln zu gewinnen: Man sucht sich einen Kunden mit möglichst großem und wohlhabendem Bekanntenkreis, dem die angebotene Anlageform aufgeschwatzt wird. In der Folgezeit zahlt der Betreiber dann tatsächlich die in Aussicht gestellten hohen Erträge. Den Rest besorgt das Stammtischgespräch. Der Kunde gibt den heißen Tipp an seine Freunde und Bekannten weiter, die natürlich ebenfalls einsteigen. Hat die Anlagefirma genug eingesammelt, setzen sich die Betreiber ab und hinterlassen die geprellte Kundschaft.

So prüfen Sie die Seriosität eines Anlageangebots

Damit nicht auch Sie dubiosen Anbietern auf den Leim gehen, hier einige Fragen, mit denen Sie die Seriosität der Unternehmen prüfen können.

■ Wie wurde der erste Kontakt hergestellt?

Kein seriöser Anbieter von Finanzdienstleistungen wird unaufgefordert telefonisch Kontakt zu Ihnen aufnehmen. Legen Sie Ihr Geld nie bei einer Firma oder Institution an, die sich bei Ihnen unaufgefordert telefonisch gemeldet hat.

■ Wie hoch ist die versprochene Rendite?

Nehmen Sie die aktuelle Verzinsung zehnjähriger Bundesanleihen als Maßstab. Diese erfahren Sie aus den Wirtschaftsteilen überregionaler Tageszeitungen und bei jedem Kreditinstitut. Liegt die versprochene Rendite höher, ist die Anlage auch riskanter. Renditen von 10 Prozent und mehr jährlich sind – wenn überhaupt – in aller Regel nur mit hoch spekulativen Anlageformen erzielbar, bei denen Sie jederzeit mit einem Teil- oder Totalverlust des Anlagebetrags rechnen müssen.

■ Wer ist der Anbieter?

Hochglanzprospekte und repräsentative Büroräume sind häufig nur Blendwerk. Auch professionell klingende Berufsbezeichnungen wie „Finanzberater" oder „Vermögensberater" sind mit Vorsicht zu genießen. Überprüfen Sie unbedingt den Anbieter. Einschlägige Informationen finden Sie in Wirtschaftsmagazinen wie *Finanztest* oder bei den Verbraucherzentralen.

- **Wo ist der Geschäftssitz des Anbieters?**

Unseriöse Anbieter lassen sich mit Vorliebe an exotischen Plätzen nieder. Oftmals findet sich am offiziellen Firmensitz allerdings nicht mehr als ein Briefkasten. Wenn der Geschäftssitz im Ausland liegt, sollten bei Ihnen die Alarmglocken schrillen.

- **Wird Ihnen ein kleines Geschäft zum Einstieg angeboten?**

Der Trick ist einfach: Zum Einstieg wird Ihnen ein Geschäft mit minimalem Betrag angeboten. Damit sollen Sie die Leistungsfähigkeit des Anbieters testen. Dieses Erstgeschäft verläuft natürlich immer positiv. Wenn Sie dann Vertrauen gefasst haben und richtig einsteigen, werden Sie gnadenlos abgezockt.

- **Werden Sie unter Zeitdruck gesetzt?**

Anlageentscheidungen sollten immer in Ruhe getroffen werden. Bei unseriösen Angeboten gibt es eigentlich nur einen, der unter Zeitdruck steht: der Anbieter. Er muss aus einem Kunden möglichst viel Geld in möglichst kurzer Zeit herauspressen. Lassen Sie sich bei Geldanlagegeschäften nie unter Zeitdruck setzen.

- **Lauert die Schwarzgeldfalle?**

Wer Ihnen augenzwinkernd ganz tolle Angebote „schwarz und steuerfrei" offeriert, könnte Sie – wenn Sie darauf eingehen – später einmal erpressen. Machen Sie sich nicht erpressbar; Steuerehrlichkeit erspart Ihnen schlaflose Nächte.

8

Sparen mit staatlicher Förderung

Um angesichts sinkender Leistungen der gesetzlichen Rentenkassen die Bürgerinnen und Bürger zur Bildung von eigenem Vorsorgekapital zu motivieren, fördert Vater Staat die private und betriebliche Altersvorsorge mit Zuschüssen und Steuervorteilen. Vorteilhaft für Anleger ist, dass die für die geförderte Altersvorsorge zugelassenen Anlageprodukte – mit Ausnahme des Rürup-Fondssparens – zum Renteneintritt gegen Verluste geschützt sind. Überdies muss für die Gewinne keine Abgeltungsteuer entrichtet werden.

Allerdings holt sich der Fiskus bei der Auszahlung im Rentenalter zumindest einen Teil der gewährten Vorteile wieder zurück. Denn: Einkünfte aus Riester-Rente und betrieblicher Altersvorsorge sind im Rentenalter in voller Höhe zu versteuern, und Einkünfte aus der Rürup-Rente werden wie gesetzliche Renteneinkünfte versteuert.

Weniger für die Altersvorsorge als vielmehr für die freie oder zielgerichtete Vermögensbildung geeignet ist das Sparen in Form von vermögenswirksamen Leistungen (vL), das je nach Einkommen und eingesetzter Anlageform unterschiedlich gefördert wird.

Riester-Rente

Das Riester-Sparen ist in erster Linie für Arbeitnehmer gedacht. Allerdings ist der Kreis der Förderberechtigten über die klassische Voll- oder Teilzeitanstellung erweitert. Zum Kreis der förderungswürdigen Personen zählen nämlich auch Empfänger von sogenannten Lohnersatzleistungen. Darunter fallen Krankengeld, Arbeitslosengeld I und Arbeitslosengeld II. Auch Eltern, die Erziehungsurlaub bis zum 3. Lebensjahr des

Kindes in Anspruch nehmen, geringfügig Beschäftigte, die eigene Beiträge in die gesetzliche Rentenversicherung leisten, sowie Wehr- und Zivildienstleistende zählen laut Rentenreform zu den Geförderten. Sogar Selbstständige werden in Ausnahmefällen gefördert – so etwa Handwerker oder Landwirte, die in der gesetzlichen Rentenversicherung pflichtversichert sind, oder Künstler, Grafiker, Schriftsteller etc., die in der Künstlersozialkasse (KSK) pflichtversichert sind.

Nicht zum geförderten Personenkreis gehörende Personen können außerdem über einen „Huckepack-Vertrag" in die Förderung rutschen, wenn sie mit einer förderberechtigten Person verheiratet sind und diese einen Riester-Vertrag bespart. Einzige Bedingung: Jeder Ehepartner oder Lebenspartner einer eingetragenen Lebenspartnerschaft braucht einen eigenen Vertrag und der „Huckepackbeförderte" muss auf seinen Vertrag mindestens 60 Euro p.a. selbst einzahlen.

» So funktioniert das Riester-Sparen

Riester-Zulage gibt es für Sparraten in Höhe von 4 Prozent des Jahreseinkommens. Ausschlaggebend dafür ist jeweils das sozialversicherungspflichtige Einkommen des Vorjahrs. Jeder geförderte Riester-Sparer erhält zunächst einmal die Grundzulage von maximal 154 Euro pro Jahr. Ehepaare und Paare einer eingetragenen Lebenspartnerschaft können die doppelte Zulage kassieren. Dies gilt auch dann, wenn nur ein Partner berufstätig ist – allerdings nur unter der Voraussetzung, dass beide Ehepartner jeweils getrennte Sparverträge abschließen.

Dazu kommen für jedes Kind noch gesonderte Zulagen von 185 Euro. Für Kinder, die ab 2008 geboren wurden und werden, sogar 300 Euro. Beträgt die Summe aus eigener Sparrate und staatlicher Zulage weniger als 4 Prozent des Einkommens, werden die Zulagen anteilig gekürzt.

Für junge Riester-Sparer unter 25 gibt es einen einmaligen Bonus. Die erste Zulage wird um 200 Euro erhöht.

Mithilfe der staatlichen Zulagen kann jedoch der Eigenanteil nicht beliebig nach unten gedrückt werden. Ein Eigenbetrag von mindestens 60 Euro pro Jahr ist erforderlich, um die volle Förderung zu erhalten – das betrifft vor allem Riester-Sparer mit niedrigem Einkommen wie zum Beispiel Auszubildende oder auch ALG-II-Bezieher. Die staatliche Förderung erfolgt dann automatisch, wenn der Sparer bei seinem Riester-Anbieter einen Dauerzulagenantrag eingerichtet hat.

Über die Förderung in Form direkter Zulagen hinaus können die Aufwendungen für die private Altersvorsorge im Rahmen eines eigens für die Riester-Rente geschaffenen Sonderausgabenabzugs steuerlich geltend gemacht werden. Maximal werden vom Finanzamt Beträge in Höhe von 2.100 Euro im Jahr anerkannt. Sofern Sie riestern, sollten Sie nicht vergessen, bei der Einkommensteuererklärung die „Anlage AV" einzureichen. Das Finanzamt prüft dann automatisch, ob die Steuerersparnis aus den Sonderausgaben höher ist als die bereits gezahlte Zulage. Ist dies der Fall, wird die Differenz im Rahmen der Steuerrückerstattung ausgezahlt.

Weil der Staat die Sparer vor Verlusten durch spekulative Geldanlagen schützen will, muss jedes Sparprodukt zertifiziert werden, bevor es unter diesem Begriff angeboten werden darf. Dafür müssen die folgenden Voraussetzungen erfüllt werden:

- Die Auszahlung darf frühestens mit Beginn der Altersrente oder ab dem 60. Lebensjahr erfolgen – und zwar überwiegend nur in Form einer regelmäßigen Rente. Maximal 30 Prozent des angesparten Kapitals können bei Renteneintritt auf einen Schlag ausgezahlt werden. Bei Vertragsabschluss ab 2012 darf die Rente frühestens ab 62 abgerufen werden.
- Die Erhaltung des eingezahlten Kapitals nebst Zulagen muss zum Renteneintritt garantiert werden (Beitragsgarantie), ebenso zumindest jährlich gleichbleibende Rentenauszahlungen.
- Der Sparer muss vor dem Abschluss über die internen Kosten sowie die Fördermöglichkeiten informiert werden und während der Laufzeit jährliche Kontoauszüge erhalten.

Für das Riester-Sparen kommen verschiedene Produktarten in Frage. Man unterscheidet „Geldriester"- und „Wohnriester"-Produkte. Als Geldriester-Produkte gelten das Versicherungssparen, das Fondssparen und Banksparverträge.

Versicherungssparen: Es entspricht im Wesentlichen der privaten Rentenversicherung – allerdings mit einer wichtigen Einschränkung: Während bei der herkömmlichen Rentenversicherung das gesamte Guthaben bei Rentenbeginn ausgezahlt werden kann, ist bei der Riester-Variante nur die Auszahlung von maximal 30 Prozent möglich.

Eine Riester-Rentenversicherung gibt es in klassischer Form. Dabei werden die Einzahlungen abzüglich der Kosten mit dem Garantiezins von 1,75 Prozent bei Abschluss ab 2012 verzinst. Darüber hinaus werden Überschüsse konservativ angelegt. Bei der Variante mit „geringem Fondsanteil" werden die Überschüsse in Investmentfonds angelegt. Dann gibt es noch die Variante mit „hohem Fondsanteil". Die Garantieverzinsung entfällt hier. Der Beitrag wird zu einem geringen Teil sicher anlegt, um die Beitragsgarantie zu erfüllen. Der Rest der Einzahlungen wird vollständig in Investmentfonds investiert.

Wichtig!

Riester-Rentenversicherungen sind am populärsten, doch die Kostenbelastung kann aufgrund der Vertriebs- und Verwaltungskosten recht hoch sein.

Aus der Beratungspraxis

Riestern kann man mit verschiedenen Produkten. Doch die meisten Anleger verbinden mit der Riester-Rente eine Rentenversicherung. Der Name legt dies nahe – und das ist dem Finanzberater meist ganz recht. Auch die Statistik zeigt die besondere Beliebtheit der Riester-Rentenversicherung. Immerhin fast 70 Prozent aller abgeschlossenen Riester-Verträge (15,65 Millionen bis Ende März 2013) sind Rentenversicherungen. Die Praxis zeigt, dass dies oft keine bewusste Entscheidung ist. Viele Anleger wissen gar nicht, dass es Alternativen gibt.

Doch bei den Versicherungsmodellen gibt es enorme Qualitätsunterschiede. Bespart ein Anleger 35 Jahre lang eine klassische Riester-Rentenversicherung mit Garantieverzinsung mit einem Beitrag von 100 Euro monatlich, so schwanken die Garantierenten zwischen knapp 200 Euro bei den kostengünstigen Anbietern und 155 Euro bei den sehr teuren Anbietern – das sind Unterschiede von mehr als 20 Prozent. Das Garantiekapital reicht von 49.000 Euro bis zu 56.000 Euro. Der Sparer bekommt während der 35 Jahre ca. 17.000 Euro staatliche Förderung (Zulagen und Steuervorteile). Bei einem sehr schlechten Anbieter wird demnach fast die Hälfte der staatlichen Förderung durch die Kosten geschluckt. Eine denkbar schlechte Wahl.

Es ist also sehr wichtig zu vergleichen, falls die Entscheidung für eine Rentenversicherung fällt. Dazu sollten ausschließlich die Garantierenten gegenübergestellt werden. Da ja bei Neuabschlüssen alle Versicherungen den Sparanteil der Prämie mit 1,75 Prozent verzinsen, sind bei dem Angebot mit der höchsten Garantierente entsprechend die Kosten am geringsten. Bei guten Anbietern liegt die durchschnittliche Kostenbelastung bei 5 bis 6 Prozent aller Einzahlungen, bei teuren Anbietern bei bis zu 20 Prozent!

In der Beratung fällt immer wieder auf, dass der Todesfallschutz bei einer Riester-Rentenversicherung vernachlässigt wird – mit teils dramatischen Konsequenzen.

Beispiel:

Ehemann (40 Jahre)

- berufstätig (45.000 Euro Bruttoverdienst im Jahr)
- Riester-Besparung bis 65 Jahre
- zahlt Mindesteigenbeitrag von 4 Prozent abzgl. Zulagen = 1.007 Euro pro Jahr
- Rentengarantiezeit 5 Jahre

Ehefrau (38 Jahre)

- nicht berufstätig; abgeleitete Förderung über ihren Mann
- zwei Kinder (4 und 7 Jahre)
- Sie zahlt den erforderlichen Sockelbetrag von 60 Euro p.a.
- Rentengarantiezeit 5 Jahre

Bei einer angenommenen Rendite von 4,5 Prozent bekäme der Vater 220 Euro monatliche Rente, die Mutter 105 Euro. Insgesamt also immerhin 325 Euro zur Aufstockung der Altersbezüge, solange beide leben. Doch was passiert, wenn der Vater verstirbt?

Laut Gesetz ist die Riester-Rente bei Tod des Ehegatten vor dem 85. Lebensjahr übertragbar. Bei Riester-Rentenversicherungen bedarf es dazu aber einer eigenen Vertragsklausel, der Rentengarantiezeit. Nur wenn der Vater in unserem Beispiel während dieser Zeit verstirbt, ist das Kapital übertragbar. Verstirbt er danach, stünde die Witwe nur mit ihrer eigenen kleinen Riester-Rente von 105 Euro da. Die Rente aus dem Vertrag des Verstorbenen verfällt. Bei keiner oder nur kurzer Rentengarantiezeit ist diese Gefahr besonders groß.

Checkliste: Riester-Rentenversicherung

- ☐ Machen Sie sich vor Abschluss einer Riester-Rente Gedanken über die Hinterbliebenenabsicherung.
- ☐ Ist der Partner im Rentenalter auf die gemeinsame Zusatzrente angewiesen? Dann scheidet eine Rentenversicherung eher aus.
- ☐ Vergleichen Sie Riester-Rentenversicherungen anhand der Garantierente.
- ☐ Analysieren Sie eine bereits bestehende Riester-Rentenversicherung bezüglich des Todesfallschutzes. Wenn dieser nicht passt, können Sie eventuell den Vertrag ändern oder das Kapital auf einen besseren Riester-Vertrag übertragen.
- ☐ Nutzen Sie zur Entscheidungsfindung die Beratung der Verbraucherzentralen (Adressen ⇢ Seite 262 f.) und Produkttests von *Finanztest* oder Ökotest.

Banksparen: Das funktioniert wie ein Ratensparvertrag, mit einer variablen Verzinsung und – je nach Anbieter – zusätzlichen Boni oder Prämien. Bei Eintritt ins Rentenalter hat der Anleger die Wahl: Entweder wird das angesparte Guthaben in eine private Rentenversicherung eingezahlt, die sofort mit der Rentenauszahlung beginnt, oder es wird nur eine kleine Rentenversicherung abgeschlossen, die für die Rente ab dem 85. Lebensjahr aufkommt. Bis dahin fließt die Rente aus einem Auszahlplan bei der Bank. In jedem Fall ist eine lebenslange Rentenzahlung gesichert – dies ist eine Bedingung für die Zertifizierung.

Diese Form des Riesterns ist nicht so bekannt. Das liegt unter anderem auch daran, dass man teilweise nach Anbietern suchen muss. Keine der Großbanken beispielsweise hat einen Banksparplan im Angebot. Es sind eher kleine Sparkassen und Genossenschaftsbanken, die dieses Riester-Modell anbieten.

Wichtig!

Für Anleger hingegen bieten Banksparpläne einige Vorteile: Sie sind sicher, verständlich und kostengünstig. Anders als bei einer Rentenversicherung wird aber keine konkrete Zinshöhe garantiert. Daher kann auch keine Rente garantiert werden. Banksparpläne bieten also nur Prognosen. Andererseits ist ihr Kostenvorteil gegenüber Rentenversicherungen immens: In der Regel entstehen jährliche Kosten von nur 10 bis 15 Euro.

Fondssparen: Es birgt zunächst einmal das Risiko, dass das Kapital der Anleger während der Laufzeit bis zum Renteneintritt den Schwankungen an den Kapitalmärkten ausgesetzt sind. Die Erhaltung des eingezahlten Guthabens ist nur zum Renteneintritt garantiert. Andererseits bietet diese Anlageform mitunter deutlich höhere Ertragschancen als die anderen Riester-Produkte. Es gibt nur wenige reine Riester-Fondssparpläne. Die Palette reicht von reinen Aktienfondssparplänen für Risikofreudige bis hin zu Mischfonds mit mehr oder weniger hoher Aktienquote. In der Regel nimmt der Aktienanteil immer weiter ab, je näher der Anleger dem Renteneintritt kommt.

Mit automatischen Umschichtungen und diversen Absicherungsmechanismen wird das Verlustrisiko zum Ende hin auf ein Minimum reduziert. Schließlich steht der Anbieter für die Beitragsgarantie ein.

Wichtig!

Grundsätzlich gilt: Während der Ansparphase gibt es keinen Schutz gegen Verluste. Kursverluste von 20 bis 40 Prozent mussten somit auch Riester-Sparer in der Finanzkrise 2008/09 verzeichnen.

Tipp

Riester-geförderte Fondssparpläne weisen ähnliche Kosten wie ungeförderte Fondssparpläne auf. Es gibt den Ausgabeaufschlag, der bei jedem Erwerb von Anteilen zu bezahlen ist, und die Fonds haben interne Verwaltungskosten. Hinzu kommen das Depotentgelt und jährlich pauschale Gebühren von zumeist 10 bis 15 Euro.

Um die Kosten zu senken, ist es empfehlenswert, einen Fondssparplan bei Fondsvermittlern abzuschließen. Diese bieten meist erhebliche Rabatte auf den Ausgabeaufschlag!

Das möchte Ihnen Ihr Finanzberater verkaufen

Ein Fondssparplan mit einer etwas anderen Kostenstruktur ist auf Anbieterseite sehr beliebt. Er lässt sich gut verkaufen, denn die Strategie überzeugt. Das Geld wird in eine Mischung aus Aktiendachfonds und Rentenfonds investiert. Die Gewichtung kann nach einem komplexen Mechanismus ständig geändert werden, das dient der Absicherung. Zusätzlich kann ab Mitte 50 eine „Höchststandssicherung" eingebaut werden. Das sind die Argumente für den Kunden.

Für die Verkäufer zählt im Zweifel ein anderes Argument. Im Gegensatz zu den anderen Fondsmodellen wird kein Ausgabeaufschlag erhoben, dafür aber Abschluss- und Vertriebskosten in Höhe von 5,5 Prozent der Summe aller bei Vertragsbeginn vereinbarten „regelmäßigen Beiträge“ bis zum Beginn der Auszahlungsphase (maximal für 45 Jahre). Diese Kosten werden anteilig auf die ersten fünf Laufzeitjahre verteilt, also vom Beitrag einbehalten. Das wirft den Anleger weit zurück, da in den Anfangsjahren somit sehr wenig Geld überhaupt in die Fonds fließt. Das Produkt ist daher leider sehr teuer und besonders nachteilig für diejenigen, die gegebenenfalls die Besparung zwischenzeitlich einstellen.

! Achtung!

Grundsätzlich können Sie Riester-Produkte wechseln. Bei diesem Fondsparplan aber sind alle Abschluss- und Vertriebskosten bereits in den ersten fünf Jahren bezahlt. Bei einem Vertragswechsel nach dieser Zeit bleiben Sie komplett auf den Kosten sitzen.

Sonderfall Wohn-Riester

Wohnriester kann unterschiedlicher Gestalt sein. Es geht um die Förderung selbst genutzten Wohnraums.

- Sie können z.B. zum Zeitpunkt der Anschaffung einer Immobilie Kapital aus einem Geldriester-Vertrag entnehmen und dies als Eigenkapital für den Immobilienerwerb einsetzen.
- Sie können auch zu Rentenbeginn die Restschuld eines Darlehens auf einen Schlag durch die Kapitalentnahme aus einem Geldriester-Vertrag tilgen.
- Neuerdings können Sie auch bei einer laufenden Finanzierung jederzeit Kapital aus einem Geldriester-Produkt entnehmen und für Sondertilgungen Ihres Immobilien-

Anschaffungsdarlehens nutzen. Einzige Bedingung: die Kapitalentnahme muss mindestens 3.000 Euro ausmachen. Entnehmen Sie nur Teile des Vermögens, so muss mindestens ein Betrag von 3.000 Euro auf dem Geldriester-Produkt verbleiben.

- Gleiches gilt für den Erwerb von Geschäftsanteilen an einer eingetragenen Genossenschaft für die Selbstnutzung einer Genossenschaftswohnung
- Sie können auch Kapital aus einem Geldriester-Produkt für Umbaumaßnahmen zum Barriereabbau nutzen. Die Kapitalentnahme muss sich mindestens auf 6.000 Euro belaufen, wenn das Geld innerhalb von drei Jahren nach Anschaffung oder Herstellung für den Umbau genutzt wird, andernfalls muss der Entnahmebetrag mindestens 20.000 Euro betragen.
- Der Nachweis der zweckgerechten Verwendung muss über einen Sachverständigen erfolgen.

Kapitalentnahmen aus Geldriester-Verträgen werden als „Altersvorsorge-Eigenheimbetrag“ bezeichnet.

Von der laufenden Förderung durch Zulagen und/oder Steuererstattungen profitieren Sie, wenn Sie für die Finanzierung Ihrer Immobilie ein Wohnriester-Darlehen nutzen und der Tilgungsanteil Ihrer Rate 4 Prozent des Vorjahresbruttos ausmacht (siehe Erläuterung zu den Förderbedingungen auf Seite 175). Finanzieren Sie mit einer Kombination aus Bausparvertrag und Vorausdarlehen bekommen Sie die volle Förderung, wenn Sie mit der Ansparrate auf den Bausparvertrag die 4 Prozent erfüllen.

Geförderte Tilgungsleistungen sowie Kapitalentnahmen aus einem Geldriester-Vertrag werden auf einem sogenannten Wohnförderkonto verbucht und bis zum Rentenbeginn mit 2 Prozent verzinst.

Wird das Haus oder die Wohnung verkauft und der noch nicht zurückgeführte Betrag im Wohnförderkonto nicht innerhalb von zwei Jahren vor und fünf Jahren nach der Aufgabe der Selbstnutzung der Immobilie für eine weitere Immobilie genutzt, so handelt es sich um eine sogenannte schädliche Verwendung. Bei einer schädlichen Verwendung wird das Wohnförderkonto aufgelöst und der Auflösungsbetrag muss versteuert werden. Der schädlichen Verwendung kann man sich entziehen, wenn der Betrag aus dem Wohnförderkonto innerhalb von einem Jahr nach Immobilienverkauf in einen Geldriester-Vertrag eingezahlt wird. Bei einem Umzug aus beruflichen Gründen darf die Wohnung vorübergehend vermietet werden, allerdings nur mit einem befristeten Mietvertrag.

Im Rentenalter ist ein fiktives Auszahlungsguthaben zu versteuern, weil keine Rentenauszahlung erfolgt. Der fiktive Kontostand auf dem Wohnförderkonto muss dann entweder bis zum 85. Lebensjahr in gleichbleibenden Raten oder in Form von Abschlagszahlungen versteuert werden.

Die Wohnriester-Produkte im Einzelnen:

Beim **Riester-Bausparen** gibt es schon während der Ansparphase Riester-Zulage. Wenn der Vertrag später für die Finanzierung des Erwerbs der eigenen vier Wände eingesetzt wird, fließt die Förderung weiter für die Tilgung des Bauspardarlehens. Ratsam ist ein Riester-förderfähiger Bausparvertrag nur dann, wenn Sie damit wirklich einen Immobilienerwerb in der Zukunft vorbereiten wollen.

Mit einer **Bauspar-Sofortfinanzierung** können Sie einen Immobilienerwerb auch direkt finanzieren. Dies ist eine Kombination aus einem tilgungsfreien Darlehen mit Festzins und gleichzeitigem Neuabschluss eines Bausparvertrags, der zunächst bespart wird. Wenn dieser zuteilungsreif ist, löst die fällige Bausparsumme das tilgungsfreie Darlehen ab. Ab diesem Zeitpunkt muss dann das Bauspardarlehen zurückgezahlt werden. Klassische Bauspar-Sofortfinanzierungen sind eher in Niedrigzinsphasen attraktiv. Bei den Riester-geförderten Varianten scheinen die Anbieter zusätzlich ordentlich an den Konditionen zu feilen. Dies zeigen Untersuchungen aus *Finanztest*. Das Gute ist, dass der Gesetzgeber den Anbietern bei geförderten Bauspar-Sofortfinanzierungen vorschreibt, den Gesamtpreis dieser Finanzierung automatisch im Angebot anzugeben – den Gesamteffektivzinssatz. Der Vergleich mit dem Effektivzins alternativer Finanzierungsmodelle erleichtert die Einschätzung der Angebote.

Die Alternative hierzu ist die direkte Tilgung eines **Hypotheken-Darlehens** mit Riester-Förderung. Allerdings sind die Riester-Kredite von Banken oft teurer als herkömmliche Baudarlehen. Daher kann es für den Bauherrn sinnvoll sein, das zinsgünstigere Darlehen zu wählen und mit einem herkömmlichen Riester-Sparvertrag vorzusorgen. Als Faustregel gilt: Bis zu einem Aufschlag von rund 0,25 Prozentpunkten lohnt sich noch die Riester-Variante.

Wichtig!

Wohn-Riester gibt es erst seit November 2008. Bisher ist das Angebot für klassische Darlehen mit Wohn-Riester-Förderung übersichtlich. Die Vielzahl angebotener Riester-Bausparverträge hingegen zeigt, welche Produkte die Branche verkaufen will.

Unbestritten: Die Wohnriester-Förderung ist vielschichtig und nicht unkompliziert. Aber lohnenswert kann sie eben auch sein. Es bleibt im Einzelfall sehr genau zu prüfen, ob sich diese Variante für Sie lohnen kann und welcher Weg sinnvoll ist. Bei einer Einschätzung hilft die Beratung der Verbraucherzentralen.

Rürup-Rente

Die offizielle Bezeichnung im Gesetz lautet „Basisrente". Während die Riester-Rente speziell auf Arbeitnehmer zugeschnitten ist, kommt die Rürup-Rente eher bei Selbstständigen zum Einsatz. Zwar kann sie auch von Arbeitnehmern abgeschlossen werden, bietet jedoch im Vergleich zu Riester-Rente und betrieblicher Altersvorsorge weniger Flexibilität und oft auch eine geringere staatliche Förderung. Gefördert wird durch Steuervorteile. Dafür müssen Rürup-Verträge Bedingungen erfüllen:

- für Neuabschlüsse ab 2012 gilt: Die Auszahlung darf ausschließlich in Form einer lebenslangen Leibrente frühestens ab dem 62. Geburtstag erfolgen.
- Ansprüche aus dem Vertrag dürfen nicht vererblich, nicht beleihbar, nicht veräußerbar und nicht kapitalisierbar oder übertragbar sein.

Bei der Kapitalanlage gibt es unterschiedliche Varianten. Der Gesetzgeber erlaubt dieselben Produktgruppen wie bei der Riester-Rente, also Banksparen, Fondssparen und Versicherungen. Rürup-Förderung könnte auch im Rahmen der betrieblichen Altersförderung genutzt werden; das kommt in der Praxis aber nur ganz selten vor. Auf dem Markt werden am häufigsten Rentenversicherungen angeboten. Bei der klassischen Rürup-Rentenversicherung wird während der Ansparphase das Kapital nach Abzug von Abschluss- und Vertriebskosten von der Versicherungsgesellschaft vorrangig in sichere Anlagen wie Anleihen und Immobilien investiert, ein kleiner Teil kann auch in Aktien und Fonds fließen. Es existieren jedoch auch wie bei Riester fondsgebundene Versicherungen mit geringem und hohem Fondsanteil. Je nach Anbieter gibt es Fondspolicen entweder mit der Zusicherung des Kapitalerhalts oder als reine Fondsanlage, bei der die Anleger das volle Kapitalmarktrisiko tragen.

Wichtig!

Am Ende der Ansparphase kann das Rürup-Guthaben nicht wie bei einer herkömmlichen Privatrentenversicherung auf einen Schlag oder auch nur teilweise ausgezahlt werden. Die Auszahlung ist nur in Form einer lebenslangen Leibrente möglich, mit dem Tod des Versicherten ist das gesamte eingezahlte Guthaben verloren.

Gegen Aufpreis lassen sich die Absicherung von Hinterbliebenen durch die Weiterzahlung der Rente nach dem Tod des Versicherten an den Ehepartner oder Partner einer eingetragenen Lebenspartnerschaft und waisenrenten-berechtigte Kinder sowie die Absicherung gegen Berufsunfähigkeit integrieren.

Alternativ zu einem Ansparprodukt für eine zusätzliche Altersrente können künftig auch Beiträge ausschließlich für die Absicherung gegen den Eintritt der Berufsunfähigkeit oder einer verminderten Erwerbsfähigkeit aufgewendet werden. Gefördert werden solche Zahlungen nur, wenn der Vertrag die Zahlung einer monatlichen lebenslangen Leibrente für einen Versicherungsfall vorsieht, der bis zur Vollendung des 67. Lebensjahres eingetreten ist.

Beim Ansparen gelten die gleichen steuerlichen Regelungen wie bei den Beiträgen für die gesetzliche Rentenversicherung. Zunächst einmal steht Ledigen ein Höchstbetrag für die Altersvorsorge von 20.000 Euro pro Jahr zur Verfügung, bei Verheirateten sind es 40.000 Euro. Bis zu dieser Obergrenze können Sie nach dem Alterseinkünftegesetz Einzahlungen in berufsständische Versorgungswerke, gesetzliche Rentenversicherung und Rürup-Sparpläne von der Steuer absetzen – allerdings nur zu einem bestimmten Prozentbetrag. Dieser liegt für das Jahr 2013 bei 76 Prozent. Das heißt konkret: Sie können als Verheirateter Einzahlungen bis zu 40.000 Euro zu 76 Prozent geltend machen, die tatsächliche Grenze liegt somit für dieses Jahr bei 30.400 Euro. Der Prozentsatz wird jedes Jahr um zwei Prozentpunkte erhöht, sodass erst ab dem Jahr 2025 die Beiträge in voller Höhe abgesetzt werden können.

Dafür werden die Auszahlungen im Rentenalter genauso behandelt wie die Altersrente aus der gesetzlichen Rentenversicherung. Je nachdem, in welchem Jahr Sie in den beruflichen Ruhestand treten und die Auszahlungen beginnen lassen, müssen Sie für den Rest Ihres Lebens einen bestimmten Prozentsatz der Renteneinkünfte versteuern. Bei Rentenbeginn im Jahr 2020 liegt der Satz bei 80 Prozent und für jeden Rentenbeginn ein Jahr später steigt der Satz um einen Prozentpunkt. Neurentner ab dem Jahr 2040 müssen ihre Rente in voller Höhe versteuern.

Tipp: Flexibilität berücksichtigen

Beim Vergleichen verschiedener Rürup-Renten-Angebote sollten Sie nicht nur die Finanzstärke des Anbieters und die Renditeaussichten berücksichtigen, sondern auch die Flexibilität bei den Einzahlungen. Nicht alle Anbieter ermöglichen ihren Kunden flexible Einzahlungen, die von Jahr zu Jahr unterschiedlich hoch ausfallen können. Gerade für Selbstständige mit oftmals stark schwankendem Einkommen ist es jedoch wichtig, bei der Altersvorsorge nicht an einen starren Vertrag gebunden zu sein.

Die Rürup-Rente scheint wegen des Steuersparpotenzials für einige Anleger lohnenswert. Insbesondere Selbstständige mit einer hohen Steuerlast werden von dieser staatlich geförderten Altersvorsorge angesprochen. Nichtsdestotrotz sollten Sie sich nicht von dem Steuerargument allein leiten lassen. Der Versicherungsvertrag muss auch ohne die Steuerersparnis überzeugen. Und das ist mit Hilfe von Tests aus *Finanztest* oder Ökotest genau zu prüfen.

Zwar sind die Renditen in der Ansparphase gar nicht so schlecht, aber wenn die Rentenbezugsphase mitberücksichtigt wird, sind die Ergebnisse doch ernüchternd. Dies liegt zum einen daran, dass in der Rentenphase laufende Verwaltungskosten bezahlt werden müssen, zum anderen kalkulieren die Versicherer die Rentenhöhe sehr vorsichtig, schließlich muss das Versprechen einer lebenslangen Rente erfüllt werden. Die Versicherer nehmen als Grundlage allerdings nicht die tatsächliche Lebenserwartung der Deutschen laut Statistischem Bundesamt, sondern eigene „Sterbetafeln", wonach die Menschen deutlich älter werden. Im Schnitt wird mit einer sieben bis elf Jahre längeren Lebenserwartung kalkuliert. Entsprechend gering muss die Rente ausfallen, damit sie ausreicht und der Versicherer im Zweifel nicht draufzahlt.

Checkliste: Rürup-Rente

Sollten Sie sich nach Rücksprache mit dem Steuerberater für die Rürup-Rente entscheiden, so gilt es insbesondere folgende Punkte zu beachten:	
☐	Wählen Sie je nach Risikoneigung die klassische oder fondsgebundene Variante.
☐	Bei der fondsgebundenen Variante tragen Sie das volle Risiko. Eine Beitragsgarantie wie bei der Riester-Rente ist vom Gesetzgeber nicht vorgesehen.
☐	Vertragszusätze wie Hinterbliebenen- und Berufsunfähigkeitsschutz schmälern die Rendite zusätzlich. Trennen Sie Risikoabsicherung und Sparen fürs Alter !
☐	Vergleichen Sie Klassiktarife anhand der Garantierente!
☐	Hinterfragen Sie außerdem die Flexibilität des Vertrags. Lesen Sie dazu in den Versicherungsbedingungen nach, ■ ob Sie die Beitragshöhe verändern können? ■ ob eine zinslose Stundung der Beiträge möglich ist? ■ ob ein Anbieterwechsel möglich ist? ■ eine Beitragsfreistellung jederzeit möglich ist oder nur, wenn eine gewisse Mindestrente erreicht ist?

Wichtig!

Ist eine Beitragsfreistellung nur ab Erreichen einer Mindestrente möglich, wären Sie bei einem finanziellen Engpass gezwungen, das Produkt entweder weiter zu besparen oder komplett aufzulösen – dann wäre das eingezahlte Guthaben im schlimmsten Fall verloren!

Betriebliche Altersvorsorge

Unter dem Begriff der betrieblichen Altersvorsorge werden alle Maßnahmen zusammengefasst, bei denen entweder vom Arbeitgeber oder vom Arbeitnehmer vor der Lohnauszahlung Beträge auf ein Anlagekonto für die Altersvorsorge fließen. Möglich sind hierbei die auf den folgenden Seiten erläuterten Anlageformen Direktzusage, Direktversicherung, Pensionskasse, Pensionsfonds und Unterstützungskasse. Unabhängig davon, in welche Anlageform das Geld fließt, ist zunächst einmal zwischen der unternehmensfinanzierten und der arbeitnehmerfinanzierten Altersvorsorge zu unterscheiden.

Unternehmensfinanzierte Altersvorsorge

Auf freiwilliger Basis kann das Unternehmen seinen Arbeitnehmern bei der Bildung von Vorsorgekapital helfen. Je nach Betriebszugehörigkeit, Einkommen und Leistung haben Sie einen Anspruch auf eine spätere Rentenzahlung von Ihrem Arbeitgeber. Zu unterscheiden sind hierbei die Leistungszusage und die Beitragszusage.

Leistungszusage: Hier wird Ihnen eine bestimmte Vorsorgeleistung zugesagt, beispielsweise eine jährliche Rente ab dem 65. Lebensjahr von 50 Euro pro Jahr der Betriebszugehörigkeit. Wenn Sie in diesem Beispiel 25 Jahre lang beim selben Arbeitgeber beschäftigt sind, haben Sie dann einen Anspruch auf 1.250 Euro Jahresrente. Die Leistungszusage kann auch als Prozentsatz des Monats- oder Jahreseinkommens festgelegt werden, sodass Ihre spätere Betriebsrente sowohl von der Dauer der Betriebszugehörigkeit als auch von der Höhe Ihres Arbeitslohns abhängt. Ebenso können Extrazusagen beim Erreichen bestimmter Leistungsziele in das Modell einfließen.

Beitragszusage: Diese Zusage bezieht sich auf die Einzahlung des Arbeitgebers in einen Vorsorgesparvertrag. Diese Zusage könnte beispielsweise in der Form gestaltet sein, dass für langjährige Betriebsangehörige jährlich ein bestimmter Betrag in einen der zuvor genannten betrieblichen Vorsorgeverträge eingezahlt wird. Wie hoch Ihre spätere Betriebsrente dann ausfällt, hängt hier auch davon ab, wie viel Rendite das Vorsorgemodell erwirtschaftet.

Die Zusagen beziehen sich immer nur auf das jeweils aktuelle Jahr Ihrer Betriebszugehörigkeit. Einen Anspruch auf Versorgungsleistungen für die zukünftigen Jahre Ihrer Betriebszugehörigkeit haben Sie nicht. Außerdem sind auch die Ansprüche der Vergangenheit erst sicher, wenn die „Unverfallbarkeit" eintritt. Dann nämlich kann die Betriebsrente nicht mehr rückwirkend gestrichen werden, wenn Sie das Unternehmen verlassen. Unverfallbar sind Versorgungsansprüche in der Regel dann, wenn die Versorgungszusage seit mindestens fünf Jahren besteht und Sie beim Ausscheiden aus dem Unternehmen das 30. Lebensjahr vollendet haben.

Arbeitnehmerfinanzierte Altersvorsorge

Im Gegensatz zur unternehmensfinanzierten Altersvorsorge haben Sie als Arbeitnehmer einen Rechtsanspruch darauf, einen Teil Ihres regulären Gehalts in Einzahlungen für die Altersvorsorge umzuwandeln. Auch hier stehen Ihnen die eingangs genannten Anlageformen zur Verfügung. Als Förderung kommen die Riester-Förderung (oder auf betrieblicher Ebene auch Nettoentgeltumwandlung genannt) und die Bruttoentgeltumwandlung infrage. Rürup wäre auch möglich, spielt in der Praxis der betrieblichen Altersvorsorge aber eine untergeordnete Rolle. Die Riester-Förderung wurde bereits auf den vorhergehenden Seiten erläutert, daher widmen wir uns hier der Bruttoentgeltumwandlung.

» So funktioniert die Bruttoentgeltumwandlung

Bis zu 4 Prozent der im jeweiligen Kalenderjahr geltenden Beitragsbemessungsgrenze (in 2013 sind dies 69.900 Euro) für die gesetzliche Rentenversicherung (West) können Sie auf jeden Fall in die Gehaltsumwandlung einbringen – je nach Modell auch noch etwas mehr. Die Umwandlung erfolgt aus dem Bruttogehalt und wird weder versteuert noch mit Sozialabgaben belegt. Weitere 1.800 Euro pro Jahr können Sie aus Ihrem Bruttogehalt steuerfrei, aber sozialversicherungspflichtig in eine Direktversicherung, eine Pensionskasse oder einen Pensionsfonds einzahlen. Dies allerdings nur, wenn nicht schon eine pauschal versteuerte Direktversicherung existiert.

Im Gegensatz zur unternehmensfinanzierten Altersvorsorge können Ansprüche aus der Gehaltsumwandlung nicht verfallen – es ist ja Ihr eigenes Geld, das Ihnen sonst rechtmäßig als Gehalt zugestanden hätte. Dennoch gibt es auch hier eine Verlustfalle. Wenn Sie häufig den Job wechseln und ständig Ihr Guthaben zwischen verschiedenen Anbietern umschichten, schmälern hohe Umschichtungsgebühren Ihr Kapital.

Tipp: Nach Ausnahmeregelung fragen

Fragen Sie bei einem Jobwechsel Ihren neuen Arbeitgeber, ob die Weiterführung der Gehaltsumwandlung beim bisherigen Anbieter möglich ist. Er ist zwar nicht dazu verpflichtet, neue Anbieter in sein „Sortiment" aufzunehmen – aber auf freiwilliger Basis kann so eine Ausnahme schon einmal gestaltet werden.

Mögliche Anlageprodukte

Für die betriebliche Altersvorsorge per Gehaltsumwandlung sind nur Anlageprodukte zulässig, die bestimmte Kriterien erfüllen. So muss beispielsweise die Auszahlung des Guthabens stets in Form einer lebenslangen Altersrente erfolgen. Unschädlich ist eine Teilkapitalentnahme von 30 Prozent zu Beginn der Auszahlungsphase oder unter bestimmten Bedingungen die Einmalauszahlung des zur Verfügung stehenden Kapitals. Möglich sind dabei fünf Anlageformen.

Direktversicherung: Das ist im Prinzip eine herkömmliche private Rentenversicherung – sofern die Auszahlung als lebenslange Rente vorgesehen ist. Man kann sich aber die Option auf eine Kapitalabfindung in voller Höhe oder auf eine Teilauszahlung von 30 Prozent einbauen lassen. Die Auszahlungen sind jeweils in voller Höhe steuerpflichtig. Die volle Steuerpflicht gilt für Auszahlungen aus Direktversicherungen, die nach dem 31. Dezember 2004 abgeschlossen wurden. Bei Vertragsabschlüssen vor 2005 handelt es sich in der Regel um pauschalversteuerte Direktversicherungen. Bei solchen Verträgen sind Kapitalabfindungen steuerfrei, Renten nur mit dem geringen Ertragsanteil zu versteuern. Unabhängig vom Vertragsabschluss gilt für gesetzlich Pflichtversicherte in der Krankenversicherung, dass auf die Auszahlung neben den Steuern der volle Satz Kranken- und Pflegeversicherung abzuführen ist.

Pensionskasse: Das ist entweder ein Versicherungsverein auf Gegenseitigkeit oder eine AG, die speziell für Betriebe Altersvorsorgegelder verwaltet. Ähnlich wie eine Lebens- oder Rentenversicherung müssen auch Pensionskassen die eingezahlten Guthaben sicherheitsorientiert anlegen. Darüber hinaus gelten die gleichen Regeln wie bei Direktversicherungen.

Pensionsfonds: Im Gegensatz zu Versicherungsunternehmen oder Pensionskassen dürfen Pensionsfonds höhere Aktienanteile in ihren Anlagemix aufnehmen. Damit haben sie bessere Renditechancen, gehen aber auch höhere kurzfristige Schwankungsrisiken ein. Es sind aber zumindest die Einzahlungen gesichert.

Unterstützungskasse: Eine Unterstützungskasse ist ein von einem oder mehreren Unternehmen getragener Vorsorgeverein, der praktisch als Vehikel für viele Arten der Anlage von betrieblichen Rentengeldern dienen kann. Oft fließt das Geld an Versicherungen, manche Unterstützungskassen leiten das Geld auch in riskantere Aktienfonds weiter.

Direktzusage: Bei dieser Variante nimmt das Unternehmen die Verwaltung seiner Betriebsrenten selbst in die Hand. In der Bilanz müssen für die Ansprüche der Arbeitnehmer entsprechende Rückstellungen gebildet werden, und in der Praxis werden diese häufig mit festverzinslichen Wertpapieren, Aktien oder Fonds hinterlegt.

Wichtig!

Als Arbeitnehmer können Sie sich nicht aussuchen, welche Anlageform für Ihre Gehaltsumwandlung verwendet werden soll – Sie müssen das Produkt nehmen, das Ihnen Ihr Arbeitgeber anbietet. Wenn Ihnen eine risikoreiche Anlageform mit hohem Aktienanteil offeriert wird, müssen Sie gleichwohl nicht befürchten, dass Sie damit Ihre Betriebsrente verspekulieren.

Sie haben nämlich bei der betrieblichen Altersvorsorge einen Anspruch darauf, dass Ihnen der Erhalt Ihrer eingezahlten Beiträge zur Auszahlung im Rentenalter garantiert wird. Dafür ist im ersten Schritt der Anbieter des jeweiligen Vorsorgeprodukts zuständig. Wenn dieser Verluste einfährt und keinen Ausgleich leisten kann, muss Ihr Arbeitgeber einspringen und die Lücke aus dem Betriebsvermögen auffüllen.

Selbst wenn Ihr Arbeitgeber bis dahin pleitegegangen wäre, hätten Sie noch ein weiteres Auffangnetz: Bei Pensionsfonds, Unterstützungskassen und Direktzusagen müssen alle Ansprüche auf Betriebsrenten von den Arbeitgebern über eine Mitgliedschaft im Pensions-Sicherungs-Verein (PSV) versichert werden. Die Unternehmen müssen abhängig von der Höhe der zugesagten Renten Beiträge zahlen, die im Umlageverfahren an die Berechtigten ausgezahlt werden, deren Arbeitgeber insolvent geworden ist. Damit fungiert der PSV praktisch als Feuerwehrfonds für die Betriebsrenten-Guthaben. Bei den anderen beiden Modellen – Direktversicherung und Pensionskassen – handelt es sich ja um Versicherungen, die einer strengen staatlichen Aufsicht unterliegen; das Risiko einer Insolvenz ist damit gering und selbst wenn der Fall eintritt, greift die Auffanggesellschaft Protektor (→ Seite 36).

Tipp: Einzahlungen sind „Hartz-IV-fest“

Alle geförderten Einzahlungen in die beschriebenen staatlichen Altersvorsorgemodelle von Riester bis zur betrieblichen Altersvorsorge sind „Hartz-IV-fest“. Sie werden also beim Bezug von Arbeitslosengeld II nicht angerechnet!

Vermögenswirksame Leistungen und Wohnungsbauprämie

Vermögenswirksame Leistungen (vL) dienen dem privaten Vermögensaufbau. Arbeitnehmer können mit Unterstützung von Staat und Arbeitgeber damit ein ordentliches finanzielles Polster aufbauen. Dabei wird mit dem Arbeitgeber vereinbart, dass ein Teil des Nettogehalts – nach Abzug von Steuern und Sozialversicherung – auf einen Sparvertrag überwiesen wird. Je nach Sparform und Einkommen gibt der Staat noch etwas dazu. Gesperrt ist das Kapital für 7 Jahre, das schreibt das Vermögensbildungsgesetz vor. Es gilt der Grundsatz: 6 Jahre einzahlen, ein Jahr ruhen. Nur in Ausnahmefällen wie Tod, Selbstständigkeit, längere Arbeitslosigkeit o.Ä. lässt das Gesetz zwischenzeitliche Verfügungen zu.

Nicht geförderte vL-Formen: Ohne staatliche Förderung kann das Geld auf einen Banksparvertrag mit sechs Jahren Spardauer und einem Jahr Ruhezeit oder in eine Kapitallebensversicherung eingezahlt werden.

Geförderte vL-Formen: Für eine Anlagesumme von bis zu 470 Euro pro Jahr gibt es 9 Prozent Arbeitnehmersparzulage, wenn die Raten für sogenannte wohnwirtschaftliche Zwecke verwendet werden. Dazu zählt etwa das Besparen eines Bausparvertrags – auch wenn das Guthaben nach siebenjähriger Sperrfrist und Vertragszuteilung für andere Zwecke als für die Eigenheimfinanzierung verwendet wird. Für reine Geldanleger ohne Finanzierungsabsicht sind dabei die sogenannten Renditetarife interessant, denen meist ein höherer Grundzins oder ein Bonus bei Verzicht auf den Bausparkredit gezahlt wird. Was nur wenige wissen: Die vL-Raten können bei gleicher Zulage auch direkt in die Tilgung eines normalen Baudarlehens fließen. Für den Kunden ist das oft interessanter als das Bausparen, weil die eingesparten Kreditzinsen höher sind als die Zinsen für das Bausparguthaben. Die Förderung für die Besparung von Bausparverträgen oder Tilgung von Darlehen beträgt 9 Prozent auf die maximal geförderte Einzahlung von 470 Euro. Etwas mehr gibt es für weitere Anlageformen. Das Aktienfondssparen oder der Erwerb von Beteiligungen oder Belegschaftsaktien wird mit 20 Prozent gefördert. Hier liegt die Obergrenze für die jährlichen Sparraten bei 400 Euro. Beide Förderwege – Aktien- und Bausparen – können kombiniert werden.

» Wer hat Anspruch auf die Zulage?

Anspruch auf Arbeitnehmer-Sparzulage haben nur Arbeitnehmer, deren Einkommen die Grenze von 17.900 Euro für Ledige und 35.800 Euro für Verheiratete nicht übersteigt. Diese Werte gelten für die Anlage in Bausparverträgen oder Darlehenstilgung. Beim Aktienfondssparen liegt die Grenze bei 20.000 bzw. 40.000 Euro. Doch die wahre Einkommensgrenze liegt deutlich höher. Als Kriterium gilt nämlich nicht das Bruttogehalt auf der Lohnabrechnung, sondern das zu versteuernde Einkommen.

Arbeitnehmer können so ihre beruflichen Werbungskosten bwz. den Arbeitnehmerpauschbetrag geltend machen. Dazu kommen weitere Abzugsmöglichkeiten im Rahmen der Sonderausgaben. Für jedes Kind kann überdies der Kinderfreibetrag geltend gemacht werden. Dieser wird auch dann berücksichtigt, wenn der Arbeitnehmer Kindergeld bekommt. Damit kann beispielsweise das Bruttoeinkommen bei Ehepaaren mit drei Kindern und einem Arbeitnehmer auf rund 50.000 Euro pro Jahr steigen, ohne dass der Anspruch auf Arbeitnehmersparzulage erlischt.

Als Arbeitnehmer haben Sie das Recht auf den Abschluss eines vL-Sparvertrags, der aus Ihrem eigenen Nettoeinkommen finanziert wird. Unabhängig von der Sparform und vom Anspruch auf Arbeitnehmer-Sparzulage kann der Arbeitgeber Ihnen noch einen Zuschuss geben. Dies geschieht entweder auf freiwilliger Basis oder im Rahmen eines branchenweiten Tarifvertrags.

Tipp: Mit vL ein Polster bilden

Wenn Sie Arbeitnehmer sind, lohnt es sich praktisch immer, die vermögenswirksamen Leistungen zu nutzen. Die kleinen Monatsraten belasten kaum und bilden dennoch im Lauf der Jahre ein schönes finanzielles Polster – und je nach Tarifvertrag oder Betriebsvereinbarung beteiligt sich sogar der Arbeitgeber an der Vermögensbildung.

Die **Wohnungsbauprämie** zählt nicht zu den vermögenswirksamen Leistungen, sondern ist eine staatliche Förderleistung, die für das Bausparen gewährt wird. Die Prämie wird nur auf Sparleistungen gezahlt, die nicht bereits schon im Rahmen der vermögenswirksamen Leistungen (vL) gefördert worden sind. Jahressparleistungen von bis zu 512 Euro bei Ledigen und 1.024 Euro bei Ehepaaren werden mit 8,8 Prozent Wohnungsbauprämie aufgebessert. Hier liegt die Einkommensgrenze bei 25.600 Euro für Ledige und 51.200 Euro für Verheiratete. Wie auch bei der Arbeitnehmersparzulage ist das zu versteuernde Jahreseinkommen der ausschlaggebende Faktor, sodass dank verschiedener Freibeträge und Sonderausgaben auch bei höherem Bruttoeinkommen eine Förderung möglich sein kann.

Wie bei der Arbeitnehmersparzulage gibt es bestimmte Bedingungen für die Auszahlung der Wohnungsbauprämie:

- Seit 2009 gilt: Bei der Auszahlung des Guthabens muss nachgewiesen werden, dass das Geld in die sogenannte wohnwirtschaftliche Verwendung fließt. Dazu zählt nicht nur die Neu- oder Anschlussfinanzierung der selbst genutzten oder vermieteten Wohnimmobilie. Auch die Investition in Renovierung und Modernisierung wie etwa der Austausch von Fenstern oder die Isolierung des Dachs fallen in diese Kategorie. Ebenfalls problemlos ist der Erwerb von dauerhaften Wohn- und Nutzungsrechten wie beispielsweise der Einkauf in ein Seniorenstift.

- Für junge Sparer unter 25 entfällt die Zweckbindung für ihren ersten Bausparvertrag mit Wohnungsbauprämien-Anspruch.
- Der Vertrag muss die Zuteilungsreife erreicht haben, sodass der Bausparer berechtigt ist, bei Bedarf auch das Darlehen abzurufen. Dies ist meist dann der Fall, wenn sich beim regelmäßigen Sparen im Zeitraum von rund sieben Jahren etwa die Hälfte der Vertragssumme als Guthaben angesammelt hat. Ist die Zuteilungsreife nicht erreicht, kann im Fall einer vorzeitigen Verfügung die Wohnungsbauprämie trotz wohnwirtschaftlicher Verwendung verloren gehen.

Tipp: Fristen und Formen beachten

Die unschädliche zweckfremde Verwendung von Bausparguthaben ist nach Ablauf von sieben Jahren möglich – allerdings nur wenn es sich um einen Bausparvertrag handelt, der vor dem 1. Januar 2009 abgeschlossen worden ist.

Manche Arbeitgeber bieten statt vermögenswirksamer Leistungen (VL) sogenannte Altersvorsorgewirksame Leistungen (AVWL) an. Dies ist mitunter im Tarifvertrag vorgesehen. Hier geht es dann nicht mehr um einen klassischen Sieben-Jahres-Sparvertrag zur Vermögensbildung, sondern um langfristige Altersvorsorge. Die AVWL können in Modelle der betrieblichen Altersvorsorge oder auch in einen Riester-Vertrag fließen.

Beachten Sie die Unterschiede:

- AVWL dienen der zusätzlichen Altersvorsorge. Es handelt sich um eine sehr langfristige Anlageform.
- Pflichtversicherte in der Krankenversicherung müssen bei AVWL auf die spätere Rente aus dieser Anlage den vollen Satz Kranken- und Pflegeversicherung abführen.

9 Richtig vergleichen und Kosten minimieren

Kosten und Rendite können bei einzelnen Anlageprodukten je nach Anbieter weit auseinanderklaffen. Allein schon bei einfachen Tagesgeldkonten kann es durchaus vorkommen, dass eine Bank mit einem guten Preis-Leistungs-Verhältnis im Vergleich zu den Branchen-Schlusslichtern den doppelten oder gar dreifachen Zins zahlt.

Doch die Verzinsung ist nur ein Teil des Ganzen, denn bei vielen Finanzprodukten fallen Nebenkosten an. Oft können diese Zusatzgebühren nachvollzogen werden, doch zuweilen werden Gebühren auch in das Produkt „hineingerechnet" und so versteckt, dass ihre Höhe nur mitmilfe komplizierter Berechnungsmodelle ermittelt werden kann – das ist häufig bei komplexen Anlagezertifikaten der Fall.

Wenn Sie sich für eine bestimmte Anlageform entschieden haben, sollten Sie daher vor der Auswahl des Anbieters dieses Kapitel sorgfältig durchlesen, um teure Fehler zu vermeiden.

Verzinste Anlageprodukte vergleichen

» Was man unter „Rendite" versteht

Die Rendite – auch als Effektivverzinsung bezeichnet – bildet den wichtigsten objektiven Vergleichsmaßstab. Hinter diesem Begriff verbirgt sich der Ertrag, den eine Anlage pro Jahr, bezogen auf das eingesetzte Kapital, erbringt. Ausgewiesen wird die Rendite als Jahresprozentsatz. Ihre Berechnung erfolgt nach dem Prinzip, dass von den laufenden Erträgen einer Anlage die damit verbundenen Kosten und Gebühren abgezogen werden. Der verbleibende Reinertrag ergibt dann, ins Verhältnis zum angelegten Kapital gesetzt, den Renditewert.

Die konkrete mathematische Berechnung eines Renditewerts gestaltet sich in der Regel wesentlich komplizierter, da die Besonderheiten der verschiedenen Anlageformen berücksichtigt werden müssen. Dass die Anbieter Ihnen diese Arbeit abnehmen und mit ihren Offerten automatisch den korrekten Renditewert liefern, darauf können Sie sich leider nicht verlassen. Die Institute sind nämlich nicht dazu verpflichtet, ihren Kunden die Effektivverzinsung der Offerten auszuweisen. Diese Lücke im Gesetz hat in der Vergangenheit zu einem Wildwuchs bei den Rentabilitätsangaben geführt.

So finden Sie in den Schaukästen der Geldhäuser häufig Begriffe wie „Wertzuwachs“, „durchschnittliche Verzinsung“ oder „Zins mit Zinseszins“, die in aller Regel kein anderes Ziel haben, als weniger lukrative Angebote in ein besseres Licht zu rücken.

Achtung!

Vorsichtig sollten Sie vor allem bei Anlageangeboten sein, die keine laufende Zinsauszahlung, sondern eine Zinsansammlung während der Laufzeit vorsehen.

Welche Unterschiede hier zwischen einem angegebenen Wertzuwachs und der wirklichen Rendite bestehen können, zeigt das folgende Beispiel.

Beispiel:

Die Anlage von 10.000 Euro in einem Sparbrief mit Zinsansammlung soll bei einer Bank am Ende der sechsjährigen Laufzeit einen Auszahlungsbetrag von 12.650 Euro erbringen. Die Bank wirbt für das Angebot mit der Angabe „Durchschnittlicher jährlicher Wertzuwachs: 4,42 Prozent“. Das scheint auf den ersten Blick korrekt zu sein. Teilt man den Gesamtertrag von 2.650 Euro durch die Laufzeitjahre, so ergibt sich ein jährlicher Ertrag von 441,67 Euro, der, bezogen auf das Kapital von 10.000 Euro, einen Zins von 4,42 Prozent jährlich ausmacht.

Diese Betrachtungsweise hat allerdings einen entscheidenden Fehler: Die Endauszahlung wird nämlich nicht allein aus dem ursprünglich eingezahlten Betrag erwirtschaftet, sondern auch die aufgelaufenen Zinsen werden während der Laufzeit auf das Kapital geschlagen und mitverzinst. Der so eintretende Zinseszinseffekt muss bei der Berechnung der effektiven Verzinsung oder Rendite berücksichtigt werden. Die um diesen Effekt bereinigte echte Rendite beträgt deshalb lediglich 4 Prozent pro Jahr und liegt somit immerhin um 0,42 Prozent unter dem ausgewiesenen Wertzuwachs.

Wie Sie sehen, kann eine Orientierung an Zinsangaben, die nicht ausdrücklich als „Rendite" oder „Effektivzins" ausgewiesen werden, schnell zu falschen Entscheidungen führen. Sie sollten deshalb immer die Angabe der Rendite vom anbietenden Institut fordern. Sicherheitshalber sollten Sie sich den genannten Wert schriftlich geben lassen, denn wie Stichproben der Verbraucherzentrale Nordrhein-Westfalen ergeben haben, ist selbst Bankangestellten manchmal der Unterschied zwischen „Rendite" und „Wertzuwachs" oder „Durchschnittsverzinsung" nicht klar!

Am einfachsten gestaltet sich ein Konditionenvergleich bei standardisierten Anlageformen mit laufender Zinsausschüttung der Banken und Sparkassen. Hier entspricht der ausgewiesene Nominalzins der Anlagerendite unter der Voraussetzung, dass der Zinssatz während der gesamten Anlagedauer gleich bleibt und keinerlei Nebenkosten anfallen. Wird etwa ein Sparbrief mit dreijähriger Laufzeit und jährlicher Zinsausschüttung mit einem Nominalzins von 3,5 Prozent angeboten, so liegt die Rendite ebenfalls bei jährlich 3,5 Prozent. In gleicher Weise können Sie durch eine einfache Gegenüberstellung der Nominalzinssätze auch die Konditionen für Tagesgelder, Sparbücher und Festgelder vergleichen.

Tipp: Gutschreibungstermine nutzen

Manche Banken schreiben bei Tagesgeldern die Zinsen nicht jährlich, sondern quartalsweise oder monatlich gut. Daraus ergibt sich innerhalb des Jahres ein – wenn auch geringer – Zinseszinseffekt, sodass die tatsächliche Rendite wenige Zehntelprozent höher als der Nominalzins sein kann.

Beim Renditevergleich von Ratensparverträgen müssen zusätzlich die Zinsgestaltung und die Verfügbarkeit berücksichtigt werden. Die oft nur schwer durchschaubaren Vertragsgestaltungen können sonst dazu führen, dass Sie Angebote gegenüberstellen, die sich zwar von der Produktbezeichnung her ähneln, aber dennoch sehr verschieden sind.

Häufig ist eine absolut sichere Renditeangabe aber ohnehin nicht möglich, weil die Grundverzinsung variabel ist. Für eine Beurteilung solcher Angebote wäre es hilfreich, sich vom Kreditinstitut aufzeigen zu lassen, wie stark die Zinssätze in der Vergangenheit auf Veränderungen der Marktzinsen reagiert haben. Stellen Sie dabei fest, dass es bei bestimmten Angeboten mit dem Zins immer schnell abwärts, aber nur sehr langsam aufwärts gegangen ist, sollten diese allenfalls zur zweiten Wahl gehören.

Wird ein über die Gesamtlaufzeit fester Zins gewährt, lassen sich Sondersparverträge auch ganz einfach anhand der zum Vertragsende fälligen Auszahlungssumme vergleichen. Das setzt allerdings voraus, dass der Einzahlungsbetrag bzw. die laufenden Raten übereinstimmen und sämtliche anfallenden Kosten berücksichtigt werden.

Tipp: Je nach Zinsphase entscheiden

Schließen Sie Verträge mit variabler Verzinsung nur in Niedrigzinsphasen ab. Liegt das allgemeine Zinsniveau dagegen hoch, ist es sinnvoll, sich die günstigen Konditionen durch Festzinssätze langfristig zu sichern.

Nebenkosten wie Kontogebühren oder andere Spesen können Sie beim Vergleich der Konditionen von Tagesgeldern, Sparbüchern, Festgeldern, Sparbriefen und Sondersparformen in aller Regel außer Acht lassen. Die obligatorische Frage nach solchen Zusatzausgaben sollte aber sicherheitshalber dennoch zu jeder Angebotseinholung gehören.

Kostenvergleich beim Wertpapierdepot

Wenn Sie Wertpapiere oder Investmentfondsanteile in einem Depot verwalten lassen müssen, kommen Sie bei Ihren Investments an der Dienstleistung einer Bank nicht vorbei. Die Auftragsausführung und Depotverwaltung wird von den Geldhäusern natürlich mit Gebühren belegt. Weil die Preise und Leistungen oftmals sehr unterschiedlich sind, sollten Sie vor dem Einstieg ins Wertpapiergeschäft die depotführende Bank sorgfältig auswählen – und das muss dann nicht zwangsläufig die Hausbank sein.

Ordergebühren

Egal ob Sie Wertpapiere an der Börse kaufen oder verkaufen: Es werden Gebühren fällig. Die meisten Banken machen die Höhe der Gebühren davon abhängig, welches Wertpapiervolumen beim betreffenden Auftrag gehandelt wird. Ab einer bestimmten Untergrenze beim Volumen wird eine feste **Mindestgebühr** fällig. Diese kann je nach Orderweg und Bank sehr unterschiedlich ausfallen. Günstige Direktbanken verlangen bei der Internetorder Mindestgebühren von weniger als 10 Euro, während die Auftragserteilung in der Filialbank schon mal mehr als 25 Euro kosten kann. Bei größeren Aufträgen schwankt die Bankgebühr je nach Anbieter meist zwischen 0,25 und 1 Prozent des Kurswerts. Manche Banken differenzieren dabei noch, ob es sich um Aktien oder Anleihen handelt. Wo dies der Fall ist, zahlen Sie bei Anleihen weniger Gebühren als bei Aktien.

Dazu kommt bei der Ausführung über die Börse noch die **Börsengebühr** für den Makler- oder Xetra-Handel, das ist der elektronische Handel der Deutschen Börse AG. Diese macht jedoch nur einen Bruchteil der Gesamtgebühren aus, selbst bei größeren Orders werden nur wenige Euro verlangt. Diese Gebühren entfallen, wenn die Transaktion außerhalb der Börse im eigenen Handelssystem der Bank vollzogen wird. Die Einrichtung eines Limits bei Kauf oder Verkauf ist oft kostenlos möglich, eine Änderung des Limits kostet hingegen meist extra.

Bei **Investmentfonds** kommt es darauf an, ob Sie die Fondsanteile über die Börse erwerben oder bei der Fondsgesellschaft ordern. Beim Fondskauf an der Börse fallen dieselben Gebühren wie beim Aktienkauf an, dafür wird jedoch kein Ausgabeaufschlag verlangt. Stattdessen gibt es eine geringe Kursdifferenz zwischen Kauf- und Verkaufskurs, den sogenannten „spread", der jedoch bei gängigen Fonds oftmals weniger als 1 Prozent beträgt. Bei größeren Aktienfonds-Einmalanlagen ist es daher lohnenswert, den Kauf über die Börse als kostensparende Alternative durchzurechnen.

Indexfonds, die bei besonders niedrigen Verwaltungsgebühren auf ein aktives Management verzichten und nur einen Aktien-, Renten- oder Rohstoffindex abbilden, können Sie an der Börse erwerben. Daher werden diese Fonds auch als „Exchange Traded Funds" (börsengehandelte Fonds) oder kurz als „ETFs" bezeichnet.

Depotgebühren

Mit etwas Glück finden Sie eine Bank, die für die eigentliche Führung Ihres Wertpapierdepots keine Gebühren verlangt – doch solche Anbieter gibt es meist nur im Kreis der Direktbanken. Manchmal wird die kostenlose Depotführung von einem Mindestdepotvolumen abhängig gemacht oder davon, ob Sie zwischendurch auch eine provisionsbringende Order aufgeben. Wenn Sie nicht wenigstens ein Mal pro Quartal handeln, kassiert die Bank Gebühren. Die Höhe der Depotgebühr reicht vom Nulltarif bis zu komplizierten Kostenmodellen, bei denen die Gebühr sowohl vom Depotwert wie auch von der Anzahl der im Depot befindlichen unterschiedlichen Wertpapiere abhängt.

Achtung!

Wenn Sie mit Ihrem Wertpapierdepot zu einer anderen Bank wechseln, kann es sein, dass Ihnen das Geldinstitut eine saftige Gebühr aufbrummen will. Das ist nicht statthaft, denn der Bundesgerichtshof hat die „Strafgelder" für Depotwechsler in jeder Form für unzulässig erklärt (Az.: XI ZR 200/03 und XI ZR 49/04 vom 30. November 2004). Dies betrifft nicht nur den Fall der Schließung des Depots und der Übertragung des gesamten Depotinhalts auf die neue Bank. Auch für die Übertragung von einzelnen Depotposten auf die neue Bank unter Beibehaltung des bestehenden Depotvertrags darf das Kreditinstitut kein Entgelt verlangen.

Beraterbank oder Discountbroker?

Die größten Unterschiede bei den Gebühren sind zwischen den Banken mit Beratungsleistung und den sogenannten Discountbrokern oder Direktbanken zu finden. Damit stehen Sie vor der Frage: Lohnt es sich, den Aufpreis in Form höherer Gebühren für die Beratung zu zahlen, oder sollten Sie sich den größten Teil davon lieber sparen?

Die Antwort davon hängt von zwei Faktoren ab: zum einen von Ihren eigenen Kenntnissen über den Wertpapiermarkt und zum anderen von der Qualität des Beraters.

Was Ihre eigenen Kenntnisse betrifft, sollten Sie sich realistisch und lieber etwas vorsichtiger als nötig einordnen. Klar ist: Das Lesen von ein paar Anlegermagazinen und Finanz-Newslettern macht aus einem Laien noch lange keinen Fachmann für internationale Kapitalmärkte. Wenn die Börse boomt, überschätzen sich viele Anleger – was nicht schlimm war, solange man wegen der ständig steigenden Aktienkurse praktisch nichts falsch machen konnte. Doch wenn Spekulationsblasen platzen und die Kurse fallen, wird auf sehr unsanfte Weise die Spreu vom Weizen getrennt. Dann muss sich so mancher Anleger eingestehen, dass er leichtsinnig und ohne wirkliches Wissen über die Funktionsweise der Wirtschaft agiert hat. Der Preis für diese Erkenntnis sind nicht selten Kursverluste von 30 bis 50 Prozent, wie in der Finanzkrise 2008/2009.

Für Betroffene ist es sicherlich nur ein schwacher Trost zu wissen, dass es den Profis von den Banken nur selten besser geht. Auch diejenigen, die mit Börsenfachbegriffen um sich werfen, sind längst nicht immer so qualifiziert, dass sie eine sturmfeste Anlagestrategie verfolgten. Damit ist der höhere Preis, den Sie bei Transaktionen für die Beratungsleistung zahlen müssen, nur dann gerechtfertigt, wenn der Berater bessere Entscheidungen als Sie selbst treffen kann. Das Problem liegt jedoch darin, dass Sie dies erst nach einer gewissen Zeit feststellen können.

Tipp: Beratungserfolg kontrollieren

Wenn Sie sich für Beratung entscheiden, sollten Sie stets kontrollieren, ob sich die empfohlenen Wertpapiere langfristig besser als der Durchschnitt entwickelt haben.

Checkliste: Das zeichnet einen guten Berater aus

- ☐ Das Beratungsgespräch beginnt nicht mit einem „heißen Tipp“, sondern mit einer Analyse Ihrer finanziellen Situation.
- ☐ Anhand Ihrer Lebensplanung, Ihrer Risikoneigung, Ihres Einkommens und des vorhandenen Vermögens wird zunächst eine Gesamtstrategie erarbeitet, bevor es um konkrete Aktien oder andere Wertpapiere geht.
- ☐ Sie werden darauf hingewiesen, dass innerhalb der Aktieninvestments ein möglichst breit gestreuter Mix unterschiedlicher Branchen und Regionen notwendig ist.
- ☐ Die Chancen und Risiken einzelner Anlageprodukte werden verständlich erläutert und schriftlich festgehalten.
- ☐ Bei der Wertpapierauswahl achtet der Berater darauf, dass auch über die einzelnen Anlageklassen hinweg „Klumpenrisiken“ durch einseitiges Bevorzugen bestimmter Branchen, Emittenten oder Währungen vermieden werden.
- ☐ Bei der Auswahl konkreter Wertpapiere legt der Berater nicht nur die hauseigene Empfehlung vor, sondern bildet sich aus verschiedenen Quellen ein eigenes Urteil und legt seine Entscheidungsgründe offen.
- ☐ Der Berater informiert Sie unaufgefordert über die Kosten der Anlageprodukte und die bei der Bank verbleibende Provision.

Eine ausführliche Erläuterung, worauf Sie bei einem Anlageberater achten sollten, finden Sie in Kapitel 11, auf Seite 235 ff.

Der Anlegertyp beeinflusst den Kostenvergleich

Die billigste Bank für jeden Bedarf gibt es nicht. Abgesehen von der Entscheidung zwischen Berater und Discounter hängt es von Ihrem eigenen Anlageverhalten ab, welche Gebührenmodelle am Ende für Sie am günstigsten sind.

Wenn Sie zu den Anlegern zählen, die nach dem Motto „Kaufen und halten“ agieren, haben Sie im Verhältnis zum Depotbestand vergleichsweise wenige Transaktionen. Damit erhalten die Kosten für die Depotführung mehr Gewicht als die Gebühren für einzelne Transaktionen. Am günstigsten sind für Sie dann solche Banken, die auch ohne eine Mindestanzahl an Orders pro Quartal das Depot kostenfrei führen und bei Aufträgen noch vergleichsweise günstige Gebühren verlangen.

Stehen Sie hingegen auf dem Standpunkt, dass ein Wertpapierdepot aktiv gemanagt werden sollte und je nach kurzfristigem Börsentrend auch öfter mal Umschichtungen stattfinden sollten, dann gewinnen die Gebühren für die Transaktionen an Bedeutung. Vor allem dann, wenn Sie auch kleinere Volumen häufiger umschichten, sollten Sie auf möglichst niedrige Mindestgebühren pro Transaktion achten – und dann kann eine Bank für Sie günstiger sein, bei der das Depot zwar etwas kostet, die Transaktionsgebühren dafür aber sehr niedrig sind.

Außerdem kommt es darauf an, auf welchen Wegen Sie Ihre Orders aufgeben wollen. Manche Banken bieten einheitliche Preise für die Auftragserteilung per Internet oder Telefon, während andere Institute Nachlässe für Online-Orders gewähren.

Tipp: Auch ohne Wechsel Gebühren sparen

Sie müssen nicht unbedingt die Bank wechseln, wenn Sie Ihre Gebühren reduzieren wollen. Viele Filialbanken bieten mehrere Preismodelle als Alternative an – je nachdem, ob Sie über einen Berater, per Telefon oder über das Internet ordern wollen. Wenn Sie mit Ihrer Hausbank zufrieden sind und die Formalitäten für die Eröffnung eines Depots außerhalb der Bank scheuen, können Sie damit bei selbstständigen Anlageentscheidungen zumindest die Kosten reduzieren.

Vergleichen von Investmentfonds

Egal ob Aktien-, Renten-, Immobilienfonds oder andere Fondsprodukte: Wenn Sie in dieser Produktkategorie investieren, haben Sie im Gegensatz zur Anlage bei Banken keine klare Aussage zur künftigen Rendite. Vor allem bei Aktienfonds kann die Wertentwicklung stark schwanken, und in guten Börsenjahren ist ein zweistelliges Plus ebenso drin wie ein zweistelliges Minus in schlechten Jahren.

Maßgeblich abhängig ist die Fondsrendite vom Geschick des Fondsmanagements, das über die Zielinvestitionen entscheidet. Untersuchungen haben gezeigt, dass es langfristig nur rund ein Fünftel der Fondsmanager schafft, bessere Ergebnisse als der Vergleichsindex zu erzielen – bei einem Euroland-Aktienfonds wäre dies beispielsweise der Vergleich mit dem EuroStoxx 50.

Verwaltungsgebühren

Je nach Fondsgattung zweigen Investmentgesellschaften unterschiedlich hohe Gebühren vom Guthaben der Fondsanleger ab. Diese Verwaltungsgebühr, die auch als „Management Fee" bezeichnet wird, deckt nicht nur die Aufwendungen des Fondsanbieters für Management und Kapitalmarktanalysen ab. Bis zu 50 Prozent der jährlichen Verwaltungsgebühren fließen als sogenannte Bestandsprovision an die Banken oder Finanzvertriebe, die dem Anleger die Fondsanteile verkauft haben.

» Unterschiedliche Gebühren

Die Höhe der Gebühren kann je nach Fondsgattung und Anbieter stark variieren. So verlangen günstige Aktienfondsanbieter weniger als ein Prozent des Guthabens pro Jahr, während bei teuren Wettbewerbern der Gebührensatz doppelt so hoch liegen kann. Deutlich geringere Gebühren werden bei Renten- und Immobilienfonds verlangt, die jedoch auch nur ein eingeschränktes Renditepotenzial bieten. Die niedrigsten Gebührensätze sind bei Geldmarktfonds zu finden.

Seit geraumer Zeit hat sich mit der Gewinnbeteiligung – im Branchenjargon auch als „Performance Fee“ bekannt – eine weitere Gebührenvariante etabliert, die das Fondsinvestment weiter verteuert. Das geht nur all zu oft zu Lasten der beim Anleger verbleibenden Rendite. So hat im Jahr 2012 das Analystenhaus Scope knapp 8.000 in Deutschland zum Vertrieb zugelassene Investmentfonds untersucht und die Auswirkung der Gewinnbeteiligung auf das Nettoergebnis geprüft. Resultat: Im Schnitt erzielten über einen Zeitraum von drei Jahren hinweg Fonds mit Gewinnbeteiligung 1,6 Prozentpunkte weniger Wertzuwachs als Fonds ohne Gewinnbeteiligung. Damit ist das häufig ins Feld geführte Argument, dass die Extragebühr dem Management als Anreiz für überdurchschnittliche Leistung diene, nichts anderes als eine hohle Phrase.

Zu unterscheiden sind bei der Berechnungsweise zwei Varianten – nämlich die absolute und die relative Gewinnbeteiligung:

- Bei der **absoluten Gewinnbeteiligung** kassiert das Fondsmanagement Extragebühren, wenn im Lauf eines Kalenderjahrs eine feste Mindestverzinsung überschritten wurde.
- Bei der **relativen Gewinnbeteiligung** werden Gebühren fällig, wenn der Fonds im Vergleich zu dem Aktien- oder Rentenindex, der dem Fondsportfolio am nächsten kommt, eine Überrendite erzielt. Das kann jedoch in

Zeiten fallender Märkte zu zusätzlichen Belastungen für den Anleger führen: Fällt der Index um 12 Prozent, während der Fonds nur 8 Prozent Verlust machen würde, dann wird trotz Verlusts eine Gewinnbeteiligung fällig.

Als Anleger sollten Sie darauf achten, dass ein Fonds im Vergleich zu konkurrierenden Produkten eine niedrigere Fixgebühr hat, wenn zusätzlich noch eine Gewinnbeteiligung fällig wird. Wo dies nicht der Fall ist, ist sie weniger ein Anreiz für das Fondsmanagement als ein Instrument, um den Kunden in guten Zeiten noch zusätzlich in die Tasche zu greifen. Nachzulesen sind diese Kosten – am besten vor dem Kauf – im Verkaufsprospekt.

! Achtung!

Manche Fonds behalten in guten Jahren die Gewinnbeteiligung ein, während der Anleger bei unterdurchschnittlicher Rendite keinen Anspruch auf Verrechnung der roten Zahlen mit künftigen Gewinnen hat. Fairer werden Anleger von Fonds behandelt, die bei der Gewinnbeteiligung eine „High Water Mark" („Hochwassermarke") einbauen. Neue Gewinnbeteiligungen dürfen bei diesem Prinzip erst dann wieder kassiert werden, wenn der höchste in der Vergangenheit erreichte Stand übertroffen worden ist.

Ausgabeaufschlag

Banken und Finanzvertriebe erhalten von den Fondsgesellschaften meist den kompletten Ausgabeaufschlag als Provision. Die Höhe dieser Gebühr, die vom Anleger als Einmalbetrag beim Erwerb der Fondsanteile zu zahlen ist, ist je nach Fondsgattung und Anbieter unterschiedlich hoch. Bei Geldmarktfonds wird zumeist kein Aufschlag verlangt, da dieses Investment immer sehr kurzfristig ausgelegt und der Verwaltungs- und Vertriebsaufwand praktisch gleich Null ist. Bei den meisten Rentenfonds liegt die Spanne zwischen 2,5 und 4 Prozent, und Aktienfonds sind meist mit Aufschlägen von 4 bis 6 Prozent verbunden. Lediglich ein paar sehr teure Anbieter liegen sogar noch oberhalb der 6-Prozent-Marke.

Manche Gesellschaften greifen jedoch zu einem Rechentrick und drücken den Prozentsatz zumindest optisch, indem sie den Aufschlag nicht vom Nettoinvestment berechnen, sondern als Basis die Summe aus Nettoinvestment und Aufschlagsgebühr nehmen.

Beispiel:

Ein Kunde legt 100 Euro bei der Fondsgesellschaft an, von denen nach Abzug des Ausgabeaufschlags lediglich 95 Euro auch wirklich am Finanzmarkt investiert werden. Gibt der Anbieter in diesem Fall den Ausgabeaufschlag mit 5 Prozent an, ist das schlichtweg falsch – denn bezogen auf das Nettoinvestment in Höhe von 95 Euro entspricht der Aufschlag von 5 Euro einem realen Anteil von 5,26 Prozent. Der Prozentsatz beim Aufschlag ist demzufolge nur dann korrekt angegeben, wenn als Berechnungsbasis der Rücknahmepreis – der ja dem Nettoinvestment entspricht – dient.

Viele Fondsgesellschaften bieten auch Aktienfonds ohne Ausgabeaufschlag an. Allerdings wird Ihnen mit dieser Variante nichts geschenkt; im Gegenteil: Als Ausgleich für den Verzicht auf den Ausgabeaufschlag verlangen die Investmentgesellschaften für solche Fonds deutlich höhere Verwaltungsgebühren. Im Vergleich zum klassischen Fonds mit Ausgabeaufschlag liegen die laufenden jährlichen Kosten meist einen Prozentpunkt höher. Daraus errechnet sich auch, ab welchem Anlagehorizont sich der Fonds mit Ausgabeaufschlag lohnt.

Faustregel: Wer beispielsweise einen Fonds mit 5 Prozent Ausgabeaufschlag wählt, sollte sein Geld darin auch fünf Jahre lang angelegt lassen – bei kürzerer Anlagedauer wäre ein aufschlagfreier Fonds mit höherer Verwaltungsgebühr die günstigere Alternative.

» So können Sie sparen

Wenn Sie beim Ausgabeaufschlag Geld sparen wollen und für Ihre Anlageentscheidungen keinen Berater benötigen, sollten Sie den Fondserwerb über eine Direktbank oder einen Discountbroker in Betracht ziehen. Dort erhalten Sie meist hohe Nachlässe auf den Ausgabeaufschlag, bei einzelnen Fonds verzichten diese Anbieter sogar ganz auf den Ausgabeaufschlag, ohne dass Sie eine höhere jährliche Verwaltungsgebühr in Kauf nehmen müssen. Auch beim Kauf von Fondsanteilen über die Börse entfällt der Ausgabeaufschlag, allerdings müssen Sie hierbei eine geringe Differenz zwischen Kauf- und Verkaufskurs sowie die Ordergebühren der ausführenden Bank mit einkalkulieren. Aber dies kann deutlich günstiger sein, als den Ausgabeaufschlag zu bezahlen – insbesondere bei Einmalanlagen.

Beispiel:

Sie wollen 1.000 Euro in einen Investmentfonds investieren. Bei 5 Prozent Ausgabeaufschlag zahlen Sie 50 Euro – nur 950 Euro gehen in den Fonds. Bei 50 Prozent Rabatt auf den Ausgabeaufschlag reduzieren Sie diese Gebühr auf 25 Euro. Noch günstiger geht es über die Börse: Bankprovision zzgl. Börsenplatzgebühr belaufen sich auf Kosten in Höhe von nur 9,45 Euro!

Gebühren sparen mit Indexfonds (ETFs)

Schon mehrfach wurden in diesem Buch Indexfonds oder „Exchange Traded Funds" (ETFs) als kostengünstige Alternative zum herkömmlichen Investmentfonds erwähnt. Während bei einem aktiv gemanagten Aktienfonds der Fondsmanager die einzelnen Aktien so gewichten kann, wie er es für sinnvoll erachtet, macht sich der Fondsmanager beim Indexfonds die Arbeit ganz leicht. Er kopiert einfach einen bestimmten Aktien- oder Rentenindex wie den DAX, den EuroStoxx 50 oder den Rentenindex REX.

Dies spart vor allem eins: Kosten. So haben Indexfonds in der Regel eine deutlich niedrigere Verwaltungsvergütung.

Sie liegt bei 0,15 bis 0,5 Prozent pro Jahr. Die Kosten machen also nur in etwa 10 bis 30 Prozent der Kosten eines aktiven Managements aus. Mit einem Indexfonds machen Sie natürlich auch alle Auf- und Abwärtsbewegungen des Aktienmarkts mit. Es geht also genauso turbulent zu wie bei aktiv gemanagten Fonds. Aber immerhin ist man mit einem Indexfonds genauso gut wie der Markt und läuft diesem nicht bei hohen Kosten hinterher.

Die folgenden Übersichten verdeutlichen noch einmal den Kostenvorteil:

Endkapital bei Einmalanlage von 10.000 Euro

	Verwaltungsvergütung 1,5 % pro Jahr aktiv gemanagter Fonds	Verwaltungsvergütung 0,15 % pro Jahr ETF
Endkapital nach 10 Jahren	18.771,00	21.291,00
Endkapital nach 20 Jahren	35.236,00	45.332,00

Angenommene Fondsrendite vor Kosten: 8 Prozent

Endkapital bei Sparplan mit 100 Euro monatlich

	Verwaltungsvergütung 1,5 % pro Jahr aktiv gemanagter Fonds	Verwaltungsvergütung 0,15 % pro Jahr ETF
Endkapital nach 10 Jahren	16.763,00	17.994,00
Endkapital nach 20 Jahren	48.231,00	56.307,00

Angenommene Fondsrendite vor Kosten: 8 Prozent

Praktisch ist, dass Sie mit ETFs auf unterschiedliche Wertpapierarten und Märkte setzen können. Es gibt ETFs auf Aktien, Renten, bestimmte Branchen oder Rohstoffe.

Tipp

Basteln Sie sich die Zusammensetzung eines risikofreudigen oder eher risikoarmen Depots einfach selbst: Eine ETF-Mischung aus Renten Eurozone, Geldmarkt ETF, Aktien Europa und Welt, Aktien der Schwellenländer und vielleicht Japan bietet ein breit aufgestelltes Depot. Gewichten Sie die Anteile je nach Ihrer Risikoneigung. Auch können Sie nur den risikobehafteten Teil Ihrer Geldanlage mit ETFs gestalten und für die Absicherung kosten- und risikolose Sparprodukte dazu nehmen.

Der Kauf von ETFs ist ganz einfach. Sie kaufen diese genauso wie Aktien über Ihre Bank an der Börse. Sie erteilen über die Order den Auftrag entweder für eine bestimmte Stückzahl oder für einen bestimmten Wert. Die Anteile werden auf Ihrem Depotkonto verbucht und verbleiben dort, bis Sie diese irgendwann bei lohnenswerten Kurssteigerungen wieder verkaufen. Hier gibt es aber keinen Ausgabeaufschlag, sondern folgende Kosten:

- Grundgebühr pro Order (je nach Bank, zum Beispiel 4,95 Euro)
- Provision (0,25 Prozent)
- Börsenplatzgebühr (zum Beispiel 1,50 Euro)
- Spread (Differenz zwischen Kauf- und Verkaufskurs, zum Beispiel 0,05 Prozent)

Wollen Sie regelmäßig mit ETFs sparen, so können Sie mittlerweile bei einigen Direktbanken ETF-Sparpläne abschließen.

Achtung!

Neuerdings empfehlen Banken häufig die Anlage in ETF-Dachfonds. Der Kunde denkt oft fälschlicherweise, er hätte nun den günstigen ETF. Tatsächlich investiert er in einen Dachfonds, der wiederum in ETF investiert – und die laufenden Kosten des Dachfonds bewegen sich mit oft mehr als 1,5 Prozent p.a. auf dem Niveau aktiv gemanagter Fonds.

Gut versteckt: Gebühren beim Versicherungssparen

Durch das neue Versicherungsvertragsgesetz werden die Anbieter seit Sommer 2008 zu mehr Transparenz angehalten. So müssen Angaben zur Höhe der in der Versicherungsprämie einkalkulierten Abschlusskosten als Gesamtbeitrag gemacht werden, auch müssen die übrigen einkalkulierten Kosten als Anteil der Jahresprämie unter Angabe der jeweiligen Laufzeit ausgewiesen werden.

» Zillmerung

Die sofortige Provisionsverrechnung wird auch als „Zillmerung" bezeichnet. Das mathematische Verfahren hierzu entwickelte im Jahr 1863 der Versicherungsmathematiker August Zillmer. Dabei ist zu berücksichtigen, dass der Sparer zwar theoretisch erst einmal Schulden beim Versicherer hat – aber diese kann die Versicherungsgesellschaft selbst bei frühzeitiger Kündigung nicht geltend machen. Überdies muss sie von Beginn an die Absicherung des Todesfalls gewährleisten, sofern es sich um eine Lebensversicherung und nicht um eine reine Rentenpolice handelt.

Immerhin erfährt der Sparer jetzt die Kosten der Versicherung. Aber ein Grundproblem bleibt: die Verrechnung der Vertriebsprovisionen. Denn unabhängig davon, ob Sie Ihren Vertrag bis zum Ende durchhalten, erhält der Versicherungsvermittler seine Provision auf Basis der kompletten künftigen Einzahlungen.

Mithilfe des komplizierten Zillmer-Verfahrens kann ermittelt werden, wie der Gegenwert der sofort ausgezahlten Vertreterprovisionen nach und nach in den Vertrag einfließen und gleichzeitig aus den Sparbeiträgen die Prämie für den Todesfallschutz finanziert werden kann. Sozusagen scheibchenweise werden die noch nicht eingebuchten Provisionen von den Sparraten abgezogen, bis keine Provisionsschulden mehr übrig sind. Bis zu 4 Prozent der Beitragssumme dürfen nach diesem Verfahren gleich zu Beginn dem Sparer direkt belastet werden, so die Regelung der Bundesanstalt für Finanzdienstleistungsaufsicht (BaFin).

Dem Versicherungssparer bringt die Zillmerung vor allem in den ersten Jahren drastische finanzielle Einbußen – wer beispielsweise nach fünf Jahren den Rückkaufswert seines Versicherungssparvertrags mit der Summe der bereits geleisteten Sparraten vergleicht, kann dies bestätigen.

Tipp: Kostenersparnis durch Direktversicherer

Wenn Sie einen Versicherungssparplan abschließen, bieten Ihnen Direktversicherer, die keine Vertriebsorganisationen finanzieren müssen, oftmals eine günstigere Kostenstruktur als herkömmliche Versicherer, die ihre Policen über den eigenen Außendienst oder Finanzvertriebe verkaufen.

10
Finanzplanung konkret

Für eine sinnvolle Finanzplanung brauchen Anleger vor allem drei Dinge:

- Grundkenntnisse über wirtschaftliche Zusammenhänge,
- Basisinformationen zu den wichtigsten Formen der Geldanlage,
- eine gute Portion gesunden Menschenverstand.

Um Ihre Finanzplanung auf ein solides Fundament zu stellen, müssen Sie weder Börsenexperte noch Steuerfachmann sein. Natürlich können hoch spezialisierte Profis hier und dort noch ein Quäntchen mehr Rendite herausholen. Aber viel wichtiger als die Renditemaximierung ist das Vermeiden von Kardinalfehlern. Ob beispielsweise Ihr Aktienfonds langfristig im Schnitt 7 oder 9 Prozent Jahresrendite bringt, ist weitaus weniger bedeutsam als die Frage, ob Sie ihn richtigerweise für den langfristigen Vermögensaufbau oder fälschlicherweise für das Ansparen auf Anschaffungen einsetzen.

Auf den folgenden Seiten erfahren Sie, wie Sie Ihre Finanzplanung mithilfe von einigen wenigen Kategorien ganz einfach aufbauen können und welche Prioritäten dabei zu setzen sind.

Die Grundregeln der privaten Finanzplanung

Im ersten Kapitel dieses Buchs wurden bereits ab Seite 14 die wichtigsten Anlageziele und die dazu passenden Anlageformen vorgestellt. Auf der folgenden Seite noch einmal im Überblick:

- kurzfristige Liquiditätsbildung,
- Sparen auf Anschaffungen,
- mittelfristige Einmalanlage,
- unbefristetes Sparen für die Vermögensbildung und Altersvorsorge,
- langfristige Einmalanlage.

In diesen fünf Kategorien spielt sich praktisch die gesamte Finanzplanung ab. Allerdings haben nur die wenigsten Anleger so viel Geld, dass sie ihr Guthaben gleichzeitig über alle Kategorien hinweg verteilen können. Daher ist es wichtig, zunächst einmal die richtigen Prioritäten zu setzen.

Der erste Topf, der ausreichend gefüllt sein sollte, ist die kurzfristig verfügbare **Geldreserve**. Wie hoch diese ausfallen sollte, hängt von Ihrer persönlichen Situation ab – je nach Anlegertyp sollten dies zwei bis vier Nettomonatsgehälter sein. Familien mit Kindern brauchen beispielsweise mehr Reserven als Singles, da hier die Gefahr ungeplanter Ausgaben deutlich höher ist. Auf diese Weise vermeiden Sie, dass Sie bei größeren Reparaturen oder kurzfristigen Neuanschaffungen gleich einen teuren Dispo- oder Ratenkredit in Anspruch nehmen müssen.

Dann sollten Sie sich überlegen, welche **Anschaffungen** für die nächsten drei bis fünf Jahre geplant sind. Steht der Kauf eines neuen Autos an? Wollen Sie Ihre alte Küche irgendwann gegen eine neue eintauschen? Für solche Investitionen sollten Sie frühzeitig Eigenkapital bilden. Das spart Ihnen nicht nur Zinsen für Anschaffungskredite, sondern reduziert auch das Risiko, durch hohe Kredite in die Schuldenfalle zu geraten.

Parallel dazu sollten Sie schon frühzeitig beginnen, Ihre gesetzliche **Rente** zu ergänzen. Infrage kommen dabei meist entweder die betriebliche Altersvorsorge oder die Riester-Rente, bei der sich dank staatlicher Zulagen Ihr Eigenanteil in Grenzen hält. Meiden Sie hingegen unflexible Sparverträge bei privaten Renten- oder Lebensversicherungen, die Ihnen bei einem finanziellen Engpass drastische Renditeeinbußen durch die Stilllegung bescheren!

Wenn Sie den **Erwerb eines Eigenheims** planen, sollten Sie Ihr Sparverhalten schon fünf bis zehn Jahre zuvor darauf abstimmen: Meiden Sie risikobehaftete Fondssparpläne und Aktienanlagen, und lassen Sie bei der Baufinanzierung eine ausreichende Reserve für aktuelle und künftige Anschaffungen unangetastet. Worauf Sie speziell bei der Finanzierung des Eigenheims achten sollten, erfahren Sie im Ratgeber „Die Baufinanzierung“, der bei den Verbraucherzentralen erhältlich ist.

Erst wenn die Finanzierung geplanter und ungeplanter Anschaffungen gesichert und die staatlich geförderte Altersvorsorge unter Dach und Fach ist, können Sie sich dem freien **Vermögensaufbau** und der langfristigen Kapitalanlage zuwenden. Dabei sollten Sie berücksichtigen, dass ein Teil davon im Rentenalter wieder in Form sicherer Anlagen für die Erwirtschaftung regelmäßiger Ausschüttungen zur Verfügung stehen sollte. Daher sollten Sie sich auch bei der freien Vermögensbildung nicht Hals über Kopf ins Risiko stürzen, sondern mit zunehmendem Alter verstärkt auf Sicherheit setzen.

Faustregel: Der Prozentsatz risikoreicher Anlagen wie Aktien oder entsprechender Fonds kann nach der Formel „100 minus Lebensalter“ berechnet werden. Für einen 55-jährigen Anleger würde dies bedeuten, dass bei der freien Vermögensbildung – ohne Berücksichtigung von Liquiditätsreserve und Anschaffungssparen – der Aktienanteil bei maximal 45 Prozent liegen sollte.

In der folgenden Tabelle finden Sie die Finanzprodukte, die für den jeweiligen Einsatzbereich geeignet sind.

Welches Produkt eignet sich wofür?

Einsatzbereich	Geeignete Anlageformen	Mit Einschränkungen geeignete Anlageformen
Liquiditätsreserve	Tagesgeldkonto	kurz laufende Festgelder, Sparkonten mit 3-monatiger Kündigungsfrist, Geldmarktfonds
Regelmäßiges Sparen für Anschaffungen, Eigenkapitalbildung für Immobilienerwerb	Tagesgeld, -Sparplan, Banksparplan	Bausparvertrag, Rentenfonds-Sparplan
Mittelfristige Einmalanlage	Festgeldkonto, Sparbrief, Bundeswertpapiere, Pfandbriefe	Rentenfonds
Altersvorsorge	mit Förderung: betriebliche Altersvorsorge, Riester-Rente ohne Förderung: Banksparplan, Fondssparen	Rürup-Rente, private Rentenversicherung
Langfristige Einmalanlage	Bundeswertpapiere, Investmentfonds, insbesondere Indexfonds (ETFs)	
Unbefristetes Sparen für die langfristige Vermögensbildung	Fondssparplan, vL-Sparen mit Aktienfonds	Versicherungssparplan

Kurz und bündig: sieben wichtige Grundregeln der Finanzplanung

1. Flexibel bleiben: Wenn Sie langfristig starre Sparverträge – insbesondere beim Versicherungssparen – abschließen, laufen Sie Gefahr, dass Ihnen in finanziell klammen Zeiten die nötige Flexibilität für die Erhaltung Ihrer Liquiditätsreserve fehlt. Dann müssen Sie entweder die Verträge mit hohen Renditeeinbußen kündigen oder in Kauf nehmen, dass Sie zwar jeden Monat hohe Summen auf einen Versicherungssparvertrag einzahlen, dafür jedoch teure Raten- oder Dispokredite für Anschaffungen aufnehmen müssen.

Gegenmittel: Bleiben Sie beim Sparen und Anlegen lieber flexibel und bevorzugen Sie Anlageformen, bei denen Sie Ihre Raten jederzeit ändern können oder auf die Sie verlustfrei auch mal vorzeitig zugreifen können.

2. Risiko nach Gesamtvermögen bemessen: Je niedriger Ihr Gesamtvermögen ist, umso geringer sollte das Anlagerisiko sein, das Sie eingehen. Wer 10 Millionen Euro besitzt und 5 Millionen verliert, der ärgert sich zwar gewaltig, ist jedoch noch lange nicht ruiniert. Wenn jedoch ein Normalsparer die Hälfte dessen in den Sand setzt, was er für seine Altersvorsorge auf die Seite gelegt hat, kann das den Lebensstandard im Rentenalter empfindlich beeinflussen.

3. Einkommensrisiko berücksichtigen: Je stärker Ihr Einkommen schwankt, umso mehr sollten Sie bei der Kapitalanlage auf Nummer sicher gehen. Ein Beamter mit sicherem Arbeitsplatz und kalkulierbarer Pension kann sich eine Börsenspekulation eher leisten als ein Selbstständiger oder ein Außendienstler, dessen Gehaltssumme von den erzielten Provisionen abhängt.

4. Erst Schulden tilgen: Die Rückzahlung von Schulden hat immer absoluten Vorrang – vor allem bei Dispo- und Ratenkrediten. Kein Anlageprodukt bietet Ihnen bei vollkommener Risikofreiheit eine so hohe Rendite wie der eingesparte Kreditzins!

5. Mehr Kinder, mehr Sicherheit: Ob Anschaffungen oder Zuschüsse für die Ausbildung – wer Kinder hat, muss mit deren Heranwachsen immer wieder größere Beträge investieren. Gut, wenn dann das Geld auf risikoarme und flexible Weise angelegt ist.

6. Konsequent Kosten sparen: Eingesparte Kosten erhöhen die Rendite, ohne zusätzliche Risiken mit sich zu bringen. Nutzen Sie ein gebührenfreies Girokonto. Wählen Sie bei Tagesgeld, Festgeld und ähnlichen Anlageformen eine Bank aus, die in den vergangenen Jahren stets überdurchschnittliche Zinsen gezahlt hat und der Einlagensicherung der Privatbanken, Genossenschaftsbanken oder Sparkassen angehört. Kaufen Sie Fondsanteile mit Rabatt auf den Ausgabeaufschlag beim Discountbroker oder an der Börse und lassen Sie diese in einem gebührenfreien Wertpapierdepot verwalten. Und seien Sie sich darüber im Klaren, dass in den Versicherungssparplänen, die Ihnen Mitarbeiter von Banken und Finanzvertrieben anpreisen, meistens Provisionen in Höhe von 1 bis 5 Prozent der gesamten Beitragssumme versteckt sind. Bei einer Versicherung, die 20 Jahre lang mit 100 Euro monatlich bespart wird, beträgt die Abschlussprovision somit bis zu 1.200 Euro!

7. Regelmäßig neu justieren: Im Leben ist nichts so beständig wie der Wandel – das gilt auch für die Finanzplanung. Prüfen Sie daher ein Mal pro Jahr, ob Ihre Vermögensstruktur noch zu Ihrem persönlichen Bedarf passt. Falls ja, führen Sie Ihre Strategie einfach weiter. Falls nein, schichten Sie einen Teil Ihrer Geldanlagen oder Sparpläne entsprechend um. Auch sollten Sie die Wertentwicklung Ihrer Anlagen verfolgen. Hatten Sie sich zu Beginn Ihrer Anlage vorgenommen, rund 40 Prozent in risikoreiche Aktienfonds und den Rest in Sicherheit zu investieren, so sollten Sie dies jährlich überprüfen. Aus der Gewichtung 40/60 könnte nach einigen Jahren auch 50/50 werden, wenn der Fondsanteil eine deutlich bessere Wertentwicklung aufweist. Wenn Sie dies verfolgen, würden Sie Gewinne abschöpfen – sprich Fondsanteile verkaufen –, um die Verteilung des Gelds wieder Ihrer Risikoneigung anzupassen.

Typische Beispielfälle

Die nachfolgend geschilderten Beispielfälle sollen einen Einblick geben, wie Finanzplanung in der Praxis funktionieren kann. Auch wenn sich die Zahlen sicherlich nicht einfach auf Ihre persönliche Situation übertragen lassen, so können Sie bestimmt aus einem der Beispiele nützliche Strukturen für Ihre eigene Planung ableiten. Bevor Sie sich allerdings mit den möglichen Anlagen und Strategien beschäftigen, sollten Sie Ihren Versicherungsschutz hinterfragen. Haftpflichtversicherung, Risikolebensversicherung zur Absicherung der Familie und ein guter Berufsunfähigkeitsschutz gehen einer Geldanlage vor! Nützliche Informationen dazu bieten Ihnen die Ratgeber der Verbraucherzentralen (→ Seite 270).

Beispiel 1: der Berufseinsteiger

Ein 22-Jähriger hat seine Ausbildung abgeschlossen, den Wehr- oder Zivildienst geleistet und ist nun dabei, sich beruflich zu etablieren. Er verdient 1.400 Euro netto pro Monat und wohnt preiswert in einer Wohngemeinschaft. Nennenswertes Vermögen kann er noch nicht vorweisen, der Erwerb einer Wohnung ist nicht geplant. In etwa zwei bis drei Jahren möchte er ein neues Auto kaufen. Mit den vermögenswirksamen Leistungen, die zum größten Teil der Arbeitgeber übernimmt, wird ein Aktienfonds angespart. Für Sparen und Altersvorsorge stehen monatlich 200 Euro zur Verfügung.

Weil mit dem Aktienfonds-Sparplan bereits der risikoorientierte Teil der Vermögensbildung abgedeckt ist, sollte sich dieser Sparer nun auf die Finanzierung künftiger Anschaffungen konzentrieren, um zum Zeitpunkt des Kaufs die

Aufnahme teurer Kredite vermeiden zu können. Gleichzeitig lohnt es sich jetzt schon, mit der Altersvorsorge zu beginnen.

Daraus ergeben sich die folgenden Sparaktivitäten:

- Rund 64 Euro pro Monat fließen in einen Riester-Vertrag, da sich bei diesem Einkommen für einen Ledigen die maximale Förderung ergibt.
- 135 Euro gehen per Dauerauftrag auf ein gut verzinstes Tagesgeldkonto. Damit wird die eiserne Reserve aufgefüllt, und wenn der Kauf eines neuen Autos fällig ist, kann dieses Konto ebenfalls angezapft werden.

Beispiel 2: junge Doppelverdiener

Kinderloses junges Ehepaar, beide voll berufstätig: Das gemeinsame Nettoeinkommen liegt bei 3.500 Euro pro Monat, beide Partner nutzen die betriebliche Altersvorsorge in Form der Gehaltsumwandlung. Bereits vorhanden ist auf einem Tagesgeldkonto ein Guthaben in Höhe von 15.000 Euro. Nach Abzug von Miete und Lebenshaltung können 500 Euro pro Monat auf die Seite gelegt werden. Das wichtigste Anschaffungsziel ist der Kauf einer Wohnung in den nächsten Jahren. Anspruch auf Arbeitnehmersparzulage besteht nicht.

Dieses Paar sollte seine Anlagestrategie auf den geplanten Wohnungskauf ausrichten, ohne dabei unflexibel zu werden oder sich auf einen bestimmten Zeitpunkt festlegen zu müssen. Damit empfehlen sich die folgenden Maßnahmen:

- Für die eiserne Reserve dürften 7.000 Euro reichen und deshalb kann ein Teil des Tagesgeldguthabens umgeschichtet werden. 8.000 Euro werden in einen Wachstums-Sparvertrag investiert, der im Lauf der Jahre steigende Zinsen und nach Ablauf der einjährigen Sperrfrist kurzfristige Zugriffsmöglichkeiten bietet.

- Weil mittelfristig der Erwerb eines Eigenheims geplant ist, wäre zu prüfen, ob der Abschluss eines Bausparvertrags infrage kommt. Zur Absicherung eines späteren zinsgünstigen Darlehens kann er mit und ohne Riester-Förderung abgeschlossen werden. Mit Förderung würde bei einer monatlichen Sparrate von ca. 200 Euro die maximale Förderung für beide Partner erzielt.
- Per Dauerauftrag werden monatlich weitere 300 Euro in einen Rentenfonds-Sparvertrag eingezahlt.

Beispiel 3: die junge Familie im Eigenheim

Eine junge Familie mit zwei Kindern hat vor Kurzem ein älteres Häuschen erworben und renoviert. Das Ziel ist, möglichst schnell schuldenfrei zu werden. Außerdem soll für die Ausbildung der Kinder frühzeitig vorgesorgt werden. Das Auto ist schon recht betagt, die Familie wird in der nächsten Zeit einen Gebrauchtwagen anschaffen. Außerhalb von Lebenshaltung und Baufinanzierung bleibt noch ein finanzieller Spielraum von 200 Euro pro Monat.

Bereits bei der Baufinanzierung sollte eine möglichst rasche Tilgung angestrebt werden, indem beispielsweise Sondertilgungen bis zu 5.000 Euro pro Jahr vertraglich vereinbart werden. Unter dieser Voraussetzung könnte der Finanzplan wie folgt aussehen:

- Für die Ausbildungsvorsorge und die Finanzierung des nächsten Autos fließen 100 Euro pro Monat in einen Banksparplan.
- 100 Euro monatlich werden auf das Tagesgeldkonto für die eiserne Reserve überwiesen. Wenn der Kontostand 5.000 Euro übersteigt, wird das darüber liegende Guthaben für eine Sondertilgung verwendet.

- 60 Euro pro Jahr werden noch als Mindesteigenbeteiligung in einen Riester-Sparplan eingezahlt, um die staatliche Förderung zu erhalten.

Beispiel 4: Selbstständige

Ein freiberuflich arbeitender 40-jähriger Programmierer, verheiratet und zwei Kinder, erzielt im Schnitt ein Nettomonatseinkommen in Höhe von 3.000 Euro. Seine Ehefrau ist in Teilzeit ebenfalls freiberuflich tätig und verdient weitere 1.000 Euro pro Monat. Beide sind aus der gesetzlichen Rentenversicherung ausgestiegen und müssen daher private Altersvorsorge betreiben. Aufgrund einer Erbschaft ist das Eigenheim bereits schuldenfrei, pro Monat stehen auch bei flauem Geschäft auf jeden Fall 1.200 Euro für Vorsorge und Sparen zur Verfügung. Weil das Einkommen überwiegend aus größeren Projekten stammt und dazwischen manchmal einige Zeit kein Geld hereinkommt, sind deutliche Einkommensschwankungen zu verzeichnen.

Vorrangig ist in dieser Situation, das Geld überwiegend sicher anzulegen und sich Möglichkeiten für flexible Einzahlungen offenzuhalten. Damit könnte die Strategie aussehen, wie auf der folgenden Seite dargestellt:

- Wegen der starken Einkommensschwankungen sollte die eiserne Reserve deutlich höher sein als bei einem Arbeitnehmer. Auf dem Tagesgeldkonto befinden sich daher 15.000 Euro.
- Die Altersvorsorge wird über Rürup-Sparpläne abgedeckt. Jeder der beiden Ehepartner zahlt in einen eigenen Vertrag monatlich 400 Euro ein, um bei Ableben eines Partners nach Ablauf der Garantiezeit zumindest seinen eigenen Teil der Rürup-Rentenzahlung zu sichern.
- Als langfristiger Sparplan für die Ausbildung der Kinder wird eine Kombination gewählt: 100 Euro pro Monat

fließen in einen internationalen Mischfonds und weitere 100 Euro in einen Banksparplan.

- Für künftige Anschaffungen legt das Ehepaar jeden Monat 200 Euro in Form eines Banksparvertrags mit steigendem Zins und dreimonatiger Kündigungsfrist an.
- Wenn die Geschäfte gut laufen, werden zusätzliche Einnahmen auf dem Tagesgeldkonto geparkt. Ein Mal pro Jahr wird ein Teil davon jeweils zur Hälfte in einen internationalen Aktienfonds und in Sparbriefe umgeschichtet. Ein Sockelbetrag von 15.000 Euro bleibt dabei auf dem Tagesgeldkonto.
- Aus den Bruttoeinnahmen wird die zu erwartende Einkommensteuer und auch die Umsatzsteuer gleich abgezweigt und ebenfalls auf das Tagesgeldkonto überwiesen. Basis hierfür sind die Steuerzahlungen des Vorjahrs, bei Umsatzanstieg erfolgt eine entsprechende Anpassung. So wird verhindert, dass Quartalszahlungen oder eine Steuernachzahlung das Girokonto in die roten Zahlen drücken.

Beispiel 5: kurz vor Rentenbeginn

Ein Ehepaar ist Ende fünfzig, beide Ehepartner arbeiten in Vollzeit. Das Kind ist bereits berufstätig und plant in den nächsten Jahren den Kauf einer Eigentumswohnung. Vor Kurzem erhielt das Paar eine Erbschaft, mit der die Baufinanzierung abgelöst werden und darüber hinaus noch einiges auf die Seite gelegt werden kann. Als zusätzliche Altersvorsorge läuft schon seit vielen Jahren eine Kapitallebensversicherung, die in fünf Jahren ausgezahlt wird.

Momentan ergibt sich kein Bedarf an festen Sparplänen, ein üppiges Geldpolster ist bereits auf einem Tagesgeldkonto vorhanden. Das Tagesgeld soll als Zwischenstation dienen, um das Geld ein Mal pro Jahr eher sicherheitsorientiert anzulegen. Mit dem Rentenbeginn will sich das Paar einen Lebenstraum erfüllen und ein Wohnmobil kaufen. Außerdem soll das Kind 20.000 Euro als Startkapital beim Wohnungskauf erhalten. Eine mögliche Strategie:

- Gespart wird flexibel, indem Monat für Monat das übrig gebliebene Geld vom Girokonto auf das Tagesgeldkonto überwiesen wird.
- Die 20.000 Euro für die Unterstützung beim Wohnungskauf werden in einen Wachstums-Sparvertrag mit steigendem Zins angelegt, weil der exakte Zeitpunkt noch nicht feststeht und hier der flexible Abruf des Gelds möglich ist.
- 30.000 Euro werden in Sparbriefen mit fünf Jahren Laufzeit angelegt, mit denen später das Wohnmobil finanziert werden kann.
- 5.000 Euro bleiben als eiserne Reserve auf dem Tagesgeldkonto. Der Rest wird gesplittet: 35.000 Euro werden für Investitionen wie beispielsweise ein neues Auto oder Einrichtungsgegenstände in einen sicheren Renten-Indexfonds angelegt, die verbleibenden 10.000 Euro in einen chancen- und risikoreicheren Euro-Aktien-Indexfonds.

11

Beratung, Haftung, Transpranz

Jährlich gehen bundesdeutschen Anlegern bis zu 30 Milliarden Euro durch fehlerhafte Kapitalanlage verloren. Die Verursacher sind nicht nur im Kreis der halbseidenen Finanzvertriebe des Grauen Kapitalmarkts zu finden, sondern auch an so manchem Bankschalter. So hatten etliche Banken und Sparkassen ihren Kunden Anlagezertifikate der US-Bank Lehman Brothers als „sichere Kapitalanlage“ verkauft und mussten nach der Lehman-Pleite Entschädigungszahlungen leisten.

Daher ist es ratsam, in jedes Gespräch mit einem Bankmitarbeiter oder einem Finanzvermittler mit einer gehörigen Portion Skepsis hineinzugehen. Auf den folgenden Seiten finden Sie Hinweise, wie Sie Beratungsqualität erkennen, das Gespräch verlässlich dokumentieren und im Streitfall Ihre Ansprüche geltend machen können.

Die Anlageberatung

Risiko und Rentabilität Ihrer Kapitalanlagen entscheiden sich oft im Beratungsgespräch. Empfiehlt Ihnen der Berater kostengünstige Anlageformen, die zu Ihrem Bedarf passen, haben Sie bei angemessenem Risiko die optimale Rendite. Wird Ihnen jedoch nicht das zu Ihnen passende Anlageprodukt verkauft, sondern das Produkt, das dem Berater die höchste Provision bringt, leidet Ihre Rendite darunter, und Sie tragen möglicherweise ein überhöhtes Verlustrisiko.

Fatal kann es werden, wenn Sie sich von Hochglanzprospekten blenden oder von kunstvoll eingesetzten Fachbegriffen beeindrucken lassen. Wenn Ihnen ein Finanzvermittler etwas von „Performance“, „Risikooptimierung“

oder „exzellenten Renditepotenzialen" erzählt, heißt das noch lange nicht, dass er das nötige Fachwissen und vor allem die erforderliche Unabhängigkeit für eine ordentliche Finanzplanung hat.

Doch woran lässt sich ein seriöser Berater erkennen? Einige Indizien:

- **Kein unaufgeforderter Anruf:** Seriöse Finanzanbieter gehen nicht mit unaufgeforderten Telefonanrufen auf Kundenfang. Auch der Hinweis, dass Bekannte oder Freunde von Ihnen schon entsprechende Verträge dort abgeschlossen hätten, sollte nicht als stichhaltiges Argument für Beratungsqualität missverstanden werden – denn oft merken Anleger erst nach Jahren, dass sie in überteuerte und riskante Finanzprodukte investiert haben.
- **Blick fürs Ganze:** Bevor ein seriöser Berater ein Anlageprodukt empfiehlt, wird er erst die Bereiche Schulden, Liquiditätsreserve, Anschaffungssparen und Altersvorsorge – in dieser Reihenfolge – unter die Lupe nehmen. Wenn Sie beispielsweise weniger als zwei Monatseinkommen auf dem Tagesgeldkonto verfügbar haben, wird er zunächst einmal dazu raten, die kurzfristige Geldreserve aufzustocken.
- **Keine Traumrenditen:** Wenn im Beratungsgespräch nur die Renditechancen in den Vordergrund gestellt werden, sollten die Alarmglocken schrillen. Viel wichtiger als die maximale Renditechance ist die sinnvolle Verteilung des Gesamtvermögens auf die passenden Anlagegattungen. Und: Überdurchschnittliche Renditechancen bringen immer auch überdurchschnittliche Verlustrisiken mit sich – denken Sie an das magische Dreieck!
- **Keine Auslandsgeschäfte:** Für den Bedarf eines durchschnittlichen Anlegers sind die in Deutschland aufgelegten Anlageprodukte vollkommen ausreichend – schon im Inland gibt es genug Überflüssiges. Egal ob die ange-

priesenen Finanzprodukte aus der Schweiz, Luxemburg, Liechtenstein oder sonst woher stammen: Die wichtigste Auswirkung für den Anleger besteht darin, dass er im Streitfall die Anbieter nicht vor einem deutschen Gericht verklagen kann.

- **Kein Zeitdruck:** Wer etwas Seriöses anzubieten hat, lässt dem Interessenten genügend Zeit, um das Angebot sorgfältig zu prüfen und gegebenenfalls neutrale Fachleute darüber schauen zu lassen. Eine Kapitalanlage, die nur innerhalb einer kurzen Frist abgeschlossen werden kann, braucht kein Mensch.
- **Flexibilität:** Die flexible Anpassung der Anlage- und Sparverträge auf sich ändernde Lebenssituationen stehen in der seriösen Anlageberatung ganz im Vordergrund. Unflexible Anlageformen wie beispielsweise klassische und fondsgebundene Rentenversicherungen kommen daher – wenn überhaupt – nur in geringem Umfang zum Einsatz.
- **Transparenz:** Klar und verständlich erläutert der seriöse Berater seinen Kunden, welche internen und externen Nebenkosten mit dem Produkt verbunden sind, wie die Kündigungsmodalitäten aussehen, welche Risiken der Kunde eingeht und welche realistischen Renditeerwartungen damit verbunden sind. Wenn Sie das alles nicht ganz genau verstehen, sollten Sie den Vertrag nicht abschließen.

„Bankberater sind keine Berater, sondern Verkäufer!" Insbesondere in der Finanzkrise 2008/2009 wurde dieser Satz geprägt. Es obliegt Ihnen, zu hinterfragen, ob es sich bei Ihrer Beratung um eine bedarfsgerechte Beratung handelt – oder besser: wessen Bedarf hier bedient wird. Aus der Beratungspraxis bestätigt sich ein zweiter Satz: „Nur der wissende Kunde wird gut bedient."

Für Ihre Geschäfte mit der Bank bedeutet dies: Um wirklich gute, passende Produkte zu bekommen, müssen Sie in Geldangelegenheiten fit sein oder sich fit machen – wozu dieses Buch einen Beitrag leisten soll.

Hier zwei Vorschläge für den richtigen Umgang mit Ihrem Finanzberater:

Variante 1: Sie machen sich im Vorfeld der Beratung sehr genau Gedanken dazu, wie Sie das Geld anlegen wollen. Von der Risikoneigung bis zur Verfügbarkeit sollten Sie dem Berater möglichst konkrete Angaben machen. Zu allen Offerten lassen Sie sich dann am besten schriftliches Informationsmaterial aushändigen. Bei Wertpapieren sind dies vor allem die Verkaufsprospekte. Lassen Sie sich nicht mit kleinen, hübsch gestalteten Flyern abspeisen. Bei allem, was Ihnen unklar erscheint, fragen Sie. Dumme Fragen gibt es nicht. Sollten Sie trotz der Erklärungen das Produkt nicht verstehen, so kommt es auch auf keinen Fall für Sie infrage. Nehmen Sie die Unterlagen mit nach Hause und lesen Sie sie in Ruhe. Studieren Sie insbesondere die Passagen zu Risiken, Kosten und den Verfügungsmöglichkeiten. Kommen Sie zu dem Schluss, dass das Produkt Ihren Vorstellungen entspricht, können Sie Ihre Unterschrift darunter setzen. Haben Sie Zweifel, so lassen Sie es.

Diese Herangehensweise ist schon recht aufwendig. Denn jeder Anbieter wird unterschiedliche Produkte vorstellen. Mit allen müssen Sie sich beschäftigen, um die richtige Wahl zu treffen. Die Variante 2 ist mit deutlich weniger Aufwand verbunden.

Variante 2: Sie definieren in Ruhe, welche Kriterien Ihre Anlage erfüllen soll. Welche Risiken wollen oder können Sie eingehen? Wie lange wollen Sie anlegen? Muss das Kapital verfügbar sein? Nach Ihrer Kriterienliste können Sie dann – zum Beispiel mithilfe dieses Buchs – passende Produktarten heraussuchen. Mit diesen Vorgaben können Sie anschließend Finanzinstitute ansprechen. Wer bietet Ihnen diese Produktarten zu guten Konditionen an? Vergleichen Sie bei simplen Sparprodukten anhand der Rendite, bei Fonds anhand der Kosten (Verwaltungsvergütung, TER, die „Total Expense

Ratio“, das heißt „Gesamtkostenquote“) und der Kauf- und Depotgebühren, bei Versicherungen anhand der Garantieleistungen. Hilfe bei der Auswahl geeigneter Produktarten bietet die Verbraucherzentrale (Adressen → Seite 262 f.).

Tipp: Qualität für Honorar

Besonders hohe Beratungsqualität können Sie von Finanzfachleuten erwarten, die ausschließlich auf Honorarbasis arbeiten. Das bedeutet: Sie bezahlen dem Berater ähnlich wie einem Steuerberater oder Anwalt für seinen Aufwand ein angemessenes Honorar, und dieser sichert Ihnen rechtsverbindlich zu, auf Abschlussprovisionen zu verzichten bzw. alle Provisionen an Sie weiterzuleiten.

Beraterhaftung

Erweist sich ein vermeintlich sicheres Anlageprodukt als risikobehafteter Verlustbringer, bleibt zu prüfen, inwieweit gegenüber dem Anlageberater oder -vermittler Schadenersatzansprüche wegen einer Verletzung von Aufklärungspflichten geltend gemacht werden können. Als Rechtsgrundlage dient hierbei die in der Vergangenheit insbesondere durch den Bundesgerichtshof ergangene Rechtsprechung, die letztendlich auch die Basis für die Ausformulierung der Verhaltensregeln des Wertpapierhandelsgesetzes bildet. In etlichen Urteilen haben die obersten Richter als Pflichtenstandard für die Anlageberatung festgelegt, dass Finanzanbieter ihre Kunden sowohl „anlagegerecht“ als auch „anlegergerecht“ beraten müssen.

Das bedeutet im Klartext, dass einerseits umfassend über die Eigenschaften und Risiken der angebotenen Anlageformen aufgeklärt werden muss, wobei der Berater sich die entsprechenden Informationen durch eine eigenständige Überprüfung der Angebote zu beschaffen hat. Andererseits muss die Beratung die persönlichen Voraussetzungen, zum Beispiel den Wissensstand und bisherige Anlageerfahrungen des Kunden, sowie dessen Risikobereitschaft berücksichtigen.

» Verstoß gegen die Pflichten bei der Anlageberatung

Verstößt ein Kreditinstitut oder ein Finanzvermittler gegen diese Grundsätze, so liegt eine Verletzung der Beratungspflicht vor. Weitere Entscheidungen des Bundesgerichtshofs und anderer Obergerichte in Anlageberatungsfällen bestätigen, dass ein Berater seine Kunden sorgfältig, wahrheitsgemäß und vollständig über alle Tatsachen informieren muss, die für die Anlageentscheidung von Bedeutung sind. Dabei muss vor allem auf die bestehenden Anlagerisiken hingewiesen werden.

Bei hoch spekulativen Börsentermingeschäften muss sogar eine allgemeine schriftliche Risikoerklärung vorgelegt werden, die vom Kunden zu unterschreiben ist. Birgt die konkrete Anlageform über die typischen Risiken solcher Geschäfte hinaus weitere zusätzliche Verlustrisiken, zum Beispiel aufgrund hoher Abschlussgebühren, so muss der Berater den Anleger darüber ebenfalls schriftlich aufklären. Erweckt der Berater durch seine Aussagen den Eindruck, dass die in den Erklärungen geschilderten Risiken in Wirklichkeit wesentlich geringer sind, haftet er selbst dann, wenn er formal richtig aufgeklärt hat.

Nicht haften muss der Anlageberater dagegen für den Fall, dass ein erhoffter Anlageerfolg nicht eintritt. Verspricht zum Beispiel nach der Aussage des Beraters eine bestimmte Aktie zum Anlagezeitpunkt aller Voraussicht nach hohe Kursgewinne und treten diese, nachdem Sie solche Papiere gekauft haben, nicht ein, so haftet der Berater nicht, wenn er Sie vorher grundlegend über die allgemeinen Kursrisiken einer Aktienanlage aufgeklärt hat. Sinkt nicht nur der Kurs, sondern geht die als aussichtsreiche Unternehmensbeteiligung angepriesene Aktiengesellschaft pleite, wäre dagegen wiederum zu klären, ob Ihr Anlageberater seine Empfehlung auch wirklich sorgfältig genug überprüft hat oder ob ein Verstoß gegen die Verhaltensregeln des Wertpapierhandelsgesetzes bzw. die Rechtsprechungsgrundsätze zur Beratungshaftung vorliegt.

Keine Verpflichtung besteht für Anlageberater, Ihnen immer die günstigste Anlageform anzubieten. Schadenersatzansprüche können hier allenfalls geltend gemacht werden, wenn das verkaufte Produkt fälschlicherweise als das beste Marktangebot dargestellt wird.

Prospekthaftung

Die Prospekthaftung richtet sich nicht gegen den Berater, der Ihnen womöglich eine unseriöse Geldanlage aufgeschwatzt hat, sondern gegen den Anbieter der Anlage selbst. Wenn eine neue Kapitalanlage auf den Markt gebracht wird – beispielsweise eine Aktie, eine Anleihe, ein Anlagezertifikat, ein Investmentfonds oder ein geschlossener Fonds –, dann muss der Herausgeber den interessierten Anlegern einen Emissions- oder Verkaufsprospekt zur Verfügung stellen. Je nach Art der Kapitalanlage kann die Prospekthaftung auf unterschiedlichen gesetzlichen Fundamenten beruhen.

Börsengang: Hier ist die Prospekthaftung nach dem Börsengesetz maßgebend. Bei börsennotierten Aktien muss der Verkaufsprospekt nach bestimmten Kriterien aufgebaut sein. So müssen unter anderem das Unternehmen, seine Finanzlage und seine Struktur wahrheitsgetreu beschrieben werden. Außerdem müssen die an der Emission beteiligten

Banken, Wirtschaftsprüfer und weitere Dienstleister konkret benannt werden. Allerdings greift beim Aktienerwerb die Prospekthaftung nur, wenn die Aktie innerhalb von sechs Monaten nach dem Börsengang gekauft wurde. Danach kann keine Haftung aus der fehlerhaften Darstellung von Fakten im Prospekt beansprucht werden.

Geschlossene Fonds: Hier resultiert die Prospekthaftung aus einer Reihe höchstrichterlicher Urteile, die zumeist auf Basis der Informationspflichten nach dem Bürgerlichen Gesetzbuch (BGB) getroffen wurden. Auch hier gilt sinngemäß die Verpflichtung, dass die Angaben im Prospekt der Wahrheit entsprechen und die Risiken verständlich dargestellt werden müssen. Im Unterschied zur Haftung nach dem Börsengesetz gilt der Grundsatz, dass Ansprüche auch später als sechs Monate nach dem Abschluss der Anlage geltend gemacht werden können – nämlich bis zu drei Jahre nach dem Eintritt in das Beteiligungsmodell. Allerdings muss innerhalb von sechs Monaten nach dem Erkennen des Prospektmangels der Anspruch geltend gemacht werden, sonst tritt die Verjährung ein.

In der Praxis ist es jedoch oftmals schwierig, Schadenersatz aus der Prospekthaftung auch wirklich durchzusetzen. Der Prospektmangel muss entweder grob fahrlässig oder sogar vorsätzlich herbeigeführt worden sein, damit der Initiator der Kapitalanlage festgenagelt werden kann. Missverständlich auslegbare Formulierungen müssen hingegen nicht zwangsläufig einen Regressanspruch nach sich ziehen.

Ein weiteres Problem liegt darin, dass der Anspruch zwar geltend gemacht werden kann – aber das Unternehmen längst pleite ist. In diesem Fall würde Ihnen auch ein höchstrichterlich bestätigter Vollstreckungsbescheid wenig nützen, wenn sich die Initiatoren mit Ihrem Geld schon in eine Schwarzgeldoase abgesetzt haben.

Das Beratungsprotokoll

Berechtigte Schadenersatzansprüche wegen Falschberatung konnten in der Vergangenheit häufig nicht durchgesetzt werden, weil Beratungsfehler nicht nachgewiesen werden konnten. Das geltende Recht besagt, dass der Kunde die Falschberatung nachweisen muss. Hat er aber die Beratung nicht schriftlich dokumentiert und kann er auch nicht mit Zeugen aufwarten, ist dies kaum möglich.

Der Forderung der Verbraucherschützer nach einer Beweislastumkehr zulasten der Banken ist der Gesetzgeber leider nicht vollends nachgekommen. Stattdessen ist bei Wertpapierberatungen seit Januar 2010 das Führen eines Beratungsprotokolls für Anlageberater gesetzlich vorgeschrieben, damit die Beweissicherheit erhöht wird. Aufzuzeichnen sind Anlass und Dauer der Beratung, eine Einschätzung der persönlichen Situation und der individuellen Anliegen des Kunden sowie die Empfehlungen, die am Ende ausgesprochen wurden und die hierfür maßgeblichen Gründe.

Das Protokoll muss dem Kunden bei einer Beratung vor Ort noch vor Abschluss eines Vertrags unterschrieben ausgehändigt werden. Sie sollten das Protokoll unbedingt sorgfältig durchlesen und bei Unstimmigkeiten den Berater zu einer Berichtigung des Protokolls auffordern. Die Unterschrift des Beraters ist verpflichtend. Das Gesetz sieht hingegen nicht vor, dass der Kunde das Protokoll unterschreibt. Eine gegebenenfalls von Ihnen geleistete Unterschrift könnte bei einer gerichtlichen Auseinandersetzung wegen Falschberatung so interpretiert werden, dass Sie den Protokollinhalt vollständig anerkannt haben. Die Durchsetzung von Schadensersatzansprüchen wäre dann kaum noch möglich.

Nach den ersten Erfahrungen ist anzuraten, Protokolle sehr genau zu prüfen und Fehler berichtigen zu lassen, aber keine Unterschrift zu leisten!

Grundsätzlich verjähren Ansprüche aus Beratungsfehlern drei Jahre nachdem der Anleger von seinem Schaden erfahren hat. Bei Unkenntnis über den Schaden erlischt der Anspruch spätestens nach zehn Jahren.

Mithilfe der nachfolgenden Checkliste können Sie sich als Anleger auf das Beratungsgespräch vorbereiten und sicherstellen, dass der Berater die Zielsetzung Ihrer Anlagewünsche gleich zu Beginn erhält. Damit reduzieren Sie das Risiko, dass vom Berater das Gespräch in eine Richtung manipuliert wird, die von Ihren ursprünglichen Vorstellungen abweicht und stattdessen in das auf der Verkaufsliste ganz oben stehende Produkt mündet.

» Beipackzettel

Seit Juli 2011 müssen Banken ihren Kunden im Rahmen der Beratung ein Produktinformationsblatt – landläufig auch „Beipackzettel“ genannt – aushändigen. Allerdings besteht die Pflicht nur bei Wertpapieranlagen wie Aktien, Schuldverschreibungen, Zertifikate oder Investmentfonds. Für Spareinlagen müssen Banken kein Produktinformationsblatt herausgeben. Bei Investmentfonds muss die Information aus zwei Seiten bestehen, in denen die Anlagepolitik, das Risiko- und Ertragsprofil, die bisherige Wertentwicklung, verschiedene Wertentwicklungs-Szenarien sowie die Nebenkosten dargestellt werden.

Allerdings mangelt es den Informationsblättern oft an Verständlichkeit, weil die Anbieter häufig Fachbegriffe und Abkürzungen verwenden, die dem Normalbürger nicht verständlich sind. Scheuen Sie sich daher nicht, gezielt nachzufragen, wenn Ihnen bestimmte Formulierungen unklar sind. Und seien Sie sich stets darüber im klaren, dass die Beipackzettel zwar kompakte Informationen zur angebotenen Kapitalanlage liefern, aber weder eine fundierte Beratung noch einen kritischen Produktvergleich ersetzen können.

Checkliste für die Geldanlageberatung

Bitte füllen Sie die Checkliste vor dem Termin aus. Die Beraterin / der Berater wird diese Angaben im Gespräch benötigen. Nur Sie können diese Fragen beantworten, nicht die Beraterin / der Berater. Falls Sie eine Antwort gerade nicht wissen, können Sie zu Hause in Ihren Unterlagen nachschauen. Im Termin ist dies oft nicht möglich.

1. Ziel des Gesprächs

Welches Ziel verfolgen Sie mit der Geldanlage?

☐ Bildung einer Rücklage

☐ Erwerb von Wohneigentum

☐ Sicherung der Altersvorsorge

☐ Finanzierung einer größeren Investition (Auto, Ausbildung der Kinder oder Ähnliches)

....

☐ Sonstiges Ziel: ....

Wie wollen Sie sparen?

☐ Einmaliger Anlagebetrag in Höhe von ....€

☐ Geplante monatliche Sparrate in Höhe von ....€

☐ ....

Weitere Angaben zum Ziel:

Wann wollen Sie das Ziel erreicht haben? ....

Welchen Betrag benötigen Sie? ....€

Haben Sie zusätzlich zu der aktuell geplanten Geldanlage schon etwas für dieses konkrete Ziel gespart?

☐ Ja, und zwar ....€ ☐ nein

2. Finanzielle Rahmenbedingungen

Monatliche Einnahmen und Ausgaben

	Verbraucher / in	Ehe- / Lebenspartner / in
Nettoeinkommen (ohne Sonderzahlungen)	....................................€	....................................€
Sonstiges Einkommen	....€	
Ausgaben für Wohnung / Haus	....€	
Lebenshaltungskosten	....€	
Spar- und Versicherungsbeiträge	....€	
Unterhalt und Kredite	....€	
Sonstige Ausgaben	....€	
Freie monatliche Liquidität (Einnahmen abzüglich Ausgaben)	....€	

Vermögen und Verbindlichkeiten

Kurzfristig verfügbares Vermögen ....€

Sparkonten ....€

Wertpapiere ....€

Immobilien ....€

Sonstiges Vermögen ....€

Verbindlichkeiten ....€

Laufzeit(en) ....

Zinssatz / Zinssätze ....

Sondertilgung(en) möglich ☐ Ja, und zwar ....€ pro Jahr ☐ Nein

(ist oft finanziell vorteilhaft)

Bemerkung ....

....

3. Absicherung existenzbedrohender Risiken

Besitzen Sie folgende Absicherungen gegen existenzbedrohende Risiken?

	Ja	Nein	Bemerkung / Höhe
Privathaftpflicht	☐	☐	....
Berufshaftpflicht (falls erforderlich)	☐	☐	....
Krankenversicherung	☐	☐	....
Berufsunfähigkeitsversicherung	☐	☐	....
Risikolebensversicherung (bei Familien)	☐	☐	....

Existieren weitere Risiken, die in Ihrer individuellen Situation existenzbedrohend sind und die Sie daher abgesichert haben? Dies können zum Beispiel eine (Kinder-)Unfallversicherung oder (bei Selbständigen) eine Praxisausfallversicherung sein.

....

....

....

....

4. Erfahrungen und Präferenzen im Bereich Geldanlage

Eine sichere Geldanlage mit hoher Renditechance und kurzfristiger Verfügbarkeit gibt es nicht. Wenn Ihnen eines der drei Ziele besonders wichtig ist, vermerken Sie es hier. Sind Ihnen alle Ziele gleich wichtig, gehen Sie bitte weiter zur nächsten Frage.

☐ Eine sichere Geldanlage ist mir besonders wichtig.

☐ Eine hohe Renditechance ist mir besonders wichtig.

☐ Eine schnelle Verfügbarkeit ist mir besonders wichtig.

Wie schnell möchten Sie über den Anlagebetrag verfügen können?

☐ Der Anlagebetrag soll jederzeit verfügbar sein.

☐ Der Anlagebetrag soll mit einer Kündigungsfrist von .... Monaten verfügbar sein.

☐ Der Anlagebetrag soll ohne Kündigung verfügbar sein nach .... (in Monaten / Jahren)

☐ Der Anlagebetrag muss während des Anlage- bzw. Ansparzeitraumes nicht vorzeitig verfügbar sein.

☐ Sonstiges: ....

....

Wie sicher soll Ihr Geld angelegt werden?

☐ Die Rückzahlung des vollen Anlagebetrages bzw. des Ansparguthabens muss in jeder Phase gesichert sein.

☐ Die Rückzahlung des vollen Anlagebetrags bzw. Ansparguthabens muss zum Laufzeitende gesichert sein. Nur bei einer vorzeitigen Verfügung werden Verluste akzeptiert. Diese sollen allerdings einen Anteil von .... Prozent des Anlagekapitals nicht überschreiten.

☐ Im Hinblick auf bessere Ertragsmöglichkeiten renditeorientierter Anlageformen wird ein höheres Risiko akzeptiert. Verluste am Laufzeitende oder beim vorzeitigen Verkauf werden akzeptiert. Diese Verluste sollen allerdings einen Anteil von .... Prozent des Anlagekapitals nicht überschreiten.

☐ Sonstiges: ....

....

Welche Art der Verzinsung bzw. Ausschüttung der Erträge wünschen Sie?

☐ Die Erträge sollen regelmäßig ausgezahlt werden.

☐ Die Erträge sollen automatisch wieder angelegt und zum Ende der Anlagedauer in einer Summe ausgezahlt werden.

☐ Sonstiges: ....

....

Wie sicher sollen die Zinsen bzw. Erträge aus Ihrer Anlage sein?

- ☐ Die Höhe der Erträge soll über die gesamte Laufzeit feststehen.
- ☐ Die Höhe der Erträge kann sich über die gesamte Laufzeit variabel verändern.
- ☐ Im Hinblick auf bessere Ertragsmöglichkeiten wird das Risiko akzeptiert, in ungünstigen Marktphasen keine Erträge zu realisieren.
- ☐ Sonstiges: ....

Mit welchen Geldanlagen haben Sie bisher Erfahrungen gemacht? Erfahrung bedeutet, dass Sie mehrfach solche Geldanlagen gekauft haben und über Chancen und Risiken informiert sind.

- ☐ Einlagengesicherte Anlagen (zum Beispiel Tages-, Termin-, Festgeld, Sparbuch, Sparbrief, Sparpläne mit Zinsstaffel / Prämie, Bausparverträge und andere)
- ☐ Festverzinsliche Wertpapiere (zum Beispiel Bundeswertpapiere, Unternehmensanleihen, Länderanleihen, Fremdwährungsanleihen und andere)
- ☐ Fonds
  - ☐ Geldmarktfonds
  - ☐ Rentenfonds
  - ☐ Aktienfonds
  - ☐ Offene Immobilienfonds
  - ☐ Mischfonds
- ☐ Aktien
- ☐ Zertifikate
- ☐ Unternehmerische Beteiligungen (zum Beispiel Schiffsbeteiligungen, geschlossene Immobilienfonds)
- ☐ Sonstiges: ....

  ....

In welche Anlageformen möchten Sie in Zukunft nicht mehr investieren, auch wenn Sie bereits über Erfahrungen damit verfügen?

....

....

Gibt es Anlageformen, über die Sie sich im Gespräch besonders informieren möchten?

....

....

Gibt es weitere Prioritäten - neben Sicherheit, Renditechance und Liquidität -, die bei der Auswahl der Anlageform(en) berücksichtigt werden sollen?

☐ Ethische Gesichtspunkte

☐ Steuerliche Fördermöglichkeiten

☐ Sonstige: ....

....

Diese Checkliste ist von der Verbraucherin / dem Verbraucher:

Vor- und Nachname	....	
Anschrift	....	
	....	
Telefon	....	
E-Mail-Adresse	....	
Geburtsdatum	....	
Beruf	....	
	☐ Angestellte / r	☐ Selbständige / r
Familienstand	....	
Kinder	☐ Ja, Anzahl:	☐ Nein

Die Checkliste wurde ausgefüllt am .... und wird eingesetzt beim Beratungsgespräch bei .... am ....

Anhang

„Finanzchinesisch“ im Klartext

Lassen Sie sich von hochtrabenden Fachbegriffen nicht blenden, mit denen Finanzverkäufer häufig um sich werfen. Oft verbergen sich dahinter Dinge, die sich auch mit einfachen Worten ausdrücken lassen. Aber mit wohlklingendem „Finanzchinesisch“ lässt sich nicht nur Eindruck schinden, sondern auch so manche unangenehme Tatsache verschleiern.

Agio
Anderer Begriff für „Aufgeld“ oder „Ausgabeaufschlag“, insbesondere beim Kauf von Investmentfondsanteilen. Wie Sie beim Agio sparen können, erfahren Sie im Kapitel 9, „Richtig vergleichen und Kosten minimieren“, ab Seite 201. Bei Bausparverträgen wird eine evtuell anfallende Darlehensgebühr mit „Agio“ beschrieben.

Allokation
„Allokation“ ist das Fremdwort für die Verteilung Ihres Vermögens auf verschiedene Anlagegattungen wie Bankguthaben, Aktien, Fonds oder Immobilien.

Alpha
Zahlenwert, der anzeigt, ob ein Fondsmanager besser oder schlechter als der Vergleichsindex abgeschnitten hat. Ist der Alphawert positiv, konnte der Fondsmanager den

Vergleichsindex schlagen, bei negativem Alphawert schnitt der Fonds schlechter als der Index ab. Exotische Anlagezertifikate bilden nur das Alpha eines bestimmten Fonds ab – und damit wettet der Anleger auf die Kompetenz des Fondsmanagements. Allerdings können bei entsprechend schlechtem Abschneiden im Vergleich zum Index solche Papiere auch Verlust bringen, wenn der Fonds Gewinne gemacht hat, sofern diese niedriger sind als der Gewinn beim Vergleichsindex.

Annuität

Das ist eine gleichbleibende Monats- oder Jahresrate, die zu einem Teil aus Zinsausschüttungen und zu einem Teil aus dem Verbrauch des angelegten Kapitals besteht. Weil das Kapital immer mehr abschmilzt, wird der Zinsanteil innerhalb der Rate im Lauf der Zeit niedriger. Typische Beispiele: Auszahlpläne von Banken oder Fondsgesellschaften.

Asset/Asset Manager

Ein Asset ist nichts anderes als ein Vermögenswert, wie beispielsweise eine Aktie oder ein Festgeldkonto, und der Asset Manager ist der Vermögensverwalter.

Barriere

Begriff aus der Welt der Anlagezertifikate, der eine bestimmte Ober- oder Untergrenze beim Kurs des zugrunde liegenden Aktientitels oder Indexes beschreibt. Wird diese Grenze unter- oder überschritten, werden je nach Ausgestaltung des Papiers zusätzliche Bonuszahlungen oder Gewinnabzuge fällig.

Basiswert

Eine Aktie, ein Index, Zins oder Rohstoffpreis, der einem Anlagezertifikat zugrunde liegt. Erläuterungen siehe Kapitel 4, „Anlagezertifikate mit Kapitalschutz“, ab Seite 99.

Basket
Englischer Begriff für „Korb". In der Regel versteht man darunter eine Sammlung aus zumeist fünf bis zehn Aktien, deren Kursdurchschnitt oder Einzelkurse den Basiswert für ein Anlagezertifikat bilden.

Blue Chip
Blue Chips sind Aktien von besonders großen Unternehmen. So sind beispielsweise die deutschen Blue Chips die Aktien, die im Aktienindex DAX vertreten sind.

Cap
Die Definition lässt sich einfach merken: Bei einem Cap wird ein Teil der Gewinnmöglichkeiten gekappt. Wenn Sie etwa ein Anlagezertifikat erwerben, das einen Aktienindex abbildet und einen Cap von 130 Prozent hat, bedeutet das: Sobald der Index mehr als 130 Prozent seines ursprünglichen Werts erreicht hat, profitieren Sie nicht mehr von weiteren Gewinnen.

Chart
Warum sollte man die Abbildung von Wertentwicklungen oder anderen Finanzzahlen als Linien- oder Balkendiagramm bezeichnen, wenn es den geheimnisvollen Begriff „Chart" gibt? Charts bieten sich übrigens an, um schlechte Zahlen optisch aufzupeppen: Die senkrechte Skala wird einfach in die Länge gezogen, die waagrechte Skala zusammengedrückt – und schon wird die flache Kurve zum steilen Anstieg.

Courtage
Würden Sie lieber eine Courtage oder eine Gebühr bezahlen? Letztlich ist es egal, denn beides ist dasselbe, nur dass das Fremdwort vornehmer klingt. Weniger vornehm sind hingegen oft die Methoden, mit denen Finanzanbieter in Form diverser Courtagen in die Taschen ihrer Kunden greifen.

Discount

Der Discount ist ein Abschlag oder ein Rabatt auf einen Kurs oder eine Gebühr.

Economy 2.0

⇢ „New Economy“

Effekten

Anderer Begriff für Wertpapiere.

Emerging Markets

Im engeren Sinn versteht man darunter die Schwellenländer, die noch nicht das Wohlstandsniveau der Industrieländer erreicht haben – so zum Beispiel Indien, China, Russland oder Brasilien. Manchmal werden auch noch die Entwicklungsländer mit hineingepackt. Kapitalanlagen in Aktien oder Anleihen aus Schwellenländer sind in aller Regel mit einem deutlich höheren Risiko als Anlagen in Industrieländern verbunden.

Emission

Wenn Wertpapiere erstmals an die Börse gebracht werden – zum Beispiel bei der Herausgabe neuer Anleihen –, spricht man von einer Emission. Der Herausgeber dieser Wertpapiere ist der Emittent.

Fact Sheet

Kurzbeschreibung eines Finanzprodukts auf einer bis drei Seiten. Der Begriff wird vor allem bei Kurzbeschreibungen von Investmentfonds verwendet.

Fee

Englischer Begriff für „Gebühr“. Eine Management Fee ist die Gebühr des Vermögens- oder Fondsverwalters, und eine Performance Fee ist eine Gebühr, die anfällt, wenn ein Fonds besser als der Vergleichsindex abschneidet.

Geld-Brief-Spanne
Auch als „Spread" bezeichnet. Differenz zwischen dem Ankaufs- und Verkaufskurs eines Wertpapiers. Wer das Wertpapier kauft und sofort wieder veräußert, erhält beim Verkauf weniger Geld, selbst wenn sich der Kurs nicht geändert hat. Je größer die Spanne, umso höher der Verdienst des Finanzmaklers und umso herber die Einbuße für den Anleger.

Hedging
Das Absichern von bestimmten Marktrisiken mithilfe von Derivaten. Auf diese Weise können beispielsweise Investmentfonds die Währungsrisiken beim Kauf von Anleihen oder Aktien in Fremdwährungen ausschalten.

High-Yield
Der Begriff umfasst Anleihen und Kredite mit hohem Zins. Entsprechend hoch ist aufgrund der geringen Zahlungskraft der Schuldner auch die Ausfallquote, sodass nach Abzug der ausgefallenen Kredite und Wertpapiere vom hohen Zins oft nicht mehr viel übrig bleibt.

Konsolidieren
Anderer Begriff für „zusammenlegen" oder „schrumpfen". Wenn sich die Wirtschaft konsolidiert, dann lässt das Wachstum drastisch nach. Wenn eine Fondsgesellschaft die Konsolidierung ihrer Produkte ankündigt, dann ist mit Fusionen und Schließungen zu rechnen. Fazit: Wenn der Begriff fällt, verheißt er selten etwas Gutes.

Kupon
Der Kupon ist die Zinszahlung bei Anleihen. Wenn eine Anleihe einen Kupon von 3,5 Prozent hat, zahlt sie jährlich 3,5 Prozent Festzins.

New Economy
Die „Neue Wirtschaft" befasste sich in den späten 1990er-

Jahren vor allem mit Hightech und Internet, die Aktienkurse stiegen in schwindelerregende Höhen. Nach dem Platzen der Spekulationsblase im Jahr 2001 sahen die Anleger jedoch ziemlich alt aus. Etliche der einst hochgelobten Stars sind längst pleite (zum Beispiel Biodata), von anderen Unternehmen übernommen (zum Beispiel Mobilcom) oder auf eine bedeutungslose Größe geschrumpft (zum Beispiel Intershop).

Nominalwert/Nennwert
Geldbetrag, der bei Fälligkeit einer Anleihe zurückgezahlt wird.

Obligation
Anderer Begriff für Anleihe oder Schuldverschreibung.

Outperformer
Wenn Aktien oder bestimmte Segmente des Kapitalmarkts „outperformen", sollen sie sich besser als der Durchschnitt entwickeln. Allerdings beruht die Einstufung als „Outperformer" auf dem Prinzip Hoffnung – Garantie gibt es keine.

Partizipieren
Wer partizipiert, erhält einen bestimmten Anteil vom Ganzen. Wenn Sie beispielsweise bei einem Anlagezertifikat zu 60 Prozent an den Kursgewinnen partizipieren, dann behält die Bank die restlichen 40 Prozent für sich.

Performance
Das ist der windschnittige englische Begriff für die Wertentwicklung. Vorsicht: Häufig wird die Performance als Mehrjahreswert ausgegeben, damit schönere Zahlen herauskommen. Wenn etwa ein Fonds im Lauf von zehn Jahren eine Gesamtperformance von 48 Prozent erzielt hat, entspricht dies einer jährlichen Rendite von 4 Prozent.

Risikoadjustiert
Mit diesem schönen Begriff werben häufig Fonds- und

Zertifikateanbieter für Anlageprodukte, die das Kursrisiko von Aktien abfedern und dafür auch die Gewinnchancen einschränken. Ob der Anbieter zuungunsten des Anlegers die Gewinnchancenschraube nicht stärker zurückgedreht hat als die Risikoschraube, lässt sich hingegen meist nicht nachprüfen.

Risikoneutral
Beschreibung für eine Anlagestrategie, bei der versucht wird, das Marktrisiko – zum Beispiel die Schwankungen von Aktien- oder Devisenkursen – auszuschalten und in allen Lagen eine positive Rendite zu erzielen. Viele Fondsmanager haben das schon versucht, doch kaum einer hat es geschafft.

Sachwert
Unter den Begriff der Sachwerte fällt alles, was kein Guthaben und keine Geldforderung wie beispielsweise eine Anleihe darstellt. Klassische Sachwerte sind Aktien, Immobilien und Edelmetalle. Häufig werden Sachwerte mit dem Argument des Inflationsschutzes verkauft. Allerdings hat die Entwicklung der Aktien- und Immobilienmärkte in den vergangenen Jahren gezeigt, dass man auch mit Sachwerten ordentliche Verluste einfahren kann.

Spread
→ „Geld-Brief-Spanne“.

Stock picking
Das „Herauspicken“ von besonders gewinnträchtigen Aktien. Ob diese jedoch die in sie gesetzten Erwartungen auch erfüllen, steht auf einem ganz anderen Blatt.

Sustainability
Englischer Begriff für „Nachhaltigkeit“. Was sich dahinter verbirgt, lesen Sie auf Seite 127 ff. unter dem Stichwort „Ethische und ökologische Aktienfonds“.

Switchen/shiften
Umschichten von einem Anlageprodukt in das andere, häufig bei Investmentfonds. Switchen bzw. shiften ist bei unseriösen Vermögensverwaltern ein beliebtes Mittel zur Provisionsmaximierung, weil immer wieder aufs Neue der Ausgabeaufschlag anfällt. Denken Sie an die alte Börsenregel: Hin und her macht die Taschen leer.

Thesaurieren
Ein Fonds thesauriert, wenn er die Zinsen und Dividenden nicht an die Anleger ausschüttet, sondern diese gleich wieder in neue Wertpapiere investiert.

Ultimo
Jeweils letzter Bankenarbeitstag des Monats oder Jahrs, wird häufig als Stichtag für die Wertentwicklung von Investmentfonds verwendet.

Verbriefung
Eine Verbriefung findet statt, wenn Banken nicht börsenfähige Vermögenswerte wie zum Beispiel Kreditforderungen in Wertpapiere „einpacken“. Diese „verbrieften“ Forderungen werden dann an Investoren wie andere Banken, Versicherungen oder Investmentfonds verkauft. Mit „verbriefter Qualität“ hat dieser Vorgang jedoch nichts zu tun, denn Auslöser der Finanzkrise im Jahr 2008 waren verbriefte Immobilienkredite.

Volatil
Wenn ein Aktienmarkt oder beispielsweise ein Fonds volatil ist, dann schwanken die Kurse besonders heftig. Der Begriff ist somit ein Alarmsignal für erhöhtes Schwankungs- und Verlustrisiko.

Web 2.0
Branchenbezeichnung für Unternehmen, deren Geschäftsschwerpunkt Internetdienstleistungen sind. Trotz oftmals

kaum vorhandener Umsätze und Gewinne werden manche Web-2.0-Unternehmen mit Milliardenbeträgen bewertet. Daher ist die Gefahr durchaus vorhanden, dass sich die ⇢ New-Economy-Misere wiederholt.

Finanzinformationen im Internet

Aktuelle Informationen, Rechner für den Vergleich von Angeboten und vieles mehr finden Sie im Internet. Hier eine Auswahl wichtiger und nützlicher Adressen:

Zinsrechner
www.zinsen-berechnen.de

Bankenvergleiche
www.vergleich.de
www.fmh.de
www.biallo.de

Fondsvergleich und Aktienkurse
www.morningstar.de
www.onvista.de
www.finanzen.net
www.extra-funds.de (für ETFs)

Festverzinsliche Wertpapiere
www.bondboard.de
www.boerse-stuttgart.de

Finanznachrichten
www.handelsblatt.com
www.boerse-online.de
www.boersen-zeitung.de

Verbrauchertipps
www.test.de
www.oekotest.de
www.verbraucherzentrale.de
www.verbraucherinfothek.de
www.verbraucherfinanzwissen.de

Adressen der Verbraucherzentralen

Verbraucherzentrale Baden-Württemberg e. V.
Paulinenstraße 47, 70178 Stuttgart
Telefon 0 18 05/50 59 99*, Telefax 07 11/66 91-50
www.vz-bawue.de

Verbraucherzentrale Bayern e. V.
Mozartstraße 9, 80336 München
Telefon 0 89/5 39 87-0, Telefax 0 89/53 75 53
www.verbraucherzentrale-bayern.de

Verbraucherzentrale Berlin e. V.
Hardenbergplatz 2, 10623 Berlin
Telefon 0 30/2 14 85-0, Telefax 0 30/2 11 72 01
www.vz-berlin.de

Verbraucherzentrale Brandenburg e. V.
Templiner Straße 21, 14473 Potsdam
Telefon 03 31/2 98 71-0, Telefax 03 31/2 98 71-77
www.vzb.de

Verbraucherzentrale des Landes Bremen e. V.
Altenweg 4, 28195 Bremen
Telefon 04 21/1 60 77-7, Telefax 04 21/1 60 77-80
www.verbraucherzentrale-bremen.de

Verbraucherzentrale Hamburg e. V.
Kirchenallee 22, 20099 Hamburg
Telefon 0 40/2 48 32-0, Telefax 0 40/2 48 32-2 90
www.vzhh.de

Verbraucherzentrale Hessen e. V.
Große Friedberger Straße 13–17
60313 Frankfurt am Main
Telefon 0 180 5*/97 20 10, Telefax 0 69/97 20 10-40
www.verbraucher.de

Verbraucherzentrale Mecklenburg-Vorpommern e. V.
Strandstraße 98, 18055 Rostock
Telefon 03 81/2 08 70 50, Telefax 03 81/2 08 70 30
www.nvzmv.de

Verbraucherzentrale Niedersachsen e. V.
Herrenstraße 14, 30159 Hannover
Telefon 05 11/9 11 96-0, Telefax 05 11/9 11 96-10
www.verbraucherzentrale-niedersachsen.de

Verbraucherzentrale Nordrhein-Westfalen e. V.
Mintropstraße 27, 40215 Düsseldorf
Telefon 02 11/38 09-0, Telefax 02 11/38 09-2 16
www.vz-nrw.de

Verbraucherzentrale Rheinland-Pfalz e. V.
Seppel-Glückert-Passage 10, 55116 Mainz
Telefon 0 61 31/28 48-0, Telefax 0 61 31/28 48-66
www.verbraucherzentrale-rlp.de

Verbraucherzentrale des Saarlandes e. V.
Trierer Straße 22, 66111 Saarbrücken
Telefon 06 81/5 00 89-0, Telefax 06 81/5 00 89-22
www.vz-saar.de

Verbraucherzentrale Sachsen e. V.
Katharinenstraße 17, 04109 Leipzig
Telefon 03 41/69 62 90, Telefax 03 41/6 89 28 26
www.verbraucherzentrale-sachsen.de

Verbraucherzentrale Sachsen-Anhalt e. V.
Steinbockgasse 1, 06108 Halle
Telefon 03 45/2 98 03-29, Telefax 03 45/2 98 03-26
www.vzsa.de

*) Festnetzpreis 0,14 €/min; Mobilfunkpreis maximal 0,42 €/min

Verbraucherzentrale Schleswig-Holstein e. V.
Andreas-Gayk-Straße 15, 24103 Kiel
Telefon 04 31/5 90 99-0, Telefax 04 31/5 90 99-77
www.verbraucherzentrale-sh.de

Verbraucherzentrale Thüringen e. V.
Eugen-Richter-Straße 45, 99085 Erfurt
Telefon 03 61/5 55 14-0, Telefax 03 61/5 55 14-40
www.vzth.de

Verbraucherzentrale Bundesverband
Markgrafenstraße 66, 10969 Berlin
Telefon 0 30/2 58 00-0, Telefax 0 30/2 58 00-5 18
www.vzbv.de

Stichwortverzeichnis

Impressum

Herausgeber

Verbraucherzentrale Nordrhein-Westfalen e.V.
Mintropstraße 27, 40215 Düsseldorf
Telefon: 02 11/38 09-0, Fax: 02 11/38 09-216
E-Mail: ratgeber@vz-nrw.de
www.vz-nrw.de

Mitherausgeber

Verbraucherzentrale Bundesverband e. V.
Markgrafenstraße 66, 10969 Berlin
Telefon: 0 30/2 58 00-0, Fax: 0 30/2 58 00-5 18
www.vzbv.de

Verbraucherzentrale Baden-Württemberg e. V.
Paulinenstraße 47, 70178 Stuttgart
Telefon: 0 18 05/50 59 99, Fax: 07 11/66 91-50
www.vz-bawue.de

Verbraucherzentrale Hamburg e. V.
Kirchenallee 22, 20099 Hamburg
Telefon: 0 40/2 48 32-0, Fax: 0 40/2 48 32-2 90
www.vzhh.de

Text	Thomas Hammer, Ötisheim; Barbara Rück, Bochum
Lektorat	Mendlewitsch + Meiser, Düsseldorf
Koordination	Kathrin Nick
Layout und Produktion	bretzinger : media.production, Baden-Baden
Umschlaggestaltung	Ute Lübbeke, www.LNT-design.de
Titelbild	plainpicture/Jasmin Sander
Illustrationen Innenteil	Detlef Surrey, Berlin
Gestaltungskonzept	punkt 8, Berlin
Druck und Bindung	Kraft Druck GmbH, Ettlingen Gedruckt auf 100 % Recyclingpapier
Redaktionsschluss	Oktober 2013

Noch Fragen?

Die Beratung der Verbraucherzentralen

Die Experten der Verbraucherzentrale beraten Sie individuell, kompetent und unabhängig – unter anderem zu folgenden Themen:

- Energie
- Recht
- Geld und Kredit
- Immobilienfinanzierung
- Versicherungen
- Gesundheit und Pflege
- Medien und Telekommunikation

www. **Alle Informationen über eine persönliche Beratung erhalten Sie unter www.verbraucherzentrale.de oder in Ihrer Beratungsstelle.**